当代中国网络的
文化交往研究

张文雅　著

中国社会科学出版社

图书在版编目(CIP)数据

当代中国网络的文化交往研究／张文雅著 . —北京：中国社会科学出版社，
2021.8

ISBN 978 - 7 - 5203 - 8768 - 2

Ⅰ.①当⋯ Ⅱ.①张⋯ Ⅲ.①网络文化—文化发展—研究—中国
Ⅳ.①G122

中国版本图书馆 CIP 数据核字(2021)第 147036 号

出 版 人	赵剑英
责任编辑	田 文
责任校对	张爱华
责任印制	王 超

出 版	中国社会科学出版社
社 址	北京鼓楼西大街甲 158 号
邮 编	100720
网 址	http://www.csspw.cn
发 行 部	010 - 84083685
门 市 部	010 - 84029450
经 销	新华书店及其他书店

印 刷	北京君升印刷有限公司
装 订	廊坊市广阳区广增装订厂
版 次	2021 年 8 月第 1 版
印 次	2021 年 8 月第 1 次印刷

开 本	710 × 1000 1/16
印 张	19
字 数	276 千字
定 价	99.00 元

凡购买中国社会科学出版社图书，如有质量问题请与本社营销中心联系调换
电话：010 - 84083683

序

　　自20世纪90年代以降，互联网络通向全球，文化交往形态发生了革命性变化。传统文化和现代技术的交融，中国文化与世界文化的交汇，地域文化与民族文化的汇通，新潮文化与保守文化的交锋，极大地丰富了文化样态。文化的生产、传播、接受和反馈等各个方面发生了翻天覆地的变化，人的精神虚拟存在方式已成为不争的事实。1994年，中国加入全球互联网络大家庭。经过20多年的发展，中国互联网网民人数在2008年6月一举超过美国，中国成为世界第一互联网大国。中国互联网络信息中心发布的第48次《中国互联网络发展状况统计报告》显示，截至2021年6月，中国网民规模达10.11亿。在网民上网工具的统计数据中，使用台式电脑、笔记本电脑上网的比例呈现下降态势。与之相比，使用手机上网的比例则显著上升，已达到总网民人数的99.2%。这些数据意味着，当今中国人民上网更加便捷，即时性和互动性显著增强，扁平化社会文化交往格局正在形成，社会信息化趋势十分明显。这样，互联网技术与文化交往的关系问题即成为当下文化交往研究的一个焦点。毫无疑义，要深入考察互联网信息技术的社会意义，离不开马克思主义文化交往理论分析视角。

　　值得关注的是，在便捷沟通、表达民意诉求、推动国家各项改革发展等方面，网络的文化交往发挥了十分重要且不可替代的作用。但是，网络文化对于社会主义意识形态和核心价值观也构成了不可忽视的冲击。实用主义、消费主义、享乐主义等网络文化观念，正在日益侵蚀、消解社会大众的政治追求、理想信念，冲淡了人们对社会主义核心价值体系的认同，减弱了社会主义意识形态的影响。与此同时，虽然我国硬实力得到较大提升，但文化软实力并不与之直接匹配。西方除了拥有网络技术上、管理上和设备上之优势，还具有网络舆论引导力和话语权上的优势，能够通过网络文化交往实现意识形态的渗透。随着中国参与全球治理的主动性以及能力的提升，中国现代化道路为发展中国家走向现代化拓展了新的途径。要真正使中国特色社会主义文化和社会主义核心价值观走向世界、唱响全球，就务必在建构网络文化价值观念、激发网络主体潜力和建立网络文化管理制度上下功夫。

张文雅博士撰写的《当代中国网络的文化交往研究》一书，尝试对当今互联网信息技术与文化交往之间的关系展开逻辑与历史相统一、理论与实际相结合的研究工作。这一研究，既遵循马克思主义关于文化交往研究的问题意识和基本思路，又立足于新的历史条件下对文化交往研究前沿的跟踪，意义重大。作者厘清网络文化交往的相关概念，回答了如何把握网络文化交往问题的理论来源、如何理解当代中国网络文化交往的内容等基本理论等重要问题。尤其难得的是，该书全景式呈现了近年来与互联网信息技术发展相伴而生的崭新文化交往现象、当今中国互联网领域文化交往的复杂形式、当前网络的文化交往面临的难点重点，并且提出了我国网络的文化交往和谐发展的对策建议。作者的上述研究工作，对于深化互联网信息技术与社会主义文化交往关系的认识起到了促进作用，对于发展信息时代的马克思主义文化交往理论作出了积极的贡献。

中国特色社会主义进入新时代，我国的文化交往格局发生了历史性变化。《当代中国网络的文化交往研究》一书的出版，希望能在实现我国网络的文化交往和谐发展方面起到积极作用。当然，这只是一个开端。期待张文雅博士能不断把这个论题推向新的高度，取得更多的成果，为坚定中国特色社会主义文化自信，建设社会主义文化强国贡献自己的力量。

谨此为序！

谭培文

2021 年 7 月

目　　录

绪　论 ………………………………………………………… （1）

一　选题的缘由 …………………………………………… （1）

（一）选题切合当前社会现实发展的需要和热点 ………… （1）

（二）选题是当前学术研究的新领域 …………………… （2）

二　选题的意义 …………………………………………… （2）

（一）理论意义 …………………………………………… （2）

（二）现实意义 …………………………………………… （3）

三　国内外研究现状 ……………………………………… （4）

（一）对网络文化问题的研究 …………………………… （4）

（二）对文化交往问题的研究 …………………………… （10）

（三）对网络的文化交往问题的研究 …………………… （19）

四　研究思路、内容和方法 ……………………………… （21）

（一）研究思路 …………………………………………… （21）

（二）研究内容 …………………………………………… （21）

（三）研究方法 …………………………………………… （22）

五　研究重点、难点和创新点 …………………………… （23）

（一）研究重点 …………………………………………… （23）

（二）研究难点 …………………………………………… （23）

（三）研究创新点 ………………………………………… （24）

第一章　网络的文化交往的概念 ………………………… （25）

一　核心概念厘定 ………………………………………… （25）

（一）交往 ………………………………………………… （25）

（二）文化交往 ·· （28）

（三）网络的文化交往 ······································ （34）

二 网络的文化交往的相关理论 ······························ （37）

（一）网络文化与文化学意义的文化 ····················· （37）

（二）网络文化与现实文化 ······························ （42）

（三）网络交往与文化交往 ······························ （44）

（四）网络文化的交往与网络的文化交往 ················· （45）

三 网络的文化交往问题的理论来源 ························· （47）

（一）马克思文化交往理论 ······························ （47）

（二）西方马克思主义文化交往理论 ····················· （54）

（三）马克思主义中国化文化交往理论 ··················· （78）

四 网络的文化交往问题的现实基础 ························· （95）

（一）文化全球化是网络的文化交往面临的机遇与

挑战 ·· （95）

（二）信息技术的迅速发展是网络的文化交往产生的

催化剂 ··· （97）

（三）我国文化软实力相对滞后是网络的文化交往

发展的瓶颈 ·· （98）

（四）人民群众日益增长的精神文化需求是网络的

文化交往开展的动力 ······························ （100）

第二章 网络的文化交往的本质与结构 ······················ （102）

一 网络的文化交往的本质 ································· （102）

（一）人的精神虚拟存在方式 ··························· （102）

（二）人的自我认识手段 ······························ （105）

（三）人的本质彰显途径 ······························ （107）

（四）人的本质的消解与丧失 ··························· （112）

二 网络的文化交往的二重性 ······························ （115）

（一）虚拟性与实在性的统一 ··························· （115）

（二）开放性与封闭性的统一 ··························· （118）

（三）自由性与规范性的统一 ·················（122）

（四）去中心性与中心性的统一 ·················（124）

三 网络的文化交往的结构 ·····················（126）

（一）实体结构 ·····························（126）

（二）意义结构 ·····························（128）

（三）辩证结构 ·····························（132）

四 网络的文化交往的类型 ·····················（134）

（一）网络个体之间的文化交往 ·················（135）

（二）网络群体之间的文化交往 ·················（135）

（三）网络个体与网络群体之间的文化交往 ·······（138）

五 网络的文化交往的功能 ·····················（140）

（一）网络文化的传播与创新 ···················（140）

（二）海量信息的交流与整合 ···················（142）

（三）虚拟情感的沟通与宣泄 ···················（144）

（四）自我发展的实现与张扬 ···················（146）

第三章 当代中国网络的文化交往的现状、困境和原因 ········（150）

一 当代中国网络的文化交往的现状 ·············（150）

（一）网络的文化交往主体的扩大化 ·············（150）

（二）网络的文化交往内容的深入化 ·············（153）

（三）网络的文化交往行为的复杂化 ·············（156）

二 当代中国网络的文化交往的困境 ·············（160）

（一）网络的文化交往与现实的文化交往的冲突 ·········（160）

（二）网络的文化交往与传统的文化交往的碰撞 ·········（165）

（三）中国网络的文化交往与西方网络的文化交往的

摩擦 ·································（170）

三 当代中国网络的文化交往困境的原因 ·········（174）

（一）网络自身的弊端 ·······················（175）

（二）网络主体的失范 ·······················（179）

（三）网络"把关人"的困境 ···················（183）

（四）西方文化强势扩张与我国文化弱势图存的现实 …… （190）

第四章　网络的文化交往的基本原则与价值………………（198）
　一　网络的文化交往的基本原则 ………………………（198）
　　（一）差异与认同的统一 ……………………………（199）
　　（二）冲突与融合的统一 ……………………………（202）
　　（三）需求与供给的统一 ……………………………（205）
　　（四）较量与制衡的统一 ……………………………（208）
　二　网络的文化交往的价值 ……………………………（213）
　　（一）网络个体价值 …………………………………（214）
　　（二）网络社会价值 …………………………………（218）
　　（三）网络价值实现 …………………………………（227）

第五章　实现我国网络的文化交往的和谐发展 ………………（235）
　一　建构网络文化价值观念 ……………………………（235）
　　（一）社会主义核心价值观的网络话语方式 ………（235）
　　（二）思想政治教育的文化交往网络化 ……………（239）
　　（三）传递"中国好声音" …………………………（243）
　　（四）引导网络俗文化"高端大气上档次" ………（249）
　二　激发网络主体潜力 …………………………………（253）
　　（一）网络个体：网络的文化交往和谐的关键 ……（253）
　　（二）网络群体：网络的文化交往和谐的基础 ……（258）
　三　建立网络文化管理制度 ……………………………（264）
　　（一）开展网络道德建设，形成教育合力 …………（264）
　　（二）政府依法主导网络文化管理 …………………（267）
　　（三）行业自律与社会监督多管齐下 ………………（270）
　　（四）技术支撑构筑防洪堤坝 ………………………（273）

参考文献 ………………………………………………………（279）
后　记 ………………………………………………………（291）

绪　　论

一　选题的缘由

（一）选题切合当前社会现实发展的需要和热点

1994 年中国通过一条 64K 的国际专线，全功能接入国际互联网，开启了中国的互联网时代。迄今为止，中国全功能接入互联网已有 27 个年头，中国互联网络信息中心（CNNIC）2021 年 8 月第 48 次《中国互联网络发展状况统计报告》显示，截至 2021 年 6 月底，我国网民规模达 10.11 亿，较 2020 年增加 2175 万。与之相伴的是一种全新的文化形态——网络文化，这是现代技术和文化现象的一次世纪性融合联姻。全球化时代使每种文化的建设和发展都必须直接面对普遍的交往环境，尤其是在开放的网络世界。网络的文化交往这种新型文化交往方式也就应运而生。

立足时代环境和条件，建设面向现代化、面向世界、面向未来的，民族的科学的大众的社会主义文化，是振兴中华民族文化的必然要求。十九大报告指出："加强互联网内容建设，建立网络综合治理体系，营造清朗的网络空间。"① 所以要在网络的文化交往中坚持正确导向，提高引导能力，壮大主流思想舆论，为进一步坚定中国特色社会主义文化自信，迈向社会主义文化强国作出一份贡献。

---

① 习近平：《决胜全面建成小康社会　夺取新时代中国特色社会主义伟大胜利——在中国共产党第十九次全国代表大会上的报告》，人民出版社 2017 年版，第 42 页。

（二）选题是当前学术研究的新领域

文化作为人类历史的沉淀物与人类本身一样有着悠久的历史，而交往作为人类特有的存在方式伴随人类发展的进程贯穿于现实生活的各方面，因此，文化交往在人类文化发展史上源远流长。今天人类发展进程迈入了网络时代，虽然它产生的历史不长，但是一经产生，就以其迅猛的发展速度、强劲的活力、独特的效应和前所未有的影响力，展现出不可忽视的价值。在人类创造网络、网络影响人类的这种交互作用下，一种新的文化交往——网络的文化交往随之产生。

当前，我国学者们对网络研究的关注主要在于网络交往、网络文化、网络伦理、网络道德等方面，对于网络的文化交往的研究涉及甚少。快速发展、风起云涌的网络文化交往，最早产生于美国，进而在世界范围内流行，其深刻的影响力、渗透力无一不需要我国政府高层和学界有识之士的高度重视。

二　选题的意义

（一）理论意义

1. 拓展马克思主义理论研究和实践视野

马克思主义理论既要凸显自身的理论魅力，又要结合当前全球化的时代背景和我国快速步入网络时代的国情，才更能显示其巨大的生命力。马克思主义是在实践中产生的，并在实践中不断丰富和发展。因此，探讨并实现网络的文化交往的和谐发展，成为马克思主义研究与实践的新课题。本选题研究网络的文化交往，是结合时代特征并通过借鉴马克思主义经典著作和比较其他相关理论及其方法论的创新尝试。其研究及实践，无疑为马克思主义研究和实践找到了新的视域。

2. 丰富马克思主义基本原理的学科体系

在现代社会中，随着科学技术的迅速发展和人的社会化程度的不断提高，社会学、心理学、文化学等相互交叉与综合的趋势更加明显，各个领域的相互渗透与融合更加深入。就学科而言，马克思主义基本原理本来就同许多相关学科在内容和方法上都有着密切的联系。借鉴、移植其他学科的理论和方法，引进和吸收其他学科的研究成果，补充、丰富和完善马克思主义基本原理学科体系，是学科发展的重要任务。本选题试图总结马克思文化交往理论、西方马克思主义文化交往理论和马克思主义中国化文化交往理论，并以其为指导，提出"网络的文化交往"概念，从它的本质、特性、结构、类型、功能等方面进一步深入剖析。另外，还借鉴与移植了大量的相关学科理论知识，使研究充分体现出跨学科性和时代性的鲜明特点。研究的成果对充实与丰富马克思主义基本原理学科体系的作用也不用言说。

（二）现实意义

1. 思想政治教育的新阵地

本选题将文化交往置于网络空间予以审视，使"网络的文化交往"这一提法既成为研究对象，又作为分析手段。网络的文化交往为思想政治教育带来了新的机遇和挑战。网络空间作为当今人们发布和接收信息的主要场所，将思想政治教育信息渗透在网络信息传播的内容之中，通过网络的文化交往来实现对人们的教育影响。思想政治教育工作者可以借助网络空间及时了解和掌握人们思想中的热点、疑点和难点问题，发现思想认识中的一些误区，将网络信息放大效应聚集于现实生活的阳光面，有目的性地去引导人们的思想和行为的变化。

2. 宣扬社会主义核心价值观

习近平同志指出："理直气壮唱响网上主旋律，巩固壮大主流思想舆论，是掌握互联网战场主动权的重中之重。"[①] 网络文化是我国文化的新兴组成部分，以其开放性、实时交互性和受众主导性等独特优势迅猛地传播和发展起来，作用对象越来越多。因此网络的文化交往被赋予更多的现实意义，要让主流文化在网络上发出声音进而占据主导地位。借助网络媒体灵活多样的立体展现，让人们更为生动地感

---

① 中共中央宣传部：《习近平新时代中国特色社会主义思想学习纲要》，学习出版社、人民出版社 2019 年版，第 151 页。

受到社会主义核心价值观的号召力。充分利用网络平台的延展性，可以将社会主义核心价值观传播到社会的各个角落。这对于抵制网络谣言、网络虚假信息，防范西方意识形态渗透有积极作用。我们要在网络的文化交往中坚持正确导向，提高引导能力，壮大主流思想文化阵地。

3. 提升中国文化软实力

面对未来信息社会一体化的趋势，我们应当将网络技术运用在传播、发扬中国传统文化和中国特色社会主义文化事业上，让世界更加了解中国。本选题从马克思主义文化交往理论的视角，研究当下网络文化与现实文化、网络文化与传统文化、中国文化与西方文化之间的交流与摩擦。希望从中国优秀传统文化、革命文化中汲取给养，在社会主义先进文化氛围中成长，大胆吸收世界各国优质文化，用心打造一大批具有中国风格、中国气派且体现时代特征的网络文化品牌，进而繁荣中华民族文化。另外，还希望可以充分利用网络平台对外文化交流与宣传，向世界展示五千年文明古国的文化魅力，最终为提升中国文化软实力，建设中国特色社会主义文化强国作出一份贡献。

三　国内外研究现状

本研究的国内外研究现状将从网络文化问题、文化交往问题和网络的文化交往问题三个方面分别展开。

（一）对网络文化问题的研究

1. 国外研究状况

网络技术产生于美国，兴起于西方发达国家，继而推广到广大发展中国家。所以，对网络文化的研究也是起源于美国，在西方发达国家较为兴盛。真正对网络文化初具规模的学术研究兴起于 1990 年万维网出现之时。美国马里兰大学戴维·西尔弗（David Silver）在《回顾与前瞻——1990 年至 2000 年的网络文化研究》（*Review and Fore-sight*：*Research on Internet Culture From 1990 to 2000*）中将 1990—2000

年的西方网络文化研究分为三个阶段。

第一阶段（20世纪90年代前期）为网络文化的大众化阶段，它起源于新闻界，主要任务是对网络这一新兴媒体进行描述与前瞻，但特点是好走极端，要么将网络文化视为乌托邦似的神话，要么视作反面的乌托邦。该阶段的代表作有1991年M. 本尼迪克特（M. Benedikt）的《网络空间入门》（*Introduction to Cyberspace*），1992年G. 兰道（G. Landow）的《超文本》（*Hyper Text*）等。美国的一些主要报刊开始就互联网、网络空间、信息高速公路等话题展开探讨，一些专门的记者和自由撰稿人撰写了许多文章，开设了一系列专栏，出版了一些书籍。不过他们只是一般性地介绍网络文化，从网络技术的角度将前万维网版的网络空间普及给大众。因此，大部分这类书中都包括了通俗而冗长的描写、解释和对诸如文件传输协议、gopher、UNIX、远程网络和网络新闻组等早期网络技术的介绍。

第二阶段（20世纪90年代中期）为网络文化研究阶段，重点研究对象是网络社区和网络主体的身份认同。这个阶段的代表作有1993年迈克尔·海姆（Michael Heim）的《虚拟实在的形而上学》（*The Metaphysics of Virtual Reality*），1995年雪莉·特克尔（Sherry Turkle）的《屏幕上的生活：因特网络时代的身份》（*Life on the Screen：Identity In the Age of the Internet*）、N. 尼葛洛庞蒂（N. Negroponte）的《数字化生存》（*Being Digital*），1996年曼纽尔·卡斯特尔（Manuel Castell）的《网络社会的崛起》（*The Rise of the Network Society*）等。网络理论家A. R. 斯通（A. R. Stone）把网络空间定义为"毫无疑问地是一个社会空间，在这里，人们仍然是面对面地相遇，不过对'相遇'和'面对面'要重新定义"。瑞因高德（Rheingold）是最早和最清楚地表述虚拟社区思想的人之一。他把虚拟社区定义为不用相互面对面聚集的一群人通过电脑公告牌和网络媒介彼此交流和讨论、履行商业行为、传播知识、交朋友、玩游戏、谈恋爱，或创造艺术等。他们用语言在电脑屏幕上做人们聚集在一起做的任何事情，但是把身体留在电脑后面。雪莉·特克尔（Sherry Turkle）以在线身份的视角对虚拟环境下民族学意义上的个体进行研究，包括多用户域，或者多用户网络游戏。她发现，当网络用户在网络空间抵制更少功能意义的"真实"或离线真实时，实际上大多数人在数字领域正体验着一种更加真实的身份或一个多样性的身份。网络用户正在使用布鲁克曼（Bruckman）所指称的"身份车间"，自由挑选一种社会性别、自然性别和个性。

第三阶段（20 世纪 90 年代后期）为批判性网络文化研究阶段，亦可称为网络文化综合研究阶段。这时的网络文化研究扩展到四个领域：网络中各种因素的相互作用——政治、经济、文化、社会等各种因素在网络中是如何共同发生作用的；关于电子空间的话语方式——对于网络的描述方式是如何影响到人们对网络的认识的；使用网络的障碍——哪些因素阻碍人们上网；网络空间的界面设计——网络界面的设计方式如何影响人们使用网络及在网络中的互动。这一阶段的研究也往往关注以上四个领域间的相互交织和相互依赖关系。此阶段已经有大量的学术论文、著作和编辑文集出版，代表作是 1998 年 A. C. 珀维斯（A. C. Parves）的《文本之网与上帝之网》（*The Web of Texts and the Web of God*），1999 年 T. 乔丹（T. Jordan）的《网络权力》（*Network Power*），2001 年 M. 富兰克林（M. Franklin）的《互联网后殖民主义政治表征》（*Post-Colonial Political Representation of the Internet*），2002 年 L. 肯德尔（L. Kendall）的《栖身虚拟客栈》（*Stay in Virtual Inn*）等。网络空间被看作一个各种文本交织的领域，学者们试图找到更加复杂和有价值的发现。但是随着这些研究领域的陆续出现，勾勒出网络文化综合研究的前景和轮廓显得困难重重。

进入 21 世纪，2006 年戴维·西尔弗（David Silver）、艾德丽安·马安瑞（Adrienne Massanari）和史提夫·琼斯（Steve Jones）合写的《批判性网络文化研究》（*Research on Critical Network Culture*），2007 年大卫·贝尔（David Bell）的《网络文化理论家》（*Cyberculture Theorists*），2010 年 K. 纳亚尔（K. Nayar）的《新媒体和网络文化选集》（*Anthology of New Media and Network Culture*），2011 年保罗·莱文森（Paul Levinson）的《新新媒介》（*New New Media*），2014 年约翰·哈特利（John Hartley）的《数字时代的文化》（*The Uses of Digital Litera-*

cy），2017 年亨利·詹金斯（Henry Jenkins）等的《参与的胜利：网络时代的参与文化》（*Participatory Culture in A Networked Era*）等代表作引起关注。网络文化学者的任务是承认网络文化是话语讨论、网上访问和设计等一系列协调过程，并对它们展开研究和批评，以便更好地理解网络中所发生的事件。

2. 国内研究状况

国内对网络文化的研究大致开始于 1996 年互联网进入中国，起步较晚。开始主要是引进和翻译国外知名著作，影响较大的有 1996 年翻译的尼葛洛庞蒂（Nicholas Negroponte）的《数字化生存》（*Being Digital*）、比尔·盖茨（Bill Gates）的《未来之路》（*The Road Ahead*），1998 年埃瑟·戴森（Dyson Esther）的《2.0 版：数字化时代的生活设计》（*Release 2.0：A Design for Living in the Digital Age*），1999 年唐·泰普斯科特（Don Tapscott）的《数字化成长（3.0 版）》（*Grown Up Digital*），2000 年马克·波斯特（Mark Poster）的《信息方式》（*The Mode of Information*）和《第二媒介时代》（*The Second Media Age*）、曼纽尔·卡斯特（Manuel Castells）的《网络社会的崛起》（*The Rise of the Network Society*）等。后来逐渐有了国内学术界自己的专著，相关学术论文数不胜数，相关的研究机构也迅速成长起来。1998 年，吴伯凡在《孤独的狂欢——数字时代的交往》中引入了"网络文化"的概念，同年出版的系列丛书"电脑文化译丛""赛博文化系列"等也接近"网络文化"提法。1998 年以后，学术界出现了针对我国国情的研究著作，如刘吉、金吾伦主编的《十年警醒》、严耕主编的《透视网络时代丛书》、陈炎著的《Internet 改变中国》等。伴随着我国互联网发展，学者们也日益关注网络文化的研究，其研究氛围也日趋浓厚，大致可以分为以下几个阶段。

第一阶段（约 1994—1998 年）：该阶段的网络文化研究局限于批判互联网的负面作用，对于网络文化的理论基础、心理准备和技术支撑的研究都很不够。该阶段的代表作是 1997 年郭良的《网络文化丛书》，同年胡泳、范海燕的《网络为王》，1998 年刘华杰的《计算机网络文化译丛》，同年严耕的《网络悖论》等。

第二阶段（约 1998—2000 年）：伴随互联网的发展，大家对网络的认识也更加全面，对网络文化的研究更加注重趋利避害，研究水平也不断提高。该阶段的代表作是 1999 年姜奇平的《数字论坛丛书》，同年陆俊的《重建巴比塔》，2000 年王逢振的《网络幽灵》等。

第三阶段（2001 年至今）：随着互联网的普及，网络文化逐渐形成。学者们开始从文化层面探寻网络文化的内涵、特点等，及其给传统文化、校园文化和大学生思想政治教育工作带来的机遇和挑战。现阶段网络文化本体研究，主要聚焦于网络文化的概念、特点、社会影响等方面，目前的研究者主要有来自传播学、信息科学、文化学、社会学、心理学的相关专家以及高校思想政治教育工作者等。该阶段的代表作是 2001 年金振邦的《从传统文化到网络文化》，同年鲍宗豪的《网络与当代社会文化》，2002 年谢海光的《互联网与思想政治工作概论》，同年熊澄宇的《信息社会 4.0》及孟建和祁林的《网络文化论纲》，2004 年朱银端的《网络伦理文化》，2005 年李钢和王旭辉的《网络文化》，2006 年宋元林的《网络文化与大学生思想政治教育》，2007 年项家祥的《网络文化的跨学科研究》，2009 年莫茜的《大众文化与网络文化》，2010 年王晓霞的《现实与虚拟社会人际关系的文化探究》，2013 年曾静平等的《网络文化概论》，2016 年郑元景的《中国网络文化软实力研究》，2018 年曾静平的《网络文化学》等。

3. 对国内外网络文化问题研究的总体评价

总体来看，国内外学者对网络文化研究的探索已经取得颇为丰硕的成果，这些成果主要体现在：第一，研究范围广泛。既涉及网络文化中的物质文化、制度文化，又涉及精神文化、信息文化，内容涵盖政治、经济、思想、人际交往、人的发展、人的主体性等诸多方面。例如：2009 年，宋元林在《网络文化与人的发展》中剖析了网络文化对人的发展的正负关系效应，揭示了人在网络文化互动中的发展规律；2013 年，孙卫华在《网络与网络公民文化——基于批判与建构的视角》一书中探讨分析了网络民主的各种形式，并认为网络政治参与深刻改变了中国社会的政治生态；2016 年，郑元景在《中国网络文化软实力研究》一书中尝试将网络文化软实力建设的基础理论研究和应用理论研究有机融合，旨在切实提升我国网络文化软实力，强化全球网络的文化领导权，确保我国文化强国战略目标的实现。第二，研究深度由浅到深，由表及里。既有对传统文化的继承，又有对新文化的创新；既剖析了网络文化的现实表征，又预测了未来趋势。例如：2001 年，金振邦的《从传统文化到网络文化》从中国文化的本体意蕴、层面结构、时间向度、基本精神、地域空间、语言媒体、艺术世界、科学动力和哲学内核比较了网络文化的特质；2009 年，莫茜的《大众文化与网络文化》试图对大众文化和网络文化这两种文化现象进行历史梳理、现象考察和理论阐释，揭示其社会影响和本质意义；2011 年，王晓霞的《现实与虚拟社会人际关系的文化探究》一书不但从传统文化的典型代表——儒家和道家人际关系理论入手，以文化传承和嬗变视角对中国人际关系的文化特征进行解析，而且探讨了互联网对中国社会人际关系的影响，以及网络人际交往和现实社会人际交往所具有的"文化契合性"问题。第三，研究方法的综合性和交义性。本领域的研究综合了文化学、社会学、传播学、伦理学、教育学、心理学等不同学科，从不同角度对网络文化进行理论性和应用性研究。例如：2003 年，黄俊瑛的《网络文化与大众传播》就是从传播学角度探触网络文化与媒介文化的新脉搏；2013 年，楼梁的《网络文化背景下的发展伦理学研究》是从网络文化背景下伦理学的发展出发，探讨研究伦理学的发展、伦理学的矛盾与转向、市场经济下的伦理学、现代经济伦理学与企业伦理学的关系、政治伦理学与道德的关系等内容；2016 年，马中红等主编的《新媒介·新青年·新文化 中国青少年网络流行文化现象研究》，采用全国性问卷调查和多种质性研究，对当下互联网上的"网络社交""网络动漫""网络游戏""网络文学"、Cosplay、"网络流行语""网络涂鸦和表情""网络原创音乐""耽美"等十七种青少年流行文化进行深入研究，探讨了新媒介语境下中国新一代青少年所形成的特殊的新文化形态及其实践意义。第四，研究队伍不断壮大，由开始的网络爱好者、网络技术人员、媒体工作者到涌现出一批专业的专家学者。2012 年，全国 28 所高等院校正式被批准新设专业"网络与新媒体"。2016 年，北京大学出版社出版的《网络文化教程》，作为"全国高校网络与新媒体专业规划教材"也应运而生。以网络文化为主题的各种国际国内论坛、博览会、协会层出不穷，如具有全球影响力的世界互联网大会（World Internet Conference，WIC）在中国浙江乌镇已经举办了六届，习近平主席多次致贺信并发表主旨演讲。

互联网信息技术至今仍处于高速发展中，网络文化的本质、形态、特征、规律和趋势等都处于不断发展的过程中，所以有必要进行进一步的研究和把握。当前研究还存在着以下问题：第一，比较关注网络文化中技术理性的部分，而体现价值理性的研究不多，如2008年毛牧然和陈凡的《论网络技术的价值二重性》就以技术和社会互动关系的理论视角，探讨网络技术价值二重性的特殊性理论问题，侧重了网络，忽视了文化。特别是从马克思主义文化交往理论的角度探究网络对文化交往的影响还很不够，相关研究专著还没出现，就某一专题进行研究的论文也是数量不多、质量不高。马克思主义文化交往理论的生命力不仅在于揭示文化交往的客观规律，而且在于紧跟人类社会实践的发展。网络文化作为一种新的文化现象和文化产品，是人类社会实践的最新成果，已经在深入影响人们的思想和行为。第二，对网络文化相关概念的界定不明确，如"信息文化""网络文化产业""网络文化建设""网络文化安全""网络文化软实力"等，导致数量众多的研究成果难以形成体系，不利于后续研究的进一步开展。第三，理论研究的水平落后于网络文化的发展现实，具体表现在：缺乏对网络文化具体行为的调查、网络文化主体的关注、网络文化精神和网络文化制度层面的分析等。第四，没有把握价值中立的立场。现有研究往往局限于网络文化对传统文化、大众文化、现实生活的正负面影响，很难掌握网络文化的精神实质。

（二）对文化交往问题的研究

1. 国外研究现状

国外学术界对文化交往研究的主要视角是社会学、历史学、心理学、文化人类学等人文学科，他们的研究分别从各自的学科视阈和话语体系展开。其中，社会学着重通过对单一或多边的文化行为和实践进行经验性的考察；历史学和心理学则根据社会历史条件、文化传统和理论来源与背景，进行人类社会生活实践中个体和群体心理分析的各种理论及文化研究；而文化人类学则以研究人类各民族创造的文化为主要任务，通过使用考古学、人种学、民俗学、语言学的方法、概念与资料，探索文化对人类自身发展的影响，试图在对全世界不同民族进行描述和分析的基础之上揭示人类文化的本质，具体表现在如下方面。

第一，社会学家在"文化社会学"视角下展开文化交往研究。文化社会学是一门研究文化产生、发展特殊规律和社会作用的学科。最早提出"文化社会学"名称的是德国社会学家保罗·巴斯（Paul Barth），他在于1897年所写的《社会学的历史哲学》一书中第一次提出了要进行"文化时代的社会学"研究。[①] 到20世纪初期逐渐形成了一个德国文化社会学派，研究对象主要是人类精神文化现象。文化社会学有两个来源：一个是作为新的综合社会学的文化社会学，其主要形成于德国和法国的社会学，特别是德国；另一个是作为社会学分支学科的文化社会学，来自英国和美国的文化人类学或社会人类学。先驱人物雷蒙·威廉姆斯（Raymond Williams）在他1958年的早期作品《文化与社会：1780—1950》，尤其是1961年的《漫长的革命》中，将文化理念和一种视野宽广、界定明晰的分析方法结合在一起，后者还区分出文化的不同意义和功能，并加以精确的评价。此外，还有很多学者都在这方面进行了研究与努力，比如德国齐美尔的形式社会学、法国迪尔凯姆的"集团表象"社会学、拉德克利夫-布朗的比较社会学等。他们的共同之处在于，用一种特定的社会学眼光，把握各种社会文化现象产生和发展的规律及趋势，以便为社会生活提供各种参考，最终促进人类文明的发展。2013年德国狄克·赫德（Dirk Hoerder）在《交往中的文化》（*Cultures in Contact*）中运用了"流动人口系统"的研究方法，对人类历史第二个千年中世界范围流动人口

---

① 魏重庆：《社会学小史》，商务印书馆1940年版，第47页。

的历史进行了梳理与分析。

第二，心理学作为文化领域问题考察的一个重要视角，表现出深刻的史学根源，起源于欧洲 17、18 世纪人本主义的历史学对人本身以及人的内在精神关注的抽象主义的历史、人本主义的历史和心理的历史表述。19 世纪末德国批判历史哲学发起人卡尔·兰普雷希特（Karl Lamprecht）首先向德国传统史学权威兰克学派提出质疑，并宣称："历史学首先是一门社会—心理学。"① 随后，心理史学迎来了以威廉·狄尔泰（Wilhelm Dilthey）和海因里希·李凯尔特（Heinrich Rickert）为杰出代表的新康德主义。狄尔泰认为，文化、价值是研究个人生命的具体存在；李凯尔特则在其代表作《文化科学和自然科学》中，专门以《历史学与心理学》为标题探讨了心理史学的特质，他认为当历史学研究文化事件时，它几乎总是需要研究心灵生活。从吕西安·费弗尔（Lucien Febvre）、马克·布洛赫（Marc Bloch）到费尔南·布罗代尔（Fernand Braudel），则代表着法国年鉴学派"精神状态史"研究与"长时段"理论有机结合的过程，他们认为"长时段""总体史"的综合性研究在跨学科基础上得以进行，这是包括社会、经济、文化乃至心理的"全面的历史学"形成的过程，在此期间，西格蒙德·弗洛伊德（Sigmund Freud）是促使心理史学转变的主要人物。第二次世界大战后，西方心理史学的中心开始转移到美国。心理史学研究历程中展现出的经济学、文化学、人类学、社会学、心理学等学科研究和认识的多重视角是可以被植入今天的问题研究之中的。

第三，文化人类学的兴起对文化交往研究的进一步展开贡献颇多。作为人类学的一个分支学科——文化人类学是一门研究人类各民族创造的文化，以揭示人类文化本质的学科。它始于 15 世纪上半叶大发现时代（the Age of Discovery），当时技术先进的欧洲文化和各种传统文化接触频繁而广泛，欧洲人对那些传统文化的绝大部分毫无区

---

① ［英］彼得·伯克：《历史学与社会理论》，姚朋等译，上海人民出版社 2001 年版，第 16 页。

别地贴上"未开化"或"原始"的标签。到 19 世纪中期，世界不同文化的起源及世界不同民族及其语言的分布、渊源等问题，反而成为西欧学者极为感兴趣的研究对象。狭义的文化人类学即指民族学，早在 19 世纪中叶就已被确立为一门独立的学科。其中，美国的文化相对学派和法国的文化社会学派影响最大。广义的文化人类学包含考古学、语言学和民族学三个分支学科。现代文化人类学以整体研究为路径，从地方、国家和全球不同层次考察人类的技术、政治和宗教体系，通过对不同文化个体或群体的个案探讨与对比研究，管窥不同文化场景中发挥着作用的社会关系、信仰体系的结构，从而更好地理解世界各国、各民族在各自特定环境中的风俗习惯和价值观念，更好地看待不同场景中千姿百态的文化，也更能充分地认识到文化多样性的重要性。

第四，语言学和传播学的跨文化研究是文化交往研究的基础视角。跨文化交往研究，有时被称为"全文化研究"，兴起于 20 世纪 60 年代，研究的是日常生活层面和文化心理结构层面的跨文化交往。美国人类学家 E. T. 霍尔（E. T. Hall）被称为系统地研究跨文化传播活动的第一人，他在 1959 年出版的《无声的语言》（*The Silent Language*）中创造了"历时性文化"的概念，并指出文化和交往的复杂关系："文化就是交往，交往也是文化"。该书被认为是跨文化传播学的奠基之作。究其实质，跨文化交往就是一种沟通和建立不同文化与人之间共存关系的文化交往活动，或者说，是人类社会关系和社会交往的跨文化、跨区域的一种"延伸"过程。所以，跨文化传播学的研究旨趣指向不同文化背景中的个人、群体、组织和国家之间交往的特点和规律，不同文化之间的意义阐释和理解，这为文化交往研究提供了重要基础。

第五，历史学特别是世界史方面的研究对文化交往有着相当程度的启发。世界史是以全球观的角度考察各个国家、地区和民族的历史，运用文化人类学、考古学等相关学科的研究成果，研究人类历史发展进程及其规律和趋势。马克思恩格斯在《德意志意识形态》（*The German Ideology*）中指出："各个相互影响的活动范围在这个发展进程中越是扩大，各民族的原始封闭状态由于日益完善的生产方式、交往以及因交往而自然形成的不同民族之间的分工消灭得越是彻底，历史也就越是成为世界历史。"① 可见，人类文化交往的过程就是人类谱写世界史的重要进程之一。德国著名历史哲学家奥斯瓦尔德·斯宾格勒（Oswald Spengler）在他 1918 年的巨著《西方的没落》（*Der Untergang des Abendlandes*）中提出把民族文化看作有机体，认识到了民族文化之间内在联系客观存在的现实，这对文化交往研究有重要的意义。英国著名历史学家阿诺德·约瑟夫·汤因比（Arnold Joseph Toynbee）在他的 12 册巨著《历史研究》（*History Research*）中讲述了世界各个主要民族的兴起与衰落，考察和分析了不同文明在时间和空间上接触的不同实情与后果，他对文化交往这一客观历史现象的整体性认识也由此管窥一斑。美国历史学家 L. S. 斯塔夫里阿诺斯（L. S. Stavrianos）的《全球通史》（*A Global History*）分为《1500 年以前的世界》和《1500 年以来的世界》两册，他在书中采用全新的史学观点和方法，即将整个世界看作一个不可分割的有机的统一整体，立足人类各民族的交往史来叙述世界历史全貌。法国当代以研究中西文化交往和比较而著称的汉学家安田朴（Rene Etiemble）的一部力作，原名为 *L'Europe Chinoise*，字面意思为 "中国化的欧洲"，中文译为《中国文化西传欧洲史》，从宏观上论述了从唐代到 18 世纪（清代中期）期间中欧文化的交流、中国文化在欧洲的传播及其反响，这与文化交往的当代研究有直接关联。

第六，政治学中国际关系的视角也是文化交往研究不容忽视的角度。美国当代著名的国际政治理论家塞缪尔·亨廷顿（Samuel Huntington）以 "文明冲突论" 享誉全球，他的代表作分别是 1993 年出版的《文明的冲突》（*The Clash of Civilizations*）和 1996 年出版的《文明冲突与世界秩序重建》（*The Clash of Civilizations and the Remaking of World Order*），一经出版就引起国际社会的关注和争论。他认为，冷战后产生世界冲突的基本根源是文化差异，而不是意识形态，

---

① 《马克思恩格斯选集》第 1 卷，人民出版社 1995 年版，第 88 页。

主宰全球的将是"文明的冲突"。另外，英国学者戴维·赫尔德（David Held）、安东尼·麦克格鲁（Anthony McGrew）、戴维·戈尔德布莱特（David Goldblatt）、乔纳森·佩拉顿（Jonathan Flatt）合著的《全球大变革：全球化时代的政治、经济与文化》（*Global Transformations*：*Politics*，*Economics and Culture*），在总结了三种全球化理论（狂热的全球化论者、怀疑论者以及变革论者）的基础上建立自己的分析模式，并且使用这个模式对六个发达资本主义国家（美国、英国、德国、法国、日本、瑞典）在不同全球化维度中的表现进行了分析。在回顾全球历史的基础上展望了文化的未来，是对全球化时代丰富性和复杂性的现实较为清晰的展示。

2. 国内研究现状

第一，在对世界文化史考察中展现出丰富的文化交往史。国内研究世界文化史方面的专家学者不少，其中以《世界文化史》命名的著作就有好多个不同的版本。1999 年，解光云在安徽大学出版社出版的《世界文化史》从时间和空间两个维度展现世界文化发展史概貌，其中，特别把"人类早期的文化交流""古代社会后期东西方文化的交流与发展"列为章节专门讨论，指出文化交流已成为世界文化演进的一个基本动力。2010 年，裔昭印在北京大学出版社出版的《世界文化史》中从全球观点出发，系统论述了世界文化发展史，描述了各个民族发展的规律和特点以及对世界文化发展的贡献，揭示多元化和一体化的人类文化演变的内在本质，他认为世界文化就是相互交往的网络与过程体系。2002 年，陈佛松在华中科技大学出版社出版的《世界文化史》清晰地反映世界文化发展的轨迹，是在作者之前出版的《世界文化史》（1999 年）基础上更具学理性的著作。我国著名世界史、中东史学家彭树智教授于 2002 年在陕西人民出版社出版的《文明交往论》引来了不少学者的关注和好评，称颂该书正是探讨不同文明之间交往关系的重要研究成果之一。另外，国内史学界对文化交流研究的著述数不胜数，诸如《中西文化交流史》《中日文化交流史》《中国与欧洲文化交流志》等，这些论著主要在历史学范畴回顾中国和其他民族文化交流的史实，多数涉及对外文化交往的接触、碰撞、吸收和融合等过程。

第二，以梁漱溟、季羡林、费孝通、汤一介、衣俊卿等为主要代表的中国学者认识到不断推进的全球化进程中跨文化研究和文化交往的重要性。我国著名思想家梁漱溟是现代新儒家的早期代表人物之一，有"中国最后一位儒家"之称。1922 年出版的《东西文化及其哲学》是他新儒学思想体系的理论基础。全书共五章，主要包括本体论、认识论、文化观、历史观和伦理学思想五部分内容。他将西方的非理性主义和中国传统哲学思想相结合，对东西文化加以比较，极富开创性和启发性。著名古文字学家季羡林在其代表作品《中印文化关系史论文集》中指出，中印文化交流的特点是"互相学习、各有创新、交光互影、相互渗透"①。他在《学海泛槎：季羡林自述》中强调文化交流的重要性，"世界民族，不论大小，不论新旧，都创造了自己的文化，都同别的民族进行了文化交流，虽然各民族对世界文化的贡献之大小不是等同的"②。著名社会学家、人类学家费孝通先生主张的 16 字箴言："各美其美，美人之美，美美与共，天下大同"，为指导当今世界文化交往格局提供了参考范本。他肯定了全球化进程中文化交流更加广泛的现实，认为"从封闭社会到开放的广泛的文化接触的变化线路，是马老师（马林诺夫斯基，费孝通的博士论文导师）生前已经预见到的，我们看到的无非是这一股潮流的进一步扩大"③。在全球化背景下应当对中华文化的全部历史有所自觉，有清醒的认识，有自知之明，有自信，且有文化转型的自主能力和文化选择的自主地位，最终实现不同文化全面和谐的世界文化格局。汤一介先生对当前中国文化问题的思考主要集中在 2001 年辽宁人民出版社出版的《和而不同》和 2007 年江西人民出版社出版的《新轴心时代与中国文化的建构》两部著作中。他认为跨文化和跨学科文化研究将成为 21 世纪文化发展的动力，阐析了 21 世纪会形成新的文化轴心时代，将出现全球意识观下多

---

① 季羡林：《中印文化关系史论文集》，生活·读书·新知三联书店 1982 年版，第3 页。
② 季羡林：《学海泛槎：季羡林自述》，山西人民出版社 2000 年版，第 186 页。
③ 费孝通：《费孝通全集》第十五卷，内蒙古人民出版社 2001 年版，第 284 页。

元文化共存发展的局面，探讨了文化交流中双向选择、异地发展、单向流动、"拿来主义"和"送去主义"的态度，并指出中国文化的最高理想是"万物并育而不相害，道并行而不相悖"。衣俊卿教授在其于2005年在云南人民出版社出版的《文化哲学——理论理性和实践理性交汇处的文化批判》一书中探讨了全球化的文化内涵的认定与价值判断。他指出，文化的全球化是一种跨文化对话和交流的机制，是各种文化通过平等交流而共同维护关系到人类社会共同利益的一些基本文化价值；是多种文化通过冲突和对话而形成的新的文化格局；是现代性或现代理性精神的自我完善。他还提出，文化哲学将会成为21世纪最有影响的哲学范式或哲学形态；其中文化的界定、文化的生成与功能、文化的构成与形态、文化模式、文化危机、文化转型以及文化焦虑、新文化精神的重建等众多文化哲学问题都是对中国社会转型时期显现的深刻文化问题进行理解和建构时需要重点把握的内容。2006年张岱年主编的《文化与哲学》一书主要从哲学思想入手，就中西文化的特点与内容、中国文化的思想基础与基本精神、文化传统与现代化建设等方面展开论述，辨析了文化的体用问题、物质利益和道德思想等问题，并提出若干关于文化与哲学史的新见解。

第三，专门以文化交往作为直接对象的研究成果或著述较少。桂翔在其博士论文《文化交往规律论》的基础上撰写完成的《文化交往论》一书以文化交往的历史为实证基础，着眼于哲学层面，从文化与文化交往、文化交往与文化实践、文化信息流动、文化冲突、文化融合五大层面，对文化交往进行了深入而系统的研究。书中提出："文化交往的实质就是智慧的交换。"[①] 姚庆的《文化交往学》论述了公共文化交往活动的构成、方式和手段；揭示了公共文化交往活动的本质和规律。而李佩环则在其博士论文与同名专著《全球化时代的文化交往及其走向》中认为，"就主体性是实践活动的成果而言，文化交往的实质在于共享人类实践活动成果。"[②] 刘鹤的博士论文《全球

---

① 桂翔：《文化交往论》，人民出版社2011年版，第32页。
② 李佩环：《全球化时代的文化交往及其走向》，世界图书出版公司2013年版。

化视域下文化交往战略研究》在马克思"世界历史"理论视角下，对全球化视阈下文化交往战略问题进行了较为系统的研究。但是他们都未对文化交往作出明确的概念界定。对文化交往进行概念澄清的是杨玲的博士论文《文化交往论》，她指出，文化交往的本质是动态的存在。文中从人类作为主体而自觉地处理与外部世界的关系这个角度出发，试图挖掘文化交往的发生、发展的本体论和存在论前提，以探寻其作为理论与现实合法存在的哲学支撑；并透过文化交往的历史渊源及其当代形态的表层结构直击文化交往的现实困境，揭示文化交往的本质、类型和合理化运行的内在机制；最后立足中国实际，放眼世界格局及其动态演变，探索在人类社会文化交往的文明化进程中，中国特色社会主义先进文化的合理化建设、创新与再造。

3. 对国内外文化交往问题研究的总体评价

综上所述，文化及其相关问题研究在若干领域已经取得了一定的成果，但以"文化交往"为直接对象的探讨仍然存在相当程度的缺乏与不足。从梳理国内外研究现状来看，文化交往研究主要存在的问题表现在：

第一，研究范式有待转换。传统的社会学、心理学、文化人类学、语言学、传播学、历史学、政治学的研究方法，唯心主义、旧唯物主义的研究立场都不能全面而合理地阐明文化交往问题。应以马克思主义辩证唯物史观为指导，从人类和人类社会生活实践的深层结构，即文化层面出发，深入文化交往的历史和现实本身。

第二，研究问题域需要清理。对于"文化交往"的研究需要把文化和交往整合为一体，视为独立的整体来展开，侧重于文化或侧重于交往的研究都不足以全面透视文化交往的理论与现实，会表现出单一视域下问题研究的片面性和局限性。

第三，研究视角仍需拓宽。随着新形势下各类相关新问题的相继露头，学术界在此期间基于文化交往问题展开的理论分析和探索仍然不够，对"文化交往"概念的界定、本质的认识等基本问题还有待进一步提升。本文将关注网络时代文化交往发展的新趋势，并结合国情探究我国网络的文化交往发展的现状、困境、根源，提出相应的对策。总之，以"文化交往"为题的现有研究虽然不多，但是其认识视角和关注问题在今天仍有很强的现实意义。

（三）对网络的文化交往问题的研究

国内外以"网络的文化交往"为题的研究尚无。与主题相关的国内研究主要分为以下几个方面。

第一，从文化交往的角度，认为网络是文化交往的媒介。代表作是桂翔于 2011 年在人民出版社出版的《文化交往论》，这部书是他以 2002 年所写的博士论文《文化交往规律论》为基础修改的结果，书中特别强调全球文化的融合是"全球互联网络的结果"，并指出"网络媒体的出现是人类文化传播手段上的一次革命，它使文化时空日益缩小，对文化在世界范围的传播起到重要的推动作用"[1]。但是"网络只是文化传播的工具和传播手段，文化内容的选择和接受则是另外一回事"[2]。2010 年杨玲的博士论文《文化交往论》也认为，"通过对信息高速公路和互联网等许多有效途径和渠道的充分利用同世界其他越来越多的民族在文化领域不断推进着不同程度、不同层面和不同深度的交往活动"[3]，并将"19 世纪末至今的文化交往称之为现代信息时代的文化交往"[4]。2009 年，李佩环在《文化交往的生成发展及其现实确证》一文中认为，互联网作为现代媒介是"为实现文化交往活动的目的、为文化交往主体所有和所用而创造的历史性存在。而作为历史性的存在，这些文化交往媒介是人类实践的创造物"[5]，即物质交往推动了文化交往全球化的实现。

第二，从网络交往的角度，探讨其对文化的影响。2005 年，李素霞在人民出版社出版的《交往手段革命与交往方式变迁》中提到美国等西方大国利用网络交往进行文化渗透，"网络交往渐渐成为权

---

[1] 桂翔：《文化交往论》，人民出版社 2011 年版，第 223 页。
[2] 桂翔：《文化交往论》，人民出版社 2011 年版，第 223 页。
[3] 杨玲：《文化交往论》，博士学位论文，华中科技大学，2010 年。
[4] 杨玲：《文化交往论》，博士学位论文，华中科技大学，2010 年。
[5] 李佩环：《文化交往的生成发展及其现实确证》，《广西社会科学》2009 年第 11 期。

力的工具，交往中的不平衡甚至单向流动变得十分普遍"①。日益扩大的"数字鸿沟"引发了文化交往中的"文化殖民主义"。2010年，王晓霞在中国社会科学出版社出版的《现实与虚拟社会人际关系的文化探究》中将网络社会人际关系的文化特征归类为：人际交往的开放性与隔离性、人际交往的匿名性与人与人之间的弱联系、特殊信任减弱与普遍信任加强、网络人际情感的疏离与增强、凸显的人际平等与潜在的不平等、人际认知直接性的削弱与认知偏差的增加、人际关系的自主性与难掌控性和人际沟通语言的符号化。2011年，中共中央党校卢斌的博士论文《哲学视域下的网络社会交往》在第六章中涉猎了"网络社会交往的文化反思"，认为"网络交往以自身独特的形式、交往内容影响并塑造主体的文化价值观的形成"。②

第三，从网络文化的角度，认为是对交往的延伸和扩展。2005年，李素霞在人民出版社出版的《交往手段革命与交往方式变迁》中认为，网络文化的特征有"文化交流的直接性"，"就网络文化而言，文化交流的趋同性特征也是十分明显的"。③ 2009年，宋元林等著《网络文化与人的发展》在人民出版社出版，书中明确指出：（1）网络文化从交往时空、人的交往能力和水平、人类的经济基础和社会结构、人类文化价值中拓展人的交往方式；（2）人在网络文化中社会政治关系、社会经济关系、社会文化关系的扩展和人际关系的变革与发展；（3）网络文化扩展了人的发展空间，包括拓展了人的交往空间，形成了流动性的网络空间，超越了现实空间的制约并增强了人的自由个性。2012年，皮海兵在广西师范大学出版社出版的《内爆与重塑——网络文化主体性研究》中认为"作为文化交往的网络空间并不是一种信息的容器，而是一种精神文化意味的'广延物体'"④。

总之，国内部分学者从文化交往、网络交往、网络文化等角度对

---

① 李素霞：《交往手段革命与交往方式变迁》，人民出版社2005年版，第147页。
② 卢斌：《哲学视域下的网络社会交往》，博士学位论文，中共中央党校，2011年。
③ 李素霞：《交往手段革命与交往方式变迁》，人民出版社2005年版，第211页。
④ 皮海兵：《内爆与重塑——网络文化主体性研究》，广西师范大学出版社2012年版，第7页。

于"网络的文化交往"稍有涉及，但还未引起足够的重视，形成系统的研究。目前尚无对"网络的文化交往"进行系统研究的著作或博士论文。

四　研究思路、内容和方法

（一）研究思路

从核心概念着手，以概念、范畴和体系为载体，以网络的文化交往问题的理论来源、现实基础、基本概念与主要内容为主线，以当代中国网络的文化交往现状为中心，以实现我国网络的文化交往和谐发展为目的。

提出问题：1. 概括当代中国网络的文化交往的现状。2. 指出当代中国网络的文化交往的困境。

分析问题：1. 建立理论分析工具，阐述网络的文化交往的本质、结构、特性、类型、功能、基本原则和价值。2. 剖析当代中国网络的文化交往困境产生的原因。

解决问题：1. 建构网络文化价值观念。2. 分析网络主体在网络的文化交往和谐中的关键地位。3. 探究树立网络文化管理制度的路径。

（二）研究内容

本研究以解决中国当前现实问题为逻辑起点，以哲学、伦理学、教育学、心理学和社会学理论为基础，以问题分析的逻辑推进为主线展开自己的理论框架，具体章节框架如下。

绪论：介绍选题缘由和意义，国内外研究现状，研究思路、内容和方法，研究重点、难点和创新点。

第一章：网络的文化交往的概念。厘定"交往""文化交往""网络的文化交往"等核心概念，把这些概念的本质提炼出来，从总体上把握其意义。梳理相关理论的界定，从相关研究中把网络的文化交往与相关学科的理论进行比较分析，主要目的是从网络文化与现实文化、网络交往与文化交往、网络文化的交往与网络的文化交往的交叉比较中明晰网络的文化交往的研究范式。探索网络的文化交往问题的理论来源和现实基础，通过马克思主义文化交往理论的引领勾画出网络的文化交往的现实基础，从当代社会现实中追溯网络的文化交往的时代背景及现实意义。

第二章：网络的文化交往的本质与结构。在马克思主义文化交往理论的基础上对网络的文化交往的本质、特性、结构、类型、功能进行理论组织与构建。这是本书的重点。

第三章：当代中国网络的文化交往的现状、困境和原因。从我国现实国情出发，探究当代中国网络的文化交往的现状和困境，并试图找出困境产生的原因。这是本书的重点和难点。

第四章：网络的文化交往的基本原则与价值。从理论的角度探究实现网络的文化交往和谐发展所应遵循的基本原则，从网络个体和网络社会两个方面详细分析网络的文化交往的价值及其实现。这是本书的重点。

第五章：实现我国网络的文化交往的和谐发展。探究实现我国网络的文化交往和谐发展的条件。从网络文化价值观念、网络主体、网络文化管理制度中寻找新的方法与途径。这是本书的重点和难点。

（三）研究方法

1. 文献研究法。通过对国内外相关文献进行梳理，探求网络的文化交往在各个发展时期的文献分析。通过对国内外经典著作文献进行查阅、分析、整理，从而梳理和归纳出网络的文化交往的基本内容。细致而全面的文献梳理使本研究具备了更为扎实的理论基础，同时，理论的创见也更容易达成。

2. 跨学科研究法。网络的文化交往是一个浩瀚的领域，涵盖面甚广，论文中涉及了文化学、社会学、传播学、心理学等各个学科的相关知识和交叉知识。这种跨学科的研究方法不仅拓宽了本研究的学术域，同时也有利于提升研究的纵深度。

3. 分析归纳法。通过查阅文献，系统收集资料，在占有大量资料的基础上，对材料进行归纳总结和提炼综合，对问题进行系统而全面的分析，看到事物的联系和发展，从正反两个方面来论证事物发展对问题解决的推动与阻碍作用，从而得出正确的结论。

4. 多维系统法。对问题的思考尽可能从多个维度全面而系统地审视，既分析整体，又分析其要素；既要多个角度，又要注意角度之间的关联。系统分析方法的原则包括整体性原则、相关性原则、动态原则等，网络社会作为技术空间和人文空间的多重复合系统，特别适合采用系统方法来加以综合分析。网络社会的形成本身就是一个由多种因素共同作用的结果，这样就可以避免陷入科学决定论或虚无论的误区。

五　研究重点、难点和创新点

（一）研究重点

本书试图对当代中国网络的文化交往进行全面的研究，力图较好地把握当前我国网络的文化交往现状，并积极探寻我国网络的文化交往和谐发展的思路。本研究的重点在于：1. 开展大量的文献整理与阅读工作，在解读原著的基础上，揭示马克思主义文化交往理论。这是首先需要解决的重点。2. 厘定网络的文化交往及其相关概念，并积极探索网络的文化交往的本质与结构、基本原则与价值等基本内容。3. 结合我国国情特色，尽可能较为全面而系统地理解把握当代中国网络的文化交往的现状全貌和存在的若干问题，并进行理论与实践的反思，以期通过马克思主义文化交往理论的指导实现我国网络的文化交往的和谐发展。这是重点中的重点。

（二）研究难点

由于文化和交往包含的内容多、范围大、领域广，加上网络文化和网络交往的快速发展，要及时而准确地把握它们的影响和发展趋势实属不易，需要综合借鉴不同的理论知识和框架。另外，网络的文化交往是一个全新的概念，缺乏可以直接参考的前人研究成果，把握它的基本内容需要相当的理论与实践勇气。因此，虽然本人已竭尽全力，但是由于资料内容庞杂，对其进行梳理和提炼有较大难度，本研究只能作为深入开掘该问题的一个起点。

（三）研究创新点

目前所查阅到的相关资料显示，虽然有了相关或相近的研究成果，但是直接针对网络的文化交往研究尚处于孕育之中，更谈不上系统的研究。于是，本人的研究就起到了抛砖引玉的作用。具体说来，本研究的创新点有：

1. 概念创新，指出"网络的文化交往"概念。突破传统视域，紧密结合当今实际，把"文化交往"的概念从日常生活话语中提炼出来，放在网络空间中进行立体观察，既有理论性，又富时代性。

2. 理论创新。一方面，总结归纳前人研究，提炼整理出马克思主义文化交往理论、西方马克思主义文化交往理论和马克思主义中国化文化交往理论。另一方面，以该理论为指导，对以往的研究成果进行集中的梳理，以一种更为明晰的方式和逻辑将网络的文化交往的核心概念与基本内容展示出来，并对其理论视阈进行进一步的拓展和呈现。这是本研究的核心创新点。

3. 实践创新。针对我国网络的文化交往的现状和困境进行分析，突出时代性与针对性，探索困境产生的原因，并在网络的文化交往的基本原则与价值的基础上提出实现我国网络文化交往和谐发展的路径。

第一章　网络的文化交往的概念

网络的文化交往作为一个全新的概念，为了对其进行深入的分析和研究，需要首先从基本概念的界定着手。

一　核心概念厘定

与网络的文化交往相关的概念有："交往""文化""文化交往""网络文化""网络交往"。"交往"是网络的文化交往这个概念中的要素核心。"交往"作为唯物史观的一个重要范畴，它的界定直接关系到文化交往和网络的文化交往的建构。"文化""文化交往""网络文化""网络交往"是相关核心概念。本研究的核心概念厘定就将从"交往""文化交往""网络的文化交往"展开。

（一）交往

"交往"一词来自拉丁语的 communis，英语的 communication，德语的 Kommunikation 和 Verständigung 都是来源于此，起初指的是"共同的""通常的"，现在一般理解为分享和交流情感感受、思想观念与信息。马克思和恩格斯在 1845—1846 年写作的《德意志意识形态》中使用的是 Verkehr，这个词在现代交往概念中不通用，他们认为Verkehr 和 Commerce 的意义相同，意思是"交往""交际""交通""交换""贸易""流通"等。

1844 年，马克思在《詹姆斯·穆勒〈政治经济学原理〉一书摘要》中指出，"我们看到，国民经济学把社会交往的异化形式作为本质的和最初的形式、作为同人的本性相适应的形式确定下来了。"①这是他第一次明确提到"社会交往"。接着，马克思在《1844年经济学哲学手稿》中指出"人与自然的交往"，并将它视为人生存的基本条件；还反复论及"同别人的实际交往"，但没有涉及交往概念的界定。然后在《德意志意识形态》中，马克思和恩格斯使用了"交往""交往形式""交往关系"等概念达七十余次，并从全球交往的角度论述了"物质交往"和"精神交往"在人类发展史中的作用，但是仍未对"交往"的含义给予具体的界定。直到1846年12月28日，马克思在写给安年柯夫（Annenkov）的一封信中才第一次明确地对"交往"予以界定。"社会——不管其形式如何——是什么呢？是人们交互活动的产物。人们能否自由选择某一社会形式呢？决不能。在人们的生产力发展的一定状况下，就会有一定的交换［commerce］和消费形式。在生产、交换和消费发展的一定阶段上，就会有相应的社会制度、相应的家庭、等级或阶级组织，一句话，就会有相应的市民社会。有一定的市民社会，就会有不过是市民社会的正式表现的相应的政治国家。"②马克思此处的"交往"指交互活动、交换和生产关系。马克思认为，"为了不致丧失已经取得的成果，为了不致失掉文明的果实，人们在他们的交往［commerce］方式不再适合于既得的生产力时，就不得不改变他们继承下来的一切社会形式。——我在这里使用'commerce'一词是就它的最广泛的意义而言，就像在德文中使用'Verkehr'一词那样。"③"Verkehr"在最广泛的意义上涵盖了一定历史阶段中的一切社会形式和社会关系。这是马克思唯一一处对交往范畴的概括，虽然还不是很清楚交往的本质，但至少提供了交往本质的界限。即交往是一定历史阶段的社会关系及社会制度，不是虚幻永恒的人的关系。1848年，马克思和恩格斯在《共产党宣言》中提出交往在资本主义社会生产过程中的重要作用。恩格斯指出，这里的

---

① 《马克思恩格斯全集》第42卷，人民出版社1979年版，第25页。
② 《马克思恩格斯选集》第4卷，人民出版社1995年版，第532页。
③ 《马克思恩格斯选集》第4卷，人民出版社1995年版，第532—533页。

交往是在"贸易关系"的层面上的。此外，马克思在《资本论》中也大量使用了"交往"这一概念。

纵观马克思和恩格斯的经典著作，马克思交往范畴的特点有：一是交往主体首先是从事物质生产活动中"现实中的个人"，"因而是在一定的物质的、不受他们任意支配的界限、前提和条件下活动着的"。① 现实中的个人在物质生产过程中形成了家庭、民族、国家等共同体，于是就出现了人与人、人与共同体、共同体与共同体之间的交往。二是马克思把交往与生产实践联系起来。他指出："而生产本身又是以个人彼此之间的交往［Verkehr］为前提的。这种交往的形式又是由生产决定的。"② 由此可见，马克思的"交往"是通过生产力和生产关系的矛盾运动而辩证发展的过程。三是马克思第一次把交往分为物质交往和精神交往两大类型。其中物质交往决定精神交往，起基础和决定性作用。在1995年版《马克思恩格斯选集》第1卷中关于"交往"的注释中明确指出："'交往'［Verkehr］这个术语在《德意志意识形态》中含义很广。它包括单个人、社会团体以及国家之间的物质交往和精神交往。马克思和恩格斯在这部著作中指出：物质交往，而首先是人们在生产过程中的交往，这是任何其他交往的基础。"③ 马克思和恩格斯说："思想、观念、意识的生产最初是直接与人们的物质活动，与人们的物质交往，与现实生活的语言交织在一起的。人们的想象、思维、精神交往在这里还是人们物质行动的直接产物。表现在某一民族的政治、法律、道德、宗教、形而上学等的语言中的精神生产也是这样。"④ "人们是自己的观念、思想等等的生产者，但这里所说的人们是现实的、从事活动的人们，他们受自己的生产力和与之相适应的交往的一定发展——直到交往的最遥远的形态——所制约。"⑤ "占统治地位的思想不过是占统治地位的物质关系

---

① 《马克思恩格斯选集》第1卷，人民出版社1995年版，第72页。
② 《马克思恩格斯选集》第1卷，人民出版社1995年版，第68页。
③ 《马克思恩格斯选集》第1卷，人民出版社1995年版，第790—791页。
④ 《马克思恩格斯选集》第1卷，人民出版社1995年版，第72页。
⑤ 《马克思恩格斯选集》第1卷，人民出版社1995年版，第72页。

在观念上的表现，不过是以思想的形式表现出来的占统治地位的物质关系"①。可见，"'思想'一旦离开'利益'，就一定会使自己出丑"②。物质交往关系是人们众多交往关系中最基本的。人们在社会生产和交换领域进行的交往如生产协作、商品交换以及日常生活中以物为媒介的礼尚往来等都属于物质交往；而精神交往则包括文化交流、情感表达、艺术欣赏等。这两种交往都要通过行为互动、语言符号、信息传达来实现。交往的类型多种多样，依据不同的标准和尺度对交往范畴进行分类，可将其划分为不同的类型，从而在内涵和外延上更为具体地理解和把握交往范畴。如依据交往的活动内容和领域，可以将交往区分为经济交往、政治交往、文化交往等。

综上所述，马克思主义的交往范畴是指在一定历史条件下现实中的个人与共同体如家庭、民族、国家等在物质和精神上彼此约束与联系、相互作用与发展的活动，及在活动中所形成的相互关系的统一。作为最基本的交往活动，物质交往决定着包括精神交往在内的其他一切交往活动和交往形式。

（二）文化交往

1. 文化的含义

"文化"一词对应的英语是 culture，德语是 Kultur，它们都源于拉丁语 cultura 和 colere，本义为"耕作""栽培""养育"等。在印欧语系中，kwel 字根，则有翻动土地、运转与耕作之义。但是，"文化"不是外来语的意译，而是中国语言系统中古已有之的词语。"文化"一词最早出现在西汉刘向之《说苑·指武》中，"圣人之治天下也，先文德而后武力。凡武之兴，为不服也，文化不改，然后加诛。"③ 这里的"文化"是指文治为法，以礼乐典章制度为依据而教化臣民，已经跟当今"文化"的意思相当接近。文化具有与人类本

① 《马克思恩格斯选集》第 1 卷，人民出版社 1995 年版，第 98 页。
② 《马克思恩格斯文集》第 1 卷，人民出版社 2009 年版，第 286 页。
③ （汉）刘向：《白话说苑》，钱宗武译，岳麓书社 1994 年版，第 466 页。

身同样古老的历史，但是，虽然对于"文化"的定义目前已达到三百多种，却存在很大的差异，迄今为止没有获得公认的、比较令人满意的定义。在《辞海》中对于它的界定是：（1）广义指人类在社会历史实践中所创造的物质财富和精神财富的总和。狭义指社会的意识形态以及与之相适应的制度和组织机构。作为社会意识形态的文化是一定社会政治和经济的反映，又反过来作用于一定社会的政治和经济。随着民族的产生和发展，文化具有民族性。每一种社会形态都有与其相适应的文化，每一种文化都随着社会物质生产的发展而发展。社会物质生产发展的连续性，决定了文化的发展也具有连续性和历史继承性。（2）泛指文字能力和一般知识：学习文化/文化水平。

现在比较权威并系统归纳的"文化"的含义来源于《大英百科全书》中引用的美国著名文化人类学家 A. L. 克罗伯（A. L. Kreober）和 K. 克拉克洪（K. Rluckholn）在《文化：概念与定义的批判性回顾》（*Culture: A Critical Review of Concepts and Definitions*）中收集的166 条关于文化的含义。它们被归为 6 组，分别是：

第一，描述性含义。代表人物是英国人类学之父泰勒，他认为"文化，或文明，就其广泛的民族学意义来说，是包括全部的知识、信仰、艺术、道德、法律、风俗以及作为社会成员的人所掌握和接受的任何其他才能和习惯的复合体"[①]。这组含义试图用列举的方式涵盖文化的所有内容，这是世界各国学者研究文化时最常用的方法。其不足之处在于，文化是一个相当抽象的概念，光靠列举的方式对其下定义是无法涵盖所有内容的，容易忽略构成文化的其他要素。

第二，历史性含义。其中最具代表性的是美国文化语言学奠基人萨丕尔（Sapir）的定义："文化被民族学家和文化史学家用来表达在人类生活中任何通过社会遗传下来的东西，这些包括物质和精神两方面。"[②] 该含义的主要特点是把文化放到历史发展的层面上去认识，

[①] ［英］爱德华·泰勒：《原始文化：神话、哲学、宗教、语言、艺术和习俗发展之研究》，连树声译，上海文艺出版社 1992 年版，第 1 页。

[②] 郭莲：《文化的定义与综述》，《中共中央党校学报》2002 年第 1 期。

强调文化的社会遗传与传统属性。但是不足之处在于过分强调文化的稳定性和对人类发展的被动作用，误认为人类是"文化传统的被动搬运工"。

第三，规范性含义。（1）强调文化中的规则与方式。1929 年，美国人类学家威斯勒（Wesley）认为："某个社会或部落所遵循的生活方式被称作文化，它包括所有标准化的社会传统行为。部落文化是该部落的人所遵循的共同信仰和传统行为的总和。"① （2）强调文化中的理想、价值与行为因素。美国社会学家、芝加哥学派的主要代表人物 W. I. 托马斯（W. I. Thomas）定义"文化是指任何无论是野蛮人还是文明人群所拥有的物质和社会价值观（他们的制度、风俗、态度和行为反应）"②，指出文化的本质就是价值观。这组含义强调，在文化发展的进程中，规范化思想对行为所产生的动态作用。

第四，心理性含义。（1）强调调整与解决问题的方法的含义。美国社会学家、经济学家、社会达尔文主义的主要代表人物 W. G. 萨姆纳（William Graham Sumner）和美国社会学先驱亚尔伯特·凯勒（Albert G. Keller）指出："人类为适应他们的生活环境所作出的调整行为的总和就是文化或文明。"③ 这类含义的不足之处在于只关注文化存在的原因和形成过程，却忽视了文化是什么。（2）强调学习的含义。美国斯坦福大学社会学教授理查德·拉皮尔（Richard Lapiere）对文化的定义如下："一个文化是一个社会群体中一代代人学习到的知识在风俗、传统和制度等方面的体现；它是一个群体在一个已发现自我的特殊的自然和生物环境下，所学到的有关如何共同生活的知识的总和。"④ 这类含义强调文化中的学习因素的重要地位，却因此忽略了文化的其他特性。（3）强调习惯的含义。美国人类学家乔治·默多克（George Murdoch）定义"文化是行为的传统习惯模式，这些行为模式构成了个人进入任何社会所应具备的已确定行为的重要部分。这

---

① 郭莲：《文化的定义与综述》，《中共中央党校学报》2002 年第 1 期。
② 郭莲：《文化的定义与综述》，《中共中央党校学报》2002 年第 1 期。
③ 郭莲：《文化的定义与综述》，《中共中央党校学报》2002 年第 1 期。
④ 郭莲：《文化的定义与综述》，《中共中央党校学报》2002 年第 1 期。

类含义是从心理学的角度阐释"①。（4）纯心理性的含义。罗海姆（Roheim）对文化的定义是"对于文化我们应该理解为是所有升华作用、替代物，或反应形成物的总和"②。这类定义是从心理分析和社会心理学的角度切入的。

第五，结构性含义。以奥格本（Ogburn）和尼姆科夫（Nimkoff）为代表，认为："一个文化包括各种发明或文化特性，这些发明和特性彼此之间含有不同程度的相互关系，它们结合在一起构成了一个完整的体系。围绕满足人类基本需要而形成的物质和非物质特性使我们有了我们的社会制度，而这些制度就是文化的核心。一个文化的结构互相联结形成了每一个社会独特的模式。"③ 该组含义强调文化的模式或结构层面，把文化的定义带入了一个更深层次，都明确指出"文化"是一个抽象概念。

第六，遗传性含义。（1）强调人工制品的含义。福尔瑟姆（Folsom）指出："文化不是人类自身或天生的才能，而是人类所生产的一切产品的总和，它包括工具、符号、大多数组织机构、共同的活动、态度和信仰。文化既包括物质产品，又包括非物质产品，它是指我们称之为人造的，并带有相对长久特性的一切事物。这些事物是从一代传给下一代，而不是每一代人自己获得的。"④ 该类含义主要是社会学家强调文化是一个产品或人工制品，把重点放在了文化遗传性上。（2）强调"观念"的含义。美国社会学创建者沃德（I. F. Ward）认为，"任何人如果愿意的话，他可以把文化说成是一种社会结构，或是一个社会有机体，而观念则是它的起源之地。"⑤ 这类定义强调文化的观念因素，试图把文化从过去比较粗糙的概念提升到一个更高的层面上。（3）强调符号的含义。戴维斯（Davis）对文化的定义为："文化包括所有的思维和行为模式，这些思维和行为模式是通过交际

---

① 郭莲：《文化的定义与综述》，《中共中央党校学报》2002 年第 1 期。
② 郭莲：《文化的定义与综述》，《中共中央党校学报》2002 年第 1 期。
③ 郭莲：《文化的定义与综述》，《中共中央党校学报》2002 年第 1 期。
④ 郭莲：《文化的定义与综述》，《中共中央党校学报》2002 年第 1 期。
⑤ 郭莲：《文化的定义与综述》，《中共中央党校学报》2002 年第 1 期。

而相互作用的，即它们是通过符号传递方式而不是由遗传方式传递下来的。"① 该类定义强调文化中的符号因素，关注的人不多，值得我们进一步思考探究。

综合上述各种文化的定义，可见"文化"是一个非常广泛、多层次的概念，给它下一个严格和精确的定义是非常困难的。广义的文化与"文明"的概念相接近，指的是人类创造的全部物质财富和精神财富的总和，包括了物质文化和精神文化两种。狭义的文化仅指人类所创造的精神文化，包括人类精神活动的过程和成果以及相应的制度和社会结构，包括哲学、艺术、宗教、生活方式、思维方式、风俗习惯、伦理道德等。对文化的定义究竟应该是取广义还是狭义？陈先达先生在《关于文化研究中的几个问题》一文中认为："应该摆脱大文化观即把人的一切创造物都称之为文化的观点的束缚，把文化看成是由知识、信仰、哲学、法律、道德、艺术、风俗习惯等组成的观念形态。"② 黄枬森先生在《唯物史观与文化的共性与个性》中指出："只有把文化看成人类社会的一个组成部分，才有文化在人类社会中的地位和作用而言；如果文化的外延同人类社会的外延是完全一致的，文化在人类社会中的地位和作用就无从谈起了，那样，问题将变成文化中的几个组成部分：物质文化、制度文化和精神文化之间的关系问题。因此，对文化采取狭义的理解不仅是约定俗成，而且也是合理的，至于那种更狭义的理解往往是指文化中这一部分或那一部分，带有一定的随意性，只是为了行文或表述的方便，很难说是文化的确切的含义。"③ 两位先生的观点是可取的，所以本书的文化指的是狭义文化观中的精神文化。

任何文化都是民族创造的，民族性是文化的最大特征。斯大林在《马克思主义与民族问题》中指出，"各个民族之所以不同，不仅在于它们的生活条件不同，而且在于表现在民族文化特点方面的精神面貌不同。"④ 文化的民族性是指任何民族都有本民族特有的文化特性，

① 郭莲：《文化的定义与综述》，《中共中央党校学报》2002 年第 1 期。
② 陈先达：《关于文化研究中的几个问题》，《高校理论战线》1995 年第 10 期。
③ 黄枬森：《唯物史观与文化的共性与个性》，《哲学研究》1997 年第 4 期。
④ 《斯大林选集》上卷，人民出版社 1979 年版，第 63 页。

如语言文字、生活方式、行为规范、风俗习惯、心理特征等方面，是特定民族全体成员所共有的精神形态的特征。事实上，文化以民族的形式存在。文化的发展离不开不同民族之间的文化交往，纯粹的民族文化是不存在的。随着世界交往范围的扩大，世界各国、各地区的文化往来越来越频繁，各民族在展示自己独特文化的同时，又彼此借鉴和吸收优秀的外来文化，以彼之长补己之短，不断丰富和发展自己，形成强大的生命力和创造力。

2. 文化交往

文化交往在人类文化发展史上源远流长，各民族之间的往来开启了文化交往的历程。就文化与文化交往的关系而言，文化随着文化交往的扩大和深化而得到进一步发展，同时文化发展又带动了文化交往的拓展，也就是说，文化发展的历史就是一部文化交往的历史，文化交往的历史也是文化发展的历史。所以，文化交往的基本内涵可以从以下几个方面把握。

第一，文化交往是人类社会的一种实践存在，表现为一个动态的过程。交往是人类特有的存在方式和生活方式，与人类同在的文化因为交往而不断丰富。文化交往作为交往的一种类型，将文化作为传播和交流的内容。不同个体或群体之间的交流和互动会使文化各方面的内涵更加丰富。就普遍联系的角度来看，文化交往表现为人类各民族的联系是一个动态的相互作用的过程，这种动态的相互作用贯穿于个体或群体行为的全过程，表现为不同文化体系自身的构成和外部条件处于不断变化发展之中。

第二，文化交往的特性在于交往的内容——文化。前文界定的文化是人类精神活动的过程和成果以及相应的制度和社会结构。文化交往区别于经济交往、政治交往的主要表现：首先，经济、政治常是文化交往的现实载体；其次，文化交往的影响力更为内在和深刻；再次，文化交往主要是软实力领域的交流和互动，如文学、艺术、体育、教育等，其需求和潜力更大；最后，文化交往具有强烈的价值性和习得性，通过人的思维、情感、意识和行为等非确定性、主观性、非量化性的实践活动来理解和把握。

第三，文化交往是不同民族文化之间相互作用与关系的表征，为属于不同文化体系的个体或群体提供了认识乃至认同的机会，为推进世界文化的形成提供了可能。虽然文化交往的主客体呈现出多元性、独特性和复杂性，但是在文化交往实践过程中不同文化体系相互碰撞、持续磨合、不断认同。在这一复杂的动态过程中，文化交往实现了对本民族文化和外来文化的整合和超越，最终实现融入世界文化的共同理想。

（三）网络的文化交往

1. 网络文化

"在人类文化变迁中，如果说第一代文化是以语音为载体的语音文化，第二代文化是以文字为载体的文字文化，那么第三代文化则是以电子—电磁波为载体的电子—电磁波文化，电子—电磁波文化为人类文化样式的创新奠定了坚实的基础。"[①] 网络的出现，是人类文化传播历史上的一次空前的革命。网络展现的是一部科技文化史，网络文化的诞生，是文化史上的一个里程碑。以数字化形式传输信息的网络作为一种新的传播媒介，给人类文化带来了新的变革和发展。网络文化作为以网络、计算机技术和信息资源为基础和特征的新型文化，是人类文化发展的新阶段。从字面上看，网络文化包含两层意思：一是指在网络中生成的新文化，借助网络的媒介技术传输和人际交流互动形成的符号表意系统及其成果，属于网络文化的核心部分。二是指借助网络传播的文化，现成的各种文化产品传送到网络就成了网络文化的一部分。传统文化改变自己的既有形态，以数字的形式出现，就加盟了网络文化。

实际上，网络文化不是简单意义上网络中的文化，也不是传统文化的数字化，而是技术与文化的联姻，并由此达到文化的自我超越。首先，网络文化以网络技术为先决条件。以计算机技术和网络技术的综合运用为载体，网络文化形成了开放性、平等性、共享性、多元化

---

① 鲍宗豪编著：《网络文化概论》，上海人民出版社 2003 年版，第 223 页。

等独特特征。网络文化的出现既便于信息大量存储又便于迅速传播，加上多媒体技术使信息传播更形象、更生动。其次，网络文化中虚拟和现实并存。一方面，由于网络文化建立在数字技术上，具有了"去生理化""身体缺席"等虚拟特征；另一方面，它的发展离不开现实物质技术的支撑，也离不开人的现实存在。网络文化因为现实而存在，承继着人类丰富多彩的历史文化；因为虚拟而超越，使人类理想和追求更加充满希望。最后，网络文化对传统文化的整合。网络文化不是无源之水、无本之木，它的基本成分是传统文化的新表达，通过整合重构创造出不同于传统文化的新质文化。值得注意的是，网络文化是传统文化的促进，而不是替代。

综上所述，网络文化是以计算机和通信技术融合为物质基础，以网民为主体，以网络空间为传播领域，以发送和接收信息为核心，在工作、交往、学习、娱乐等活动中形成的行为方式及思想观念的总和。网络文化作为折射现实生活的精神世界，其形式和内容会随着数字化技术的发展而发生变化，从而形成自身的鲜明特征。根据具体对象的不同，网络文化可划分为"屌丝文化""微文化""游戏文化""色情文化"和"草根文化"等。多元又一体的文化共存于虚拟的网络世界中，彼此竞争、相互依存、共同发展。

2. 网络交往

作为伴随互联网诞生和发展而出现的一种新型交往方式，对于网络交往的定义，学者们至今莫衷一是。西方学者往往从 Computer-Mediated Communication（简称 CMC，计算机媒介沟通）、Internet Communication（互联网沟通）、Computer-Mediated Interation（计算机媒介互动）、Internet Use Behavior（互联网使用行为）等概念进行研究。从广义上来看，网络交往就是互联网使用行为，侧重强调信息的传递过程；从狭义上来看，网络交往则是互联网使用行为中的一种，侧重强调外在的行为表现，主要是指人与人之间借助网络平台进行的信息沟通，并在此基础上相互影响、相互理解。我国学者对于网络交往的界定比较少，在使用该概念时没有统一的内涵。2012 年，陈秋珠在《赛博空间的人际交往——大学生网络交往与心理健康关系的研究》

一书中指出："广义的网络交往等同于互联网使用行为，二者是一个问题的两个方面。因为网络空间首先是一个贮量丰富的信息资源库，一切互联网使用行为都以信息交换为基础而展开；而狭义的网络交往仅仅指网络人际交往，即在网络空间中进行的人与人之间的信息交流，从而实现人与人之间信息、情感交流，达到相互影响、相互理解，并建立一定的人际关系的目的。"① 该定义按照西方学者对于网络交往有广义和狭义之分，比较全面地分析了网络交往的内涵，突出了网络交往中信息交换的特点。2008 年，刘明合在《交往与人的发展：基于马克思主义的视角》中认为："网络交往是以计算机为中介、与互联网为基础的交往方式，是人的社会本性在计算机互联网时代的拓展和延伸。"② 他的界定并没有明确指出网络交往的内涵，但是看到网络交往体现了人的社会性，是传统交往方式在网络空间的补充和扩展。

综合以往中西方学者的研究，本文将网络交往定位为一种新型交往形式，以计算机语言符号为主要交流介质，以实现物质、能量、情感、信息交换与沟通为主要目的的人际间符号性的精神互动。其主要形式有网上聊天、网络游戏、网络论坛、网上电话、电子邮件、由个人或单位主要构成的虚拟社区以及通过局域网进行的其他网上传输等，包括人—机交往和人—机—人交往两种基本类型。网络交往在内容上主要体现为三个方面的交往，即以获取信息、学习或通信为主的交往；以娱乐和情感沟通为主的交往和以获得经济利益为主的交往。

3. 网络的文化交往

目前学术界尚无对"网络的文化交往"的明确界定，国内有少数学者对"文化交往"进行了研究。桂翔在《文化交往论》中认为，"文化交往在本质上又是各民族之间的活动交换或互换。"③

---

① 陈秋珠：《赛博空间的人际交往——大学生网络交往与心理健康关系的研究》，吉林大学出版社 2012 年版，第 6 页。
② 刘明合：《交往与人的发展：基于马克思主义的视角》，中央编译出版社 2008 年版，第 123 页。
③ 桂翔：《文化交往论》，人民出版社 2011 年版，第 32 页。

　　从字面上看，"网络的文化交往"可以理解为文化交往在网络中。从构词来看，"网络的文化交往"是由"网络""文化""交往"这三个词合成的复合词。从词性看，当"交往"被认为是主客体相互作用的中介和工具时，"网络的文化交往"是名词；当"交往"被认为是相互作用时，"网络的文化交往"是动词。从汉语构词习惯来看，"网络的文化交往"中的核心词是"交往"，"网络"和"文化"作为形容词或副词对"交往"进行一定的修饰，将"交往"限定在"网络"之中的"文化交往"。"网络"成为区别于其他"文化交往"的特殊之处。"网络的文化交往"侧重于"文化交往"，就需要明确"文化交往"是侧重于表征一种动态过程还是一种中介工具。本文侧重于前者进行研究，网络的文化交往是在网络时代出现的文化交往问题，交往的内容是网络文化。网络空间是马克思主义文化交往理论运用和指导的新领域。

　　"文化的本质是智慧，交往的实质是交换，那么文化交往的实质就是智慧的交换。"① 所以，网络的文化交往就是在计算机网络技术条件下，精神虚拟实践的交往与互换。网络的文化交往的本质是人的精神虚拟存在方式。隶属不同文化体系的主体在计算机网络技术条件下的交流与互动。

二　网络的文化交往的相关理论

（一）网络文化与文化学意义的文化

　　文化学兴起于德国，是一门探讨文化的本质、产生和发展规律的科学。德国学者列维·皮格亨（Larergen Peguienhn）于 1938 年首次提出"文化科学"这一术语，主张建立专门的学科进行文化研究。最早提出建立一门独立"文化学"（德语 Kulturologie）的是诺贝尔化学奖得主、德国学者奥斯特·瓦尔德（Wostwald）于 1909 年发表的《文化学之能学的基础》（*The Foundation of Culturology*）。英国人类学

---

　　①　桂翔：《文化交往论》，人民出版社 2011 年版，第 32 页。

家泰勒（Taylor）的《原始文化》（*Primitive Culture*）被公认为近代科学意义上第一部研究人类文化的学术专著，他在书中给"文化"下了一个经典性的定义，产生了广泛的影响。该书被视为文化学的奠基之作，同时标志着文化学学科的正式建立，泰勒也被称为文化学的奠基人。美国人类学家莱斯利·A. 怀特（Leslie A. White）在 1949 年出版了《文化的科学》（*The Science of Culture*），倡导建立一门独立的文化学。由于对这门学科建设和发展的巨大贡献，他被尊称为"文化学之父"。早在 20 世纪 30 年代，中国学者黄文山、阎焕文、朱谦之、陈序经等就纷纷撰文，倡导建立文化学。1932 年，黄文山发表了《文化学建设论》《文化学方法论》，主张建立文化学，并与西方著名文化学家克罗伯（Kreober）、怀特（White）、素罗金（Plain Rockin）等进行了密切交流，于 1968 年写成《文化学体系》一书。他是中国最早正式提出并科学建构独立的文化学学科体系的学者。改革开放以后，文化学在我国学术界重新得到重视和发展。介绍和论述文化学的专著和辞书都积极地从马克思主义的立场和方法出发，借鉴西方在文化学领域所取得的成果，创立具有中国特色的文化学。

在文化研究过程中产生了许多不同的观点和方法，形成了不同的研究派别，这些流派包括进化学派、传播学派、社会学派、功能学派、历史学派、文化心理学派、新进化学派、生态学派、结构主义学派、象征人类学、认识人类学、生态人类学、解释人类学和文化符号学等。不同的流派关于文化的历史类型问题提出了自己划分的原则和标准。其中影响最大的当属德国文化史学家施本格勒（Spengler）、英国历史学家汤因比（Toynbee）和德国历史学家雅斯贝斯（Jaspers）。施本格勒在《西方的没落》（*The Decline of the West*）中划分出八种文化历史类型，并指明相应的"灵魂"。汤因比在《历史研究》（*A Study of History*）中根据自己的标准划分出 21 个文明单位（即文化类型）、5 个停滞文明、3 个流产文明。雅斯贝斯就文化问题提出"轴时间"的理论，把历史分为四个"截面"：语言的产生、工具的应用、火的使用；公元前 5000 年到前 3000 年埃及、美索不达米亚、印度和之后中国的高度文化的出现；公元前 8 世纪到 2 世纪同时在中国、印度、波斯、巴勒斯坦、希腊等地形成的人类精神的基本原则；自中世界末在欧洲酝酿的科技时代的诞生，这一时代于 17 世纪在精神上得以形成，从 18 世纪末开始取得囊括一切的性质，在 20 世纪得到空前迅猛的发展。他认为第三个"截面"是特殊的"世界时间之轴"，是产生与我们时代相同的人及其主要概念的阶段。

广义文化学的研究对象是人类特有的文化现象或系统。文化系统的基本构成分为物质文化、制度文化和精神文化。文化是人创造的，是人为了自己的生存和发展在改造自然和与自然斗争中创造出来的，而在这个改造自然的创造活动中，作为文化主体的人要解决好三点关系问题：一是人与自然的物质变换关系，二是人与社会的行为转化关系，三是人与自身的自我意识关系。人与自然的物质变换关系发展的产物是物质文化部分，是显性的，它处于文化的表层；人与社会的行为转化关系发展的产物是制度文化，包括成文的强制性法律规章和不成文的自我约束的行为规范，它部分是显性的，部分是隐性的，处于文化的中层；人与自身的自我意识关系发展的产物是精神文化，它基本上是隐性的，处于文化的里层。文化的这三个层面互相影响，互相制约，互为动因，使文化形成一个有机的立体系统。现在分别来探讨文化的这三个层次。

（1）为满足人类生存和生活的需要而制造出来的所有工具以及由这些工具再制造的产品构成了物质文化，是文化的外层系统。具有民族特点的物质文化是体现民族文化观念、心理特点最直观的方式。由于各民族所处的自然环境各具特色，在改造自然的过程中，生产工具和生产方式就不会相同，因而其生活条件、生活方式和社会关系就会各有特征，表现出来的民族心态自然也会有差异。（2）人类首先与自然发生物质变换关系，创造出了物质文化，而在创造物质文化的过程中则形成了社会。接着人类又与社会发生行为转化关系，从而创造了制度文化。在构成制度文化的行为规范和各种社会关系中，有些是强制性的，被人们写成法律规章，要求人人遵守，是显性的。有些行为规范并没有被写成法律，而只是一种价值标准和道德规范，是一个民族长期积淀形成的民族心理。这种制度是非强制性的，是不成文和隐性的，是深藏在老百姓心中用以评价别人和约束自己的一杆秤。这些不成文的行为规范和行为方式大多受传统的精神文化影响而约定俗成，所以具有鲜明的民族性，如重大节日的欢度方式等。（3）精神文化反映的是人与自身的关系，是人的内心世界和心理因素，是文化的精神观念层面和内层系统。一个民族在其长期的生产活动、社会实践和意识活动中逐步培养出来的一种社会心理和社会意识构成了精神文化的两个层次。社会心理是指尚未经过理论加工和艺术升华的大众心态，是一种文化心理和文化观念，是人们日常的愿望、情绪、风尚等道德面貌和精神状态。这是深藏于人们内心的心灵世界，是看不见的蕴含最深的隐性部分。文化创造、文化想象和文化建构主要在此进行和完成。社会意识是社会心理经过系统的理论整理或艺术处理而升华的理性部分，它表现为哲学、宗教、文化、艺术、科学等。这一部分大多已被语言符号化，外化为看得见的精神文化的显性部分。这一部分是相对定型、有限的东西。精神文化不论是社会心理，还是社会意识，归根到底都有三项基本内容，即思维方式、价值观念与审美意识。（1）思维方式是一个民族在长期的实践过程中形成的具有普遍性和习惯性的思维结构模式和思维定式。它不自觉地贯穿于人们的日常生活和认识活动之中，是一种潜意识的心理特征。它是一种由感性地认识到理性地认识事物、处理加工信息的机制。由于思维方式是一个民族长期积淀下来的文化心理结构，所以它不是某个个人、某个集团，甚至某个阶级的思维方式，而是全民族具有传统性的思维方法。（2）价值观念是人之所贵之观念，也就是有关人的价值的观念。通俗地说，价值观讲的就是人为什么活着，活着做什么最有价值。价值问题就是平常说的好坏问题。它从根本上指令和制约着人应该怎么想，怎么做。由于文化价值观也是一个民族在长期的社会活动中积淀的对于自我、社会和宇宙的价值观念，所以不同的民族会有不同的有关人的存在、意义价值的观念。价值观念应包括价值取向、价值标准、价值理想等方面，体现在人的意愿、好恶、信念理想中，它规范和指导着人的思想和行为。这种起着指挥棒作用的价值观念和价值取向往往就是一个民族的"集体意向"，是文化的本真和生命所在，实际上是文化的核心。（3）审美意识是在实践活动中感官的人化和情欲的人化，指的是美应该是什么的一种判断标准。但这个标准并不是因人而异的，而是整个社会民族的。它是一个社会民族持久的、稳定的审美意识结构，即审美情感和审美心理。审美意识中应包含注意、认识、感知、理解、意志和情感等多种成分，但在其众多的成分中，情感是主导因素。

精神文化中的这三项构成成分——思维方式、价值观念和审美意识，既有区别又有联系。思维方式属于知识论、认识论范畴，它规定了文化的框架、范围和秩序，是文化中的能力结构，其目标是"真"。价值观念属于价值论、评价论的范畴，它规定了文化结构的运作方向，是人的生存意义之所在，追求的目标是"善"。审美意识属于美学范畴，它使文化具有活力和生命力，是感性和理性的动态交融，永远为人开辟新的生命空间，追求的目标是"美"。思维方式、价值观念和审美意识是相互区别的，但区别中又有共同点，那就是普遍存在于作为文化人的活动深层的"集体意向"。它们之间的相互关联和相互作用构成精神文化的整体，从某种意义上来说，构成一个民族文化的整体。这三者不过是这个整体的不同侧面。单独强调哪个侧面都会造成对文化的片面理解。

狭义文化学的研究对象则是精神文化这一子系统内部各要素之间的相互关系及其发展规律。从上述内容可知，文化学是一门综合性的人文科学，它涉及人类文化的各个方面，揭示了人类文化的整体结构、特征及其发展演变规律，使我们对人类和人类社会的认识程度越来越高，从而推动着社会历史的发展。本研究中的"文化"概念指的是狭义文化学中的精神文化，即思维方式、价值观念与审美意识；"网络文化"中的"文化"也所指相同，不再注明。网络文化是隶属于文化的子概念，即以文字、声音、图像等为形式的精神性文化成果借助互联网平台互动交流。网络文化的基本内容包括：（1）网络自身的文化动力和支柱，或人们在网络交往中内在的文化需求与文化精神，即"文化本性"。（2）网络产生的特有的文化现象和文化形态，如网络原创文学、网络语言、微博、微信等。（3）网络蕴含的文化价值和文化精神，如网络的文化交往中的信息共享与自由表达就会体现探索与创新的网络精神。这会对其他文化产生冲击与影响，并促使其变革与发展。具体说来，网络文化包括网络文学艺术、网络语言、网络价值观、网络道德、网络心理、网络思维方式等。

（二）网络文化与现实文化

1. 概念的界定

网络文化在前面已经做了基本界定，是指以计算机和通信技术融合为物质基础，以网民为主体，以网络空间为传播领域，以发送和接收信息为核心，在工作、交往、学习、娱乐等活动中形成的行为方式及思想观念的总和。网络文化具有互动性、开放性、平等性、共享性和快捷性，与现实文化相联系又有所区别。

现实文化是指"人类一切习惯、知识和技能的积淀，它是人类在全部历史过程中所创造的和积累的物质价值与精神价值的总和"①。现实文化包括传统文化、主流文化、民族文化、大众文化、精英文化、通俗文化、流行文化等。本文将相对于网络文化的其他各种文化统称为"现实文化"。

2. 网络文化与现实文化的关系

网络文化是依附于网络技术而滋生的新型文化，虽然诞生的时间不长，但其在本质、特性、结构、类型和功能等方面都异于现实文化，对现实文化的生存和发展带来了机遇与挑战，并产生了深远的影响。

学术界对于两者关系比较有代表性的观点有四种。

一是对立关系。这种观点认为，网络文化是由数字构成的虚拟文化，虚拟与现实是相对立的。网络文化是数字虚拟对现实世界的模拟和反映，不可能成为现实。网络文化不管如何逼真和形象，都不能成为现实文化。这种观点仅仅将网络文化看成一种虚拟存在，没有揭示出网络文化的真谛。该观点的不足之处在于无视网络文化的特性，将

---

① 张怡、郦全民、陈敬全：《虚拟认识论》，学林出版社2003年版，第269页。

网络文化等同于虚拟，抹杀了两者之间的重大区别。

二是包容关系。持这种观点的学者指出，网络文化只是现实文化中的一种，现实文化包含了网络文化。这种观点的不足之处在于未能看到网络文化的特性和深远影响，不能正视网络技术迅猛发展对于人类文化产生的巨大改变。

三是替代关系。随着科学技术的迅猛发展，现实世界的各种文化都能在网络文化中得到体现，因为网络世界无限拓展、无所不包。这种观点和上一种观点形成鲜明对比，一种是对于网络文化的特性不够了解，一种是对网络文化的发展势头过于自信。这个观点过分夸大了网络文化的现实力量，对网络文化的发展前景过度自信。不管是现在还是未来，网络文化都不可能替代现实文化。

四是并行关系。持这种观点的学者认为，网络文化与现实文化两者并行存在，共同发展。这种观念虽然比较客观地承认了网络文化的存在价值和现实力量，但是没有注意到两者之间的内在联系。网络文化来源于现实世界，是对现实世界的反映。

上述观点反映了当前学界对网络文化与现实文化两者关系的思考和探索。本文认为，网络文化与现实文化是共生互补的关系，彼此交织与互动。

首先，网络文化是区别于现实文化的一种新的文化，对现实文化具有兼容性。网络文化与现实文化是两种完全不同的文化。现实文化的交流主体是清晰的、明确的、物理的，而网络文化的交流主体是匿名的、虚拟的；现实文化一般形成历史较长，一旦形成就比较稳定，具有相对稳定性，而网络文化又称"快餐文化"，形成起来相当快捷，形成之后又不断变化；现实文化会受到时空、地理的限制，而网络文化则超越了空间、时间、地理环境的一切限制。二者的区别不胜枚举，就不在此一一列举。现实文化是由具象构成，是具象的概念化和复合化；网络文化是数字的具象化，运用数字对现实和虚拟世界的多种排列和组合。可以说网络文化与现实文化是反向而生成的。在网络文化中，既有现实文化的可能选择，又有不可能选择。网络文化兼容现实，把现实的可能性和不可能性都搬到了网络世界。

其次，网络文化是现实文化的延伸和映像。现实文化是网络文化产生和发展的基础，直接或间接地影响着网络文化的发展。网络文化虽然迥异于现实文化，但却与现实文化有着天然的密切联系。网络文化不是凭空的创造，也不是虚无缥缈的幻想，而是现实的反向生成。没有现实文化就不可能产生网络文化。

最后，网络文化加速了现实文化的传播。"在数字化世界里，距离的意义越来越小。事实上，互联网络的使用者完全忘记了距离这回事。"① 网络技术缩小了现实文化传播的物理时空，实现了现实文化传播的高时效性。在时间上，只要将现实文化上传到互联网，这些信息瞬间便可以到达世界各地；在空间上，网络技术可以实现零距离文化传播。所以，网络文化与现实文化在共生互补中共同发展，相互促进。

（三）网络交往与文化交往

1. 概念的界定

网络交往是伴随互联网的诞生和迅猛发展而产生出的一种新型人际交往方式。它是以计算机语言符号为主要交流介质，以实现物质、能量、情感、信息交换与沟通为主要目的的人际间符号性的精神互动。

文化交往在人类文化发展史上源远流长，人类各民族之间的往来开启了各民族文化交往的历程。依据交往的活动内容和领域，可以将交往区分为政治交往、经济交往和文化交往等。文化交往是区别于经济交往、政治交往的概念，其特殊性表现在对文化的界定。因为文化交往的内容是文化，前文将文化界定为人类所创造的精神文化，包括人类精神活动的过程和成果以及相应的制度和社会结构。文化交往作为交往的一种类型，将文化作为传播和交流的内容。不同个体或群体之间的交流和互动会使文化各方面的内涵更加丰富。

---

① ［美］尼葛洛庞帝：《数字化生存》，胡泳、范海燕译，海南出版社1997年版，第208页。

2. 网络交往与文化交往的联系与区别

其一，网络交往与文化交往的联系，二者都属于交往的范畴。网络交往的内容蕴含文化特征。网络社区、网络聊天、网络电话、电子邮件、网络游戏等交流的内容不可避免地会涉及价值观念、精神产品和生活方式的交流，这些同时也属于文化交往范畴。文化交往也可以通过网络进行交流与互动，这样反而可以加大文化传播的效率和范围，这些同时也属于网络交往范畴。

其二，网络交往与文化交往的区别，二者的侧重点不同。网络交往侧重于强调交往的方式以区别于其他交往形式。借助于网络技术的各种交往类型都属于网络交往。文化交往侧重于强调交往的内容以区别于其他交往形式。以文化作为交往内容的各种交流与互动都属于文化交往。

总之，网络交往与文化交往同属于交往的概念，既相互包含又相互区别。二者的侧重点不同，网络交往侧重于交往的方式，文化交往侧重于交往的内容。两者在一定范畴卜相互包含，同时存在。

（四）网络文化的交往与网络的文化交往

1. 概念的界定

从构词来看，"网络文化的交往"与"网络的文化交往"都是由"网络""文化""交往"这三个词合成的复合词。根据现代汉语语法修辞，"网络文化的交往"一词中"网络文化"是"交往"的修饰语和限定语；"网络的文化交往"一词中"网络"是"文化交往"的修饰语和限定语。对于二者的进一步厘清，有助于阐释本文的研究意义。

目前学术界尚无对二者的明确界定。从汉语构词习惯来看，"网络文化的交往"中的核心词是"交往"，"网络"和"文化"作为形容词对"交往"进行一定的修饰，将"交往"限定在"网络文化"之中。"网络文化"成为区别于其他"交往"的特殊之处。"网络文化的交往"侧重于交往。网络文化的交往就是网络时代精神性文化成果的互动与交流。

"网络的文化交往"中的核心词也是"交往","网络"和"文化"作为形容词对"交往"进行一定的修饰,将"交往"限定在"网络"之中的"文化交往"。"网络"成为区别于其他"文化交往"的特殊之处。"网络的文化交往"侧重于文化交往,本文网络的文化交往是在网络时代出现的文化交往问题,交往的内容是网络文化。网络的文化交往就是在计算机网络技术条件下,精神虚拟实践的交往与互换。

2. 网络文化的交往与网络的文化交往的联系与区别

其一,网络文化的交往与网络的文化交往的联系。(1)二者的主体和客体相同。网络文化的交往与网络的文化交往的主体分为网络个体与网络群体,网络个体即网民,网络群体具体包括网站、网络社区、网络监管机构、网络企业等。它们的客体即被网络主体认识和改造的对象,包括网络的硬件和软件。(2)二者都是主体间的活动。网络文化的交往与网络的文化交往的实质都是交往。无论是虚拟身份的主体还是现实身份的主体之间的交往都是主体之间的活动。

其二,网络文化的交往与网络的文化交往的区别。(1)二者的研究对象不同。网络文化的交往侧重于交往。网络文化作为折射现实生活的精神世界,色情文化、草根文化、屌丝文化等多元文化在其中共存,内容比较复杂。网络文化的交往关注于良莠不齐的网络文化如何开展交往,这里的交往不一定是文化交往,也可以是政治交往、经济交往、物质交往、精神交往等。网络的文化交往则侧重于文化交往,强调交往实践的文化内涵。(2)二者的研究意义不同。网络文化作为网络时代的新生事物,出现之初就伴随着交往。网络文化的开放性、自由性和共享性,使网络文化的交往的交往内容不确定,主体选择性不突出。网络的文化交往强调交往要有文化内涵,主体选择何种文化进行交流具有一定的能动性。网络的文化交往突出主体在我国现行条件下的主体选择性。这也是本文突显的意义。我们应积极探索如何在网络的文化交往中坚持正确导向,壮大网络文化中的主流思想舆论。这已成为当代马克思主义研究与实践的新课题,更是思想政治教育的新阵地。

三 网络的文化交往问题的理论来源

（一）马克思文化交往理论

"交往"在马克思历史唯物主义的理论体系中占有十分重要的地位，贯穿于马克思历史唯物主义的形成、完善、发展的各个阶段。马克思生前并没有明确提出构建了完整的交往理论，所以他对交往的研究散见于各个时期的理论著作中。马克思第一次明确界定"交往"是 1846 年 12 月 28 日在其写给安年科夫的一封信中。马克思认为："我在这里使用‘commerce’一词是就它的最广泛的意义而言，就像在德文中使用‘Verkehr’一词那样。例如：各种特权、行会和公会的制度、中世纪的全部规则，曾是唯一适应于既得的生产力和产生这些制度的先前存在的社会状况的社会关系。"[①] 由此可见，马克思主义的交往范畴在最广泛的意义上来说涵盖了一切社会关系。这些社会关系就是人们在交往活动中形成的交往关系。在《德意志意识形态》中，马克思把交往类型分为物质交往和精神交往，人类的一切交往活动都归属于这两个类型。物质交往是人与人之间在社会物质生产过程中物质和能量的交换，是其他一切交往的基础；精神交往是为了交换和传播精神产品，人与人之间进行的包括思想、文化、情感等方面的沟通与交流。同时按照"社会生活的具体领域及与物质生产联系的密切程度"[②]，交往的基本形态可以划分为经济交往、政治交往和文化交往。人与人之间的交往首先是发生在生产、分配和交换之间的经济交往。物质生产活动又使交往不断拓展到政治交往和思想交流中，从而建立起与生产相适应的政治关系和意识形态。这种思想交流就是本文要重点探讨的文化交往。

从表面看，马克思和恩格斯似乎没有专门研究过文化交往问题。

---

① 《马克思恩格斯选集》第 4 卷，人民出版社 1995 年版，第 533 页。
② 刘明合：《交往与人的发展：基于马克思主义的视角》，中央编译局出版社 2008 年版，第 7 页。

实际上，在马克思交往理论中蕴含着丰富的文化交往思想。广义文化的范畴不仅指人类社会现象，还包括被人改造了的自然界；而马克思交往理论是以人的一切活动为对象的，所以文化交往自然包括在马克思理论中。在马克思交往理论中，交往主体包括民族、国家、单个的人等，尤其以民族或国家的论述最多。民族或国家是文化的创造者，也是不同文化的载体，不同民族或国家之间进行的交往就是民族文化之间的交往，文化交往促进了各民族或国家的发展。"各民族之间的相互关系取决于每一个民族的生产力、分工和内部交往的发展程度。这个原理是公认的。然而不仅一个民族与其他民族的关系，而且这个民族本身的整个内部结构也取决于自己的生产以及自己内部和外部的交往的发展程度。"[①] 另外，在马克思的交往理论中，马克思曾对文化交往进行过专门论述。

"文化交往"是指"人与人之间以人类在长期的生产与生活过程中所获得的自然知识、社会知识以及思维方式和价值观念为中介而进行的交往"[②]。人类在长期的生产与生活过程中所获得的自然知识、社会知识以及思维方式和价值观念，通过文化交往而得以传播和共享。文化交往在很大程度上超越了直接的生产过程和经济利益关系，它在马克思和恩格斯的交往理论体系中依靠经济交往和政治交往而存在。"意识在任何时候都只能是被意识到了的存在，而人们的存在就是他们的实际生活过程。"[③] "思想、观念、意识的生产最初是直接与人们的物质活动，与人们的物质交往，与现实生活的语言交织在一起的。人们的想象、思维精神交往在这里还是人们物质行动的直接产物。"[④] 所以说，文化交往与经济交往和政治交往并列存在，它的存在和发展与人们的生活息息相关。马克思文化交往理论的主要内容有以下 7 个方面。

---

① 《马克思恩格斯选集》第 1 卷，人民出版社 1995 年版，第 68 页。
② 刘明合：《交往与人的发展：基于马克思主义的视角》，中央编译局出版社 2008 年版，第 8 页。
③ 《马克思恩格斯全集》第 3 卷，人民出版社 1960 年版，第 29 页。
④ 《马克思恩格斯选集》第 1 卷，人民出版社 1995 年版，第 72 页。

1. 文化交往与经济交往和政治交往的关系

毛泽东同志曾在《新民主主义论》中涉及关于文化和政治、经济的关系的基本观点："一定的文化（当作观念形态的文化）是一定社会的政治和经济的反映，又给予伟大影响和作用于一定社会的政治和经济；而经济是基础，政治则是经济的集中表现。"① 可见，经济交往、政治交往和文化交往交织在一起，互相作用和制约。"思想、观念、意识的生产最初是直接与人们的物质活动，与人们的物质交往，与现实生活的语言交织在一起的。人们的想象、思维、精神交往在这里还是人们物质行动的直接产物。"② 所以，经济交往决定了政治交往的产生、发展及其作用，政治交往是经济交往的表现。"物质生活的生产方式制约着整个社会生活、政治生活和精神生活的过程。不是人们的意识决定人们的存在，相反，是人们的社会存在决定人们的意识。"③ 政治交往和文化交往一经形成便具有了相对独立性，并反作用于经济交往，这三者对于一个国家和民族的发展来说密不可分。"政治、法、哲学、宗教、文学、艺术等等的发展是以经济发展为基础的。但是，它们又都互相作用并对经济基础发生作用。并非只有经济状况才是原因，才是积极的，其余一切都不过是消极的结果。这是在归根到底总是得到实现的经济必然性的基础上的互相作用。"④ 但是无论是在经济交往，还是政治交往中，都可以看到文化交往的影子，文化交流、文化碰撞和文化冲突等处处可见。文化交往在不同国家和地区之间起到黏着剂的作用：文化相似或同一的国家和地区粘连度高，其经济交往和政治交往就相对密切；文化差异或对立的国家和地区粘连度低，其经济交往和政治交往就相对疏远。

2. 马克思的文化交往建立在批判资本主义制度的基础上

马克思认为，剩余劳动"是整个社会发展和全部文化的物质基础。正是因为资本强迫社会的相当一部分人从事这种超过他们的直接需要

---

① 《毛泽东选集》第 2 卷，人民出版社 1991 年版，第 663—664 页。
② 《马克思恩格斯选集》第 1 卷，人民出版社 1995 年版，第 72 页。
③ 《马克思恩格斯选集》第 2 卷，人民出版社 1995 年版，第 32 页。
④ 《马克思恩格斯选集》第 4 卷，人民出版社 1995 年版，第 732 页。

的劳动，所以资本创造文化，执行一定的历史的社会的职能"①。"因为满足直接需要的必要劳动本身产生了用于直接文化创造的剩余时间，因为从总的历史过程来看，直接需要的满足从归根到底的意义上说也是为人本身的全面发展服务的，因而也间接地具有文化意义。"② 所以，马克思的文化交往概念把文化作为人的对象性力量赋予人本身。作为历史活动主体的人不断地自我创造、自我发展和自我实现，从而将文化交往转化为人的本质力量，最终实现人的自由、全面发展。

3. 马克思文化交往理论的价值旨归是实现人的自由、全面的解放和发展

马克思认为，人的自由、全面的解放和发展的前提是普遍交往的实现，社会历史基础是世界历史的形成。没有文化交往，人们"会依然处于地方的、笼罩着迷信气氛的'状态'"③，受制于狭隘的地域性的观念，无法进行普遍的交往。没有文化交往，民族历史就不会发展成世界历史，人也不会成为世界历史性的人。"各个人的世界历史性的存在，也就是与世界历史直接相联系的各个人的存在。"④ "各个相互影响的活动范围在这个发展进程中越是扩大，各民族的原始封闭状态由于日益完善的生产方式、交往以及因交往而自然形成的不同民族之间的分工消灭得越是彻底，历史也就越是成为世界历史。"⑤ 如果没有文化交往，人们就将长期处于相对封闭的文化氛围中，造成观念落后，不能获得充分的自由，改造征服世界的能力也会随之降低。历史教训告诉我们，闭关锁国只能自取灭亡，对外开放才能发展。"不顾时势，安于现状，人为地隔绝于世并因此竭力以天朝尽善尽美的幻想自欺。这样一个帝国注定最后要在一场殊死的决斗中被打垮。"⑥ 总之，只有加强文化交往才能提高自身能力，从而实现人的真正、彻

---

① 《马克思恩格斯全集》第 47 卷，人民出版社 1979 年版，第 257 页。
② 陈筠泉、刘奔主编：《哲学与文化》，中国社会科学出版社 1996 年版，第 64 页。
③ 《马克思恩格斯选集》第 1 卷，人民出版社 1995 年版，第 86 页。
④ 《马克思恩格斯选集》第 1 卷，人民出版社 1995 年版，第 87 页。
⑤ 《马克思恩格斯选集》第 1 卷，人民出版社 1995 年版，第 88 页。
⑥ 《马克思恩格斯选集》第 1 卷，人民出版社 1995 年版，第 716 页。

底的解放。

4. 文化交往的根本动力是交往形式与生产力之间的矛盾

"一切历史冲突都根源于生产力和交往形式之间的矛盾。"① 现有的交往形式不能满足生产力发展的需求，于是新的生产力就会突破旧的交往形式的束缚，推动文化交往不断发展。"这些不同的条件，起初是自主活动的条件，后来却变成了它的桎梏，它们在整个历史发展过程中构成一个有联系的交往形式的序列，交往形式的联系就在于：已成为桎梏的旧交往形式被适应于比较发达的生产力，因而也适应于进步的个人自主活动方式的新交往形式所代替"。② 文化交往的历史就是生产力的发展不断突破阻碍文化交往的交往形式而使文化交往不断深化和扩大的历史。 "生产本身又是以个人彼此之间的交往 [Verkehr] 为前提的。这种交往的形式又是由生产决定的。"③ "他们如果不以一定方式结合起来共同活动和互相交换其活动，便不能进行生产。为了进行生产，人们便发生一定的联系和关系；只有在这些社会联系和社会关系的范围内，才会有他们对自然界的关系，才会有生产。"④ 生产力的发展推动着交往形式的变革，促使交往更广泛、更深入；同时，交往形式也制约着生产力的发展。所以，生产力的发展会使文化交往关系不断扩大，能够在更大的范围内实现文化交往，促进文化交往的程度不断深化，在更高的层面上进行文化交往。

5. 文化交往发展的源泉是人类的实践活动

"思想、观念、意识的生产最初是直接与人们的物质活动，与人们的物质交往，与现实生活的语言交织在一起的。人们的想象、思维、精神交往在这里还是人们物质行动的直接产物。表现在某一民族的政治、法律、道德、宗教、形而上学等的语言中的精神生产也是这样。"⑤ 没有人的实践活动，就没有人与人之间的交往，更不会有文

① 《马克思恩格斯选集》第1卷，人民出版社1995年版，第115页。
② 《马克思恩格斯选集》第1卷，人民出版社1995年版，第123—124页。
③ 《马克思恩格斯选集》第1卷，人民出版社1995年版，第68页。
④ 《马克思恩格斯选集》第1卷，人民出版社1972年版，第362页。
⑤ 《马克思恩格斯选集》第1卷，人民出版社1995年版，第72页。

化交往。第一，文化交往的发生是人类实践活动不断扩大的结果。"已经得到满足的第一个需要本身、满足需要的活动和已经获得的为满足需要而用的工具又引起新的需要。"① 实践活动既会满足需要，又会创造新的需要。正是如此，实践活动将永远表现为人类活动范围的不断扩大和不同文化的产生与发展的过程。随着人类实践活动的不断进行，不同文化之间开始了接触和联系，从而实现了文化交往。第二，文化交往发展的条件是实践创造的。人类的实践活动不仅创造了可以与他人相互交换的文化，还创造了相互交流与联系的条件，使文化交往成为可能。第三，文化交往与人类实践活动相互作用、相互推动。实践活动为文化交往的实现创造可能，推动文化交往的深入发展；文化交往是实践活动的发展需要，为实践活动提供更广阔的平台和更丰富的资源。

6. 文化交往的实质是共享人类实践活动的成果

正如马克思所言："各个人——他们的力量就是生产力——是分散的和彼此对立的，而另一方面，这些力量只有在这些个人的交往和相互联系中才是真正的力量。"② 也就是说，维持自我实现与发展需要许多力量之间的相互交换、占有与利用。在这个意义上，文化交往就是不同主体之间能动地交换实践活动过程中的本质力量及其成果，即文化交往的实质在于共享人类实践活动的成果。正所谓"流水不腐，户枢不蠹"。在文化交往中，共享的人类实践活动的成果主要是指"文明中一切精致的东西"③。恩格斯说："文明是实践的事情，是社会的素质。"④ 所以"文明中一切精致的东西"是人的本质力量实践过程中形成的先进成果，即先进文化。文化交往的意义在于博采众长，超越自身文化局限，彰显为全人类共享的一切文明成果。所以说，文化交往的发展就是迈向文明的过程。马克思认为，共享人类实践活动的成果使"各民族的精神产品成了公共的财产。民族的片面性

---

① 《马克思恩格斯选集》第 1 卷，人民出版社 1995 年版，第 79 页。
② 《马克思恩格斯选集》第 1 卷，人民出版社 1995 年版，第 128 页。
③ 《马克思恩格斯全集》第 3 卷，人民出版社 2002 年版，第 480 页。
④ 《马克思恩格斯选集》第 1 卷，人民出版社 1995 年版，第 27 页。

和局限性日益成为不可能，于是由许多种民族的和地方的文学形成了一种世界的文学"①。这就是说，文化交往通过交换、占有和利用，共享不同主体的实践成果，最终推进了人类文明的进程。

7. 文化交往的发展催生了文化的全球化，是民族历史向世界历史转变的契机

马克思在《共产党宣言》中指出："过去那种地方的和民族的自给自足和闭关自守状态，被各民族的各方面的互相往来和各方面的互相依赖所代替了。物质的生产是如此，精神的生产也是如此。各民族的精神产品成了公共的财产。民族的片面性和局限性日益成为不可能，于是由许多种民族的和地方的文学形成了一种世界的文学。"② 文化交往带来了民族文化融合，形成了世界文学。不光文学如此，发明也是如此。"某一个地域创造出来的生产力，特别是发明，在往后的发展中是否会失传，完全取决于交往扩展的情况。当交往只限于毗邻地区的时候，每一种发明在每一个地域都必须单独进行；一些纯粹偶然的事件，例如蛮族的入侵，甚至是通常的战争，都足以使一个具有发达生产力和有高度需求的国家陷入一切都必须从头开始的境地。在历史发展的最初阶段，每天都在重新发明，而且每个地域都是独立进行的。发达的生产力，即使在通商相当广泛的情况下，也难免遭到彻底的毁灭。关于这一点，腓尼基人的例子就可以说明。由于这个民族被排挤于商业之外，由于他们被亚历山大征服以及继之而来的衰落，他们的大部分发明都长期失传了。再如中世纪的玻璃绘画术也有同样的遭遇。只有当交往成为世界交往并且以大工业为基础的时候，只有当一切民族都卷入竞争斗争的时候，保持已创造出来的生产力才有了保障。"③ 实际上，文化交往不光表现在发明是否失传，还在于发明是否能发挥其真正的作用。我国四大发明中的火药在发明之初被用于炼丹和烟花爆竹，但是在传入欧洲后就成了武器，革新了他们的

① 《马克思恩格斯选集》第1卷，人民出版社1995年版，第276页。
② 《马克思恩格斯选集》第1卷，人民出版社1972年版，第255页。
③ 《马克思恩格斯选集》第1卷，人民出版社2012年版，第187—188页。

作战方式，帮助欧洲资产阶级摧毁了封建堡垒，加速了欧洲的历史进程；指南针最初是占卜用的仪器，但是在传入欧洲后为欧洲航海家进行环球航行和发现美洲提供了重要条件，促进了世界贸易的发展；印刷术的发明加快了文化的传播，改变了欧洲只有上等人才能读书的状况；造纸术的发明为人类提供了经济、便利的书写材料，掀起一场人类文字载体的革命。马克思对此也有相关论述："火药、指南针、印刷术——这是预告资产阶级社会到来的三大发明。火药把骑士阶层炸得粉碎，指南针打开了世界市场并建立了殖民地，而印刷术则变成新教的工具，总的来说变成科学复兴的手段，变成对精神发展创造必要前提的最强大的杠杆。"① 所以，恩格斯说，"最初的、从动物界分离出来的人，在一切本质方面是和动物本身一样不自由的；但是文化上的每一个进步，都是迈向自由的一步。"② 各个国家、民族和地区的文化在文化交往中相互借鉴、取长补短和发扬光大，这在很大程度上推动了人类文明的进步和发展。

（二）西方马克思主义文化交往理论

西方马克思主义在 20 世纪早期争论的焦点在于无产阶级革命的命运和策略问题，代表人物是卢卡奇（Lukács）和葛兰西（Gramsci），他们尝试依据新的历史条件制定新的无产阶级革命观和策略，从而完成人类解放的历史使命。20 世纪中期以来，争论的焦点在于人类普遍的生产境遇，人们试图寻找摆脱普遍异化或物化的文化困境、实现人的自由和解放的新路径。其中有代表性的社会批判理论，如大众文化批判、日常生活批判、交往行为理论等一度成为我国马克思主义研究的热点问题，尤其是哈贝马斯的交往行为理论。但是，西方马克思主义文化交往理论并非只有哈贝马斯一人，海德格尔存在主义的语言观，伽达默尔从诠释学角度对语言的理解等，都对文化交往有可资借鉴之处。

---

① 《马克思恩格斯全集》第 47 卷，人民出版社 1995 年版，第 427 页。

② 《马克思恩格斯文集》第 9 卷，人民出版社 2009 年版，第 120 页。

1. 海德格尔存在主义的语言交往观

现代哲学的现象学运动创始人胡塞尔，继承了从笛卡尔和康德以来的传统，他认为认识应该从没有任何成见的"先验的自我"的原始领域出发，突破主观主义的唯我论，因此，哲学认识论不仅仅在于解释主体何以能够认识客体，即认识何以可能的单纯认识论问题，还需要解决认识的主体与客体是怎么来的问题，作出统一的本体论的解答。在胡塞尔那里，通过"先验的自我"体验到我是"意识和身体的联结"，即灵与肉的统一，然后通过知觉类推出对立于我的他人的存在。他人的存在使我从他人联想到我自身，又从自身联想到他人的自身，由此完成了自我与他我"主体间的互视"，或者简单说是相互的确认。当然，对他人的肯定和认识的主体间的互识，把握了解决"交互主体性"问题的关键点。胡塞尔最后站在他人的角度去理解"移情作用"，进入他人的知觉领域，形成了更高层的"意向性的自我—主体的交互渗透和他人生活的意向性交互渗透"，实现了与他人的心灵共识。通过"认同性的综合""同感"这种移情作用，每个主体纯感性和原始性的世界被展现出来。由此，胡塞尔建立了一个与唯我论的主观世界相区别的可供自然科学研究的客观世界，由交互主体性构成为大多数人共享的世界。胡塞尔虽然没有走出传统认识论的唯我论哲学泥坑，不可能走进完全客观化的物质自然与人类社会的总体对象视域，但他却从客体过渡到其他主体的构成分析，从单个主体过渡到多个主体，试图为人类现实存在的世界如"生活世界""社会世界""客观世界"和"文化世界"等提供本体论说明。但是，现代西方哲学家普遍认为，胡塞尔对"交互主体性"的论证和他所达到的目的是失败的。哈贝马斯指出："胡塞尔本人曾试图从自我的单子论成就中推演出主体之间的交互主体关系，这些主体在它们视线的相互交叠中得以相互认识并且构造出一个共同的世界视域，但这种尝试失败了。"[①]

---

① 倪梁康：《现象学及其效应：胡塞尔与当代德国哲学》，生活·读书·新知三联书店1994年版，第36页。

存在主义大师海德格尔继承了胡塞尔提出的"交互主体性"思想，虽然在他的研究中没有出现过"交往"这个命题，但并不能否定他对这个命题的关注，他从存在主义维度对人的交往进行了本体论研究。海德格尔哲学的中心即是如何使个体主体转化为共同主体，他从个体主体存在出发，通过"现成在手"的方法将客观世界开化出来，"为我地显示周围感性世界"，又通过"上手"来指向一个他在——共在。共在是存在的共同体，其主体间关系是通过活动而相互关联，海德格尔的"此在"与"共在"的哲学范畴结构的影响深入现代世界，并具有极强的实践性特征，因而对现代实践的影响也是不可低估的。

海德格尔认为："世界上没有他人的绝缘之我是不存在的。由于这种共同性的在世之故，世界向来已经是我和他人共同分有的世界，此在的世界是共同的世界，在之中就是与他人共同存在。"① 所以说，人生在世不仅要与形形色色的物打交道，还要与各种人交往，而且与物打交道的过程就包含了人与人交往的过程。"我们'在外面'沿着走的这块地显现为是属于某某人的，由他正常保持着；这本在用的书是从某人的书店里买来的，是由某某人赠送的，诸如此类。靠岸停泊的小船在它自身的存在中就指点着一个已知的用它代步的人，即使对我们来说这是一只'陌生的小船'，它也指点着其他人。"② 也就是说，人与物的关系隐藏在他人的存在中，隐藏在人与人的交往与关系中；同时与人交往的过程也包含着人与物的关系。"此在就是相互并存的存在，与他人一道存在：与他人在此拥有这同一个世界，以互为存在的方式相互照面，相互并存。"③ 在人与人交往的过程中，总是会有物的参与，离开了人与物的关系，人与人的交往也不可能存在。

---

① ［德］马丁·海德格尔：《存在与时间》，陈嘉映、王庆节译，生活·读书·新知三联书店1987年版，第138页。

② ［德］马丁·海德格尔：《存在与时间》，陈嘉映、王庆节译，生活·读书·新知三联书店1987年版，第145页。

③ ［德］马丁·海德格尔：《海德格尔选集》上卷，陈小文译，上海三联书店1996年版，第13页。

即使与他人没有显性的交往，实际上也是与他人共在着。"此在之独在也是世界中的共在，他人只能在一种共在中而且只能为一种'共在'来说才谈得上：不在。独在则是共在的一种残缺的方式，独在的可能性恰恰是共在的证明。"① 人与他人交往，与物打交道，与他人共在，都是由人的先天决定的，是一种本质要素。自我与他人的交往构成了"共同世界"（Mitwelt）。海德格尔的理论充分肯定了人的社会性，人的生存意义就是社会的存在，人在与世界、与他人的关系中相互影响、相互交往。与马克思从进行实践活动的人出发讨论交往不同，海德格尔是从生命体验出发的。他抛弃了胡塞尔先验哲学和意识哲学的基本立场，以解释学的现象学方法描述此在的生存方式。人的存在结构是"自世界之中存在"，"此在"的在世是从被抛的状态开始，进入"烦"（Sorge）的生产结构中。人之所以能进行交往在于具有先天的活动能力"烦"，具体分为与物打交道的"烦忙"（Besorgen）和与人交往的"烦神"（Fursorge）。在海德格尔那里，人的"烦"被认为是与生俱来、无法选择、无可奈何、被迫拥有的，让它失去了现实性和能动性，缺少积极的意义。这样，我们所生活于其中的日常的世界就具有某种消极的、否定的生存论意义。在此基础上，海德格尔接着展开了对日常共在世界的剖析。他用"闲言""好奇""两可"来描述人们此在的日常存在方式。如日常交谈常常表现为"闲言"，一件事情是怎么样的，不与自己的判断相关，倒要取决于人们是如何评价它的；"好奇"描述的是人在日常生活中探求新奇，却又无所用心、不求甚解的生存状态；而"两可"则更形象地描绘了人的无所定见的精神状态。海德格尔把这几种方式统称为"沉沦"，即人由本真的存在状态向非本真的存在状态沉沦、异化。他说："此在首先总已从它自身脱落，即从本真的能自己存在脱落而沉沦于'世界'。共处是靠闲言、好奇与两可来引导的，而沉沦于'世界'就意指消散在这种共处之中。我们曾称为此在之非本真状态的东西，

---

① ［德］马丁·海德格尔：《存在与时间》，陈嘉映、王庆节译，生活·读书·新知三联书店 1987 年版，第 148 页。

现在通过对沉沦的阐释而获得了更细致的规定。"① 在这种非本真存在的方式下，此在与他人共在，以他人的眼光看待自己，被置于与他人相同的地位，甚至可以被任何他人所替换。这种他人不是作为有独特个性的、确定的他人，不是抽象的人或人本身，也不是某些人或一切人的总和，而是某种中性的、平均化的、无人称的、不确定的人（可以是这人或那人）。海德格尔称之为"常人"（Das Man）。人在日常生活中的存在正是处于这种常人状态下的存在。如"常人怎样享乐，我们就怎样享乐；常人对文学艺术怎样阅读怎样判断，我们就怎样阅读怎样判断；竟至常人怎样从'大众'抽身，我们也就怎样抽身；常人对什么东西愤怒，我们就对什么东西'愤怒'。这个常人不是任何确定的人，一切人——却不是作为总和——倒都是这个常人。"② 海德格尔特别强调常人状态对人的存在方式的支配所引起的人的平均化的结果。尽管个人要求上进，发挥自己的能动性和创造性，但常人的平均状态却使他们变得平庸、刻板、消极无为，使他们既失去了独立性和自由，又抛下了所应承担的责任。因为一切信念和行为都以这种平均化倾向所造成的"公共意见"和"公共舆论"为依据。对信念和行动的选择以及由此应当承担的责任也都归属于后者的范围。个人无须，也不可能对任何事态作出自己的判断或为自己的行动作出选择。这样的个人自然失去了其本真存在。这就是此在的沉沦。显然，海德格尔在这里看到了日常共在的主体间交往所表现出来的异化性质。他写道："互相怂恿、互相反对、互不需要、陌如路人、互不关己，都是操持的可能方式，而上述最后几种残缺而淡漠的样式恰恰表明平均的日常相处的特点。这些存在样式又显示出不触目的与不言而喻的性质，这类性质为日常世界内的他人的共同存在所固有，亦如为操劳每日所及的用具的上

---

① ［德］马丁·海德格尔：《存在与时间》，陈嘉映、王庆节译，生活·读书·新知三联书店 1999 年版，第 204 页。

② ［德］马丁·海德格尔：《存在与时间》，陈嘉映、王庆节译，生活·读书·新知三联书店 1999 年版，第 147—148 页。

手状态所固有一样。"① 由此可见，在海德格尔看来，日常生活世界是一个人与人交往的全面异化的领域。尽管他的观点有一定的片面性，表述也相当晦涩，但他以自己特有的方式所揭示出的日常交往异化的事实却无疑是存在的，其分析也是深刻的。

语言思想是海德格尔存在论思想中非常重要的一部分，主要是批判传统形而上学的语言观，它对文化交往及国际间文化对话有着重要的影响。海德格尔的语言观前期主要集中在《存在与时间》（*Being and Time*），后期则以《在通向语言的途中》（*On the Way to Language*）为主。海德格尔说："如若我们沉思语言之为语言，那么我们就放弃了以往通行的研究方法，我们不再能够寻求普遍性的观念，诸如活动、行为、作用、精神力量、世界观、表达等；我们不再能够在这些观念中把语言处置为那种普遍性的一个特殊情形。通向语言的道路要让人们经验作为语言的语言，而不是把语言解释为这个或那个东西，并因此与语言失之交臂。"② 他认为，传统的语言观只是从精神、工具、符号等方面来认识语言，没有从语言的本质，从语言自身来经验语言，因而明确提出要从语言上取得一种经验。海德格尔的经验是存在的经验，并提出了著名的命题："语言就是存在的家"③。"人们试图把握'语言的本质'，但他们总是依循上述环节中的某一个个别环节来制定方向：'表达'、'象征形式'、'命题'的传达、体验的'吐诉'、生命的'形态化'，诸如此类的观念都是人们用以理解语言的指导线索。即使人们用调和的方法把这些五花八门的定义堆砌到一块儿，恐怕于获取一个十分充分的语言定义仍无所补益。决定性的事情始终是——在此在的分析工作的基础上先把言说结构的存在论生存

---

① ［德］马丁·海德格尔：《存在与时间》，陈嘉映、王庆节译，生活·读书·新知三联书店 1999 年版，第 141 页。

② ［德］马丁·海德格尔：《在通向语言的途中》，孙周兴译，商务印书馆 1999 年版，第 212 页。

③ ［德］马丁·海德格尔：《海德格尔选集》上卷，孙周兴选编，上海三联书店 1996 年版，第 377 页。

论整体清理出来。"①

海德格尔指出，只有在分析此在生存论的基础上才可能有语言本质的经验。语言的存在与存在的语言是显现与言说（Logos）的一致。语言的本质或本质的语言就是存在本身。存在的显现就是"语言"的言说。显现就是存在、真理或绝对显示的一个经验的过程。但这个经验不是自己制造的，是一种遭遇和经受。"如若在语言中真的有人的此在（Dasein）的本真的居所，而无赖于人是否意识到这回事情，那么，我们在语言上取得的经验就将触动我们的此在的最内在的构造。"不管是否意识到，人已经生活在语言提供的居所中。"于是，在语言上取得一种经验便意味着：接受和顺从语言之要求，从而让我们适当地为语言之要求所关涉。"② 海德格尔认为，被语言所接受，进入语言，在语言中取得一种发生的经验，让语言境遇本身说话，这样语言才能成为存在真正的家。也就是说，只有进入语言，让语言成为存在之家，文化交往才能更好地进行。

总之，海德格尔对"共在"生存结构的分析，虽然描述和揭示了人们日常生活和交往在人类生存状态上"异化"与"沉沦"的消极、否定的现象学方面，但是，没有展现日常生活和交往更为丰富和重要的生存内涵与历史内涵。海德格尔对日常生活和交往的理论态度是一种抽象的、浪漫主义的生产论批判，缺乏历史的维度和历史的意义。

2. 伽达默尔诠释学的对话与交往

交往与对话是实现人与人相互理解、和谐共处的重要方式和途径。1960 年，存在主义代表人物伽达默尔发表了《真理与方法》，创立了以语言为中心的哲学解释学，关注人类的交往、对话和相互理解，力求通过语言来寻求对话共同体的实现。在传统观点看来，解释作为一种正确理解口头和书面语言的艺术，不过是对言谈和文章中的语言进行理性的解码。在这里，指向真理的语言形式是作为一种逻辑

---

① ［德］马丁·海德格尔：《存在与时间》，陈嘉映、王庆节译，生活·读书·新知三联书店 1999 年版，第 190 页。

② ［德］马丁·海德格尔：《海德格尔选集》下卷，孙周兴译，上海三联书店 1996 年版，第 1061 页。

形式呈现的，而逻辑形式在综合性判断中又直接指向事实。所以"理性的言语"（按照其本性，是普遍的、真实的和澄明的）同"指涉真实的言语"就是一而二、二而一的事情。然而在现代解释学中，解释的范围扩大到了人与人之间用符号媒介进行的一切相互交流和相互作用的活动中。语言也不再被认为是一种用于构造世界的现实性和确定性的东西，而是一种时刻变化着的对话状态，这种对话是在一个交流着的集体中进行的，这个集体又是由无数个相互交流的个人构成。伽达默尔作为现代哲学解释学集大成者，继承和发展了海德格尔语言本体论思想。他认为语言不仅是思想交流的工具，更是世界存在的方式。具体来说，伽达默尔的语言本体论主要内容有以下几个方面。

第一，理解和语言的关系。语言是理解的中心和中介，而理解本身就具有语言性。没有语言，人们不能畅通地沟通与交流，更不能开展文化交往，人类文明就会止步。伽达默尔认为，"我们在对浪漫主义诠释学的分析中已经发现，理解的基础并不在于使某个理解者置身于他人的思想之中，或直接参与到他人的内心活动之中，正如我们所说的，所谓理解就是在语言上取得相互一致，而不是说使自己置身于他人的思想之中并设身处地地领会他人的体验。"① 理解不是置身于他人的思想，也不是置身于事物原本的概念，而是与他人达成一致。"语言性和理解之间的本质关系首先是以这种方式来表示的，即流传物的本质就在于通过语言的媒介而存在，因此最好的解释对象就是具有语言性质的东西。"② 语言成了理解得以完成的形式，参与到某种言谈中也就是接受了一种生活方式。通过富有成效的对话，人们得以形成普遍的尺度和共同的视野，而昭示的存在便以这种方式发生。语言问题本身成为一种理解问题，一切的理解都是通过语言进行的。伽达默尔说："我们由此进入语言性和理解之关系得以表现的第二层领

---

① ［德］汉斯－格奥尔格·加达默尔：《真理与方法》下卷，洪汉鼎译，上海译文出版社 2004 年版，第 503 页。

② ［德］汉斯－格奥尔格·加达默尔：《真理与方法》下卷，洪汉鼎译，上海译文出版社 2004 年版，第 503 页。

域。不仅是流传物这种优越的理解对象是具有语言性的——就是理解本身也同语言性有着根本的联系。"① 理解者将从文本中获得的一般、抽象的东西运用于现实生活，获得文本意义的同时现实生活也随之变化，最终实现了真正的理解。

第二，语言的思辨性。语言的思辨性是一种反映关系，一事物反映在另一事物中，被反映的事物持久地代替另一事物。"说某物思想是思辨的，这就是说这种思想并不把它陈述的关系认作是某种单义地指定给某个主体的性质，认作是某种单义地指定给所与物的特性，而是把它看作是一种反映关系，在这种关系中，反映本身就是被反映事物的纯粹表现。"② 一个思辨的人可以抱着怀疑的精神去看待表象，去思考和反思这种影像。"说某人是思辨的，就是说他并不直接沉溺于现象的坚实性或所意指东西的固定规定性，相反，他懂得反思——用黑格尔的话说就是：他能把自在之物认作为我之物。"③ 思辨的人通过这种确定性可以发现自己想要的东西。语言思辨性的表现形式是对话，即问与答。伽达默尔说："谈话是相互了解并取得一致意见的过程。"④ "要进行谈话，首先要求谈话的伙伴彼此不相互抵牾。因此谈话必然具有问和答的结构。"⑤ 谈话是建立在共识之上的对话，不是随意进行的，对谈论的问题达成共同的看法和认识。"提问就是进行开放。"⑥ 因为问题的不确定性，对话具有开放性就是提出问题和回答问题的过程都是开放的。对话本身具有目的性，对话双方必须放

① ［德］汉斯－格奥尔格·加达默尔：《真理与方法》下卷，洪汉鼎译，上海译文出版社 2004 年版，第 511 页。

② ［德］汉斯－格奥尔格·加达默尔：《真理与方法》下卷，洪汉鼎译，上海译文出版社 2004 年版，第 604 页。

③ ［德］汉斯－格奥尔格·加达默尔：《真理与方法》下卷，洪汉鼎译，上海译文出版社 2004 年版，第 604 页。

④ ［德］汉斯－格奥尔格·加达默尔：《真理与方法》下卷，洪汉鼎译，上海译文出版社 2004 年版，第 498 页。

⑤ ［德］汉斯－格奥尔格·加达默尔：《真理与方法》上卷，洪汉鼎译，上海译文出版社 2004 年版，第 476 页。

⑥ ［德］汉斯－格奥尔格·加达默尔：《真理与方法》上卷，洪汉鼎译，上海译文出版社 2004 年版，第 471 页。

弃自我意识，参与到谈判中，对话才得以成为真正的对话。伽达默尔认为，对话作为语言或说话的一种特征，是自我的更新或真理的生成，通过纠正、批评和怀疑自己，使自己成为一种"他者"。简言之，这种界定自我的对话不是一下子完成的一劳永逸的存在，而是一种"我中有你，你中有我"的情势，一种我们的视界同传统的视界相互接触并不断融合的过程。在"对话"的言语交换中，我们自己和对方都被改变了，或者说，对话参与者相互改变了对话。总之，对话和交谈，是知识得以理解的最终的背景或环境。只有通过不断地进行对话，自我理解才有可能。双方相互谈话具有可能性，即交谈双方拥有共同语言，理解才是可能的。交谈双方是平等的关系，善于倾听，双方的交流才是平等的。文化交往也是如此，只有不同文化主体之间处于平等的位置，善于倾听和理解，才能顺畅地对话与交流。

第三，语言、世界和人的关系。伽达默尔指出："能被理解的存在就是语言。"① 即人通过语言来理解存在。语言性是人的本质，语言表达了人与世界的一切关系。世界必须通过语言，才能表现为我们的世界。语言构成了人和世界绝对的和根本的关系。人与世界在语言实践中共生共存。显然，这与海德格尔后期的名言"语言是存在的家"是一脉相承的。在伽达默尔看来，"对话""原初性理解""谈话集体中沟通彼此的主体间性"等支撑着实践理性。人们通过语言和交往而生存于世界之中。实践是一种"参与和分享"，与他人依据活动共同决定利益的过程。人和世界的关系就是一种语言关系，谁拥有了语言就拥有了世界。伽达默尔认为："不管是物理学还是生物学所研究的自在存在，都是相对于在它们的研究领域中设置的存在设定。不存在哪怕最微小的理由可以正确要求物理学超出这种存在设定而认识自在存在。无论物理学还是生物学，作为科学它们都预先设定了自己的对象领域，对这种对象领域的设置都意味着对它们的统治。"② 人对于不管是物理

① ［德］汉斯－格奥尔格·加达默尔：《真理与方法》下卷，洪汉鼎译，上海译文出版社 2004 年版，第 10 页。

② ［德］汉斯－格奥尔格·加达默尔：《真理与方法》下卷，洪汉鼎译，上海译文出版社 2004 年版，第 587 页。

学还是生物学的认识总是很有限的，而对于语言构成的世界则不是这样。"由于人类坚持自己的世界关系，所以他们通过陌生的语言世界反而扩充和丰富了这种世界关系。谁拥有语言，谁就'拥有'世界。"①人和世界的关系的实质是一种语言的关系，只有通过语言理解和解释世界才能获得真正的存在。人和世界的关系就是语言意义上的本体论。人通过语言认识了自己又认识了世界。"在语言与事物之间，进入语言的东西不是在语言之前给定的东西，相反，它是在语言中得到自己的规定和表现。事物进入语言就是它表现存在的一种方式。"②作为人的存在状态的语言与世界相遇，然后再进行表达和描述。

总之，不同语言相通，使文化主体之间的交流成为可能，在文化全球化的趋势下，人们理解的东西也越来越多。伽达默尔试图通过研究文化世界、生活世界和语言问题来解决交往可能性的问题。他认为解释学的基本问题就是文本的理解问题，或者说，在由写作而固定下来的意义与通过读者进行理解的意义之间如何能够超越距离，实现沟通和理解，这是一种时空错位的距离性交往类型，即作者与读者的非共时性沟通。哲学解释学对这一问题的解决，与胡塞尔立足于纯粹意识关系的立场不同，而是试图超越自我意识，进入生活世界和文化传统中来思考。哲学解释学认识到文化使理解成为可能，必须有文化的共享和语言的共享，否则理解和交流就是无法实现的。理解不是先验的可能和自我的可能，首先是主体间的相互拥有和互融互属，必须首先进入一种存在关系和实践关系才能实现理解。但是，伽达默尔的语言本体论在一定程度上夸大了语言的性质和作用，决定人类一切物质生产活动的基础是劳动而不是语言，语言只是现实生活的一部分，而不是全部。所以，伽达默尔的解释学哲学主要局限于单纯的语言学问题和解释学的理解问题，是特定的、视野狭小的问题考察，而且语言

---

① ［德］汉斯－格奥尔格·加达默尔：《真理与方法》下卷，洪汉鼎译，上海译文出版社 2004 年版，第 587—588 页。

② 章启群：《伽达默尔传》，河北人民出版社 1998 年版，第 99 页。

哲学层面的意义问题和理解问题虽然与交往问题有直接的关联，但还不是真正意义的交往形态。

3. 哈贝马斯的交往共同体

德国哲学家哈贝马斯是法兰克福学派第二代的代表人物，也是西方交往理论研究的代表人物。交往行动理论是他庞大理论体系的重要组成部分。哈贝马斯明确提出："我提出的交往行为理论和话语伦理同样适用于处理国际关系和不同文化类型之间的矛盾，即是说，不同信仰、价值观、生活方式和文化传统之间，必须实现符合交往理性的话语平等和民主，反对任何用军事的、政治的和经济的强制手段干涉别人，通过武力贯彻自己意志的做法。"① 理解哈贝马斯的交往行为理论是通向文化交往研究的关键一步，文化交往的深入研究需要引入交往理性的概念，扬弃交往理性才能使不同文化之间相互理解，这对于国际关系的处理有借鉴意义。哈贝马斯的交往理论从宏观上把握了当代文化发展的趋势。在文化民族性、文化全球化背景下，解答了民族文化和本土文化在文化交往过程中受到外来文化入侵时应如何应对，以及怎么实现交往共同体等问题。

第一，交往理论的基本原则——交往理性。哈贝马斯在《交往行为理论》中指出："意见和行为的合理性是哲学研究的传统主题。甚至可以说，哲学思想就是源自对体现在认识、语言和行为当中的理性的反思……如果说哲学的各种学说之间有什么共同之处的话，那就在于它们都想通过解释自身的理性经验，而对世界的存在或同一性进行思考。"② 任何一种理论要进行彻底研究，就得从元理论、方法论和经验层面追溯其合理性问题。交往行为本质上是一种言语行为，具体包含三种关系："认识主体与事件的或事实的世界的关系""处于互动中的实践主体与其他主体的关系""一个成熟而痛苦的主体（费尔巴哈意义上的）与其自身的内在本质、自身的主体性、他者的主体性

① ［德］得特勒夫·霍尔斯特：《哈贝马斯传》，章国锋译，东方出版中心 2000 年版，第 152 页。

② ［德］尤尔根·哈贝马斯：《交往行为理论》第 1 卷，曹卫东译，上海人民出版社 2004 年版，第 1 页。

的关系"①。这三方面的关系意味着主体同客观世界、共同的社会世界和自身主观世界的联系。哈贝马斯指出：真实性，"言说者必须有提供一个真实陈述的意向，以便听者能分享说者的知识"；真诚性，"言说者必须真诚地表达他的意向，以便听者能相信说者的话语"；正确性，"言说者必须选择一种本身是正确的话语，以便听者能够接受，从而使言说者和听者能在以公认的规范为背景的话语中达到认同"②。这就是哈贝马斯所预设的语言交往中的三种有效性要求。在交往活动中，三种理性成分相互区别、相互补充，形成一个统一体，而理性的实际意义正好存在于统一性之中，也就是说，语言原初所蕴含的"有效性要求"，即合理性的要求。这就是哈贝马斯"交往理性"的基本内涵。但是理性在近代已不可挽回地失去了它最初的统一性，并分裂为三种不同的成分。哈贝马斯则试图表明，在现代社会通过语言进行人际交往的活动之中，仍存在着维系着三种理性成分的统一领域。因而他对《交往行为理论》的一个根本要求就是："在日常实践自身中，在交往理性被压制、被扭曲和被摧毁之处，发现这种理性的顽强声音。"③

第二，交往行为的主体——语言生成的个人。哈贝马斯认为，人与动物最根本的区别在于有规则的符号系统——语言，并通过言语活动在主体行动情境中达成理解。他认为，虽然劳动和工具理性是人类生活的一个重要方面，但是，单是社会组织中的劳动，并不足以区别人与其他动物，"交往""社会互动"与"劳动"同是人类实践生活的重要方面，而且事实上正是语言与交往才使人与动物有了决定性的差异。语言是元制度。因为在哈贝马斯看来，人是"存在于口语交往结构中的生物"。语言、交往对于生产功能、劳动功能具有明显优先

① ［德］尤尔根·哈贝马斯：《现代性的地平线》，李安东、段怀清译，上海人民出版社1997年版，第57页。
② 龚群：《道德乌托邦的重构——哈贝马斯交往伦理思想研究》，商务印书馆2003年版，第141页。
③ 章国锋：《关于一个公正世界的"乌托邦"构想：解读哈贝马斯〈交往行为理论〉》，山东人民出版社2001年版，第26页。

地位，即"语言""交往"的地位高于"劳动"。正是语言的先天性使社会交往、文化再生产、社会的整合与进化成为可能。哈贝马斯吸收了分析哲学、解释学和普遍语用学的研究成果并加以改造，使他对"语言"有了独特的理解。他相信，"把语言理解成所有社会制度都得依赖的一种元制度（Metainstitution）具有重要意义，因为社会行为形成于日常的语言交往中。"① 由此，在哈贝马斯看来，社会劳动形成于交往行为中。"这种工具活动成了一切范围产生的范式；一切都融化在生产的自我活动之中。因此，对生产力和生产关系的辩证联系的天才洞察也就随即受到了机械主义的曲解。"② 马克思历史唯物主义的根本性缺陷就是建立在社会劳动的基础上的。"劳动"的合理化，即这种"目的—理性"行为合理化的结果就是把人降格为物，失去了自己的本真存在；把人的关系降格为物的关系，削弱了主体间的合理交往。活生生的生活世界变成了与机械自然界一样僵硬死板的物质堆积，人退居到物质世界的背后被遮蔽起来，晚期资本主义社会就会出现全面异化现象。要扬弃异化，就要建立合理的交往模式，以交往取代劳动在传统社会和传统社会理论中的核心地位。这就要求确认语言对劳动的优先地位，从而使语言行为作为人的本质存在方式，取代劳动成为社会发展的基础。因此，交往行为理论的提出意味着社会历史理论的重大转变，哈贝马斯称之为"历史唯物主义的重建"。他的交往行为是指人类以语言为中介"通过符号协调的相互作用"的沟通。由于不必再考虑人的现实的物质需要，并排除满足这种物质需要的根本方式——劳动，因而剩下的就只是淹没在"符号世界"里的"个人"所进行的符号互动的游戏。无论是个人还是游戏规则，都只是哈贝马斯基于美好愿望的种种预设或规定。一方面，哈贝马斯所说的交往主体是置身于国家政治、经济生活之外，享受着"不受干扰的自由"的语言交谈的主体，即在语言交往中生成的存在。因为在哈贝

---

① 欧力同：《论哈贝马斯的"批判的解释"》，《探索与争鸣》1993 年第 2 期。
② ［德］尤尔根·哈贝马斯：《作为"意识形态"的技术与科学》，李黎、郭官仪译，学林出版社 1999 年版，第 33 页。

马斯看来，只有在语言的互动作用即人际交往的网络中，作为主体的社会化的个人才能获得合乎理性的资质。语言交往规定性的前提是交往主体必须具备语言运用的能力；满足言语行为的"四项有效性要求"，即可理解性、真实性、真诚性和正确性，保证了语言理解的主体间性，体现了植根于生活世界的交往结构的理性内涵①；交往主体还必须彼此承认通过满足这"四项有效性要求"，能够相互沟通取得一致意见。言语者必须预设并满足这些普遍且不可避免的条件，才能实现"交往行为"的合理化。可见，哈贝马斯的交往主体是取消了物质条件限制，并具有语言能力和崇高德行，从而可以进行"自由对话"的主体。另一方面，哈贝马斯具体规定了交往主体之间的"相互关系"。所谓"相互关系"指的是个人之间纯粹的"互为主体关系"，也就是交往双方都只能处于主体地位，其中任何一方都不能把对方视为满足自己要求或实现自己目的的工具。交往因而实际成了个体与自身的理性反思关系，所以确证交往的合理性完全是个人的自我确证，不能依靠别的，只能依靠作为道德理念的伦理规范。

第三，交往行为的背景——生活世界。哈贝马斯强调交往行为发生在生活世界，交往理性首先是生活世界的交往合理性。生活世界是政治、经济等系统所依赖的历史舞台。"生活世界"与"系统"，在哈贝马斯看来，是完善交往行为概念的补充概念。哈贝马斯从理论社会学角度把社会行为划分为四种行为模式："目的论（工具性的）行为""规范调节行为""戏剧行为"和"交往行为"。目的论行为主要考虑客观或外在世界而规范调节行为；这个世界从本体论上说虽由行动者个人组成，但规范关系才是最重要的；戏剧行为与主观及外部世界相适应；交往行为则同时涉及客观世界、社会世界和主观世界。因此，交往行为比其他任何行为在本质上都更具合理性。交往行为组成的世界在哈贝马斯这里有一个专门的概念——生活世界。"在沟通过程中，言语者和听众同时从他们的生活世界出发，与客观世界、社

---

① 章国锋：《关于一个公正世界的"乌托邦"构想：解读哈贝马斯〈交往行为理论〉》，山东人民出版社 2001 年版，第 14 页。

会世界以及主观世界发生关联，以求进入一个共同的语境。"① 显然，在哈贝马斯看来，生活世界不同于语言行为中被对象化的"世界"——"客观世界""社会世界"和"主观世界"，而是言说所依据的背景知识，作为言说的规范性基础，决定着言说的方式。他说："交往行为发生在一个生活世界之内，这个世界构成交往行为参与者的背景，在不言而喻的日常知识的前反思形式和直觉拥有的能力中呈现出来。"② 生活世界对于哈贝马斯来说是其他世界合理性的基础。而他所说的生活世界不是"对象的论题化"的"世界"，而是"创造性活动的可能场所"。在交往行为中，主体从生活世界获得了具体的社会共同化的背景和自我实现与表达的前提，也就是说，交往行为在生活世界中同时实现着三个一体化的活动：文化传承和发展、社会整合以及个性人格的行为。这三个活动的统一运动保证了三者的内在统一，同时也构成了社会动态的整体性，由此推动社会的发展和更新。与以语言为媒介的生活世界相对的是"系统"。在哈贝马斯看来，它是一种技术性的东西，是全部物质再生产的总称。在其中仅仅运行着目的性行为，"系统"是与金钱和权力媒介相联系的已经职能化的、分化为各种子系统的"制度群"，如经济制度、政治制度、家庭制度。在社会生活中，生活世界与系统不仅相互区别，而且相互联系，其中，生活世界（尤其是法和道德）的理性化是系统一体化之新机制得以组织化之必要条件。而它们之间既相互联系又相互区别的双重发展就是社会进化的过程。其中，生活世界的合理化是社会进化的前提和基础。然而，进入现代社会后，系统和生活世界开始分离。哈贝马斯指出，这种分离是从政治上组织起来的欧洲封建的阶级社会过渡到现代阶级社会的必要条件，或者说，是西方现代化的必要条件。因此，现代社会的真正问题既非不断提高的系统综合性，亦不在世界观的合理化。只有当"交往结构的非语言化"即目的合理性行为的子

---

① ［德］尤尔根·哈贝马斯：《交往行为理论》第 1 卷，曹卫东译，上海人民出版社 2004 年版，第 95 页。

② 章国锋：《关于一个公正世界的"乌托邦"构想：解读哈贝马斯〈交往行为理论〉》，山东人民出版社 2001 年版，第 117 页。

系统自主侵入破坏生活世界时，社会问题才会产生。

第四，交往行为规范——商谈伦理学。怎样才能解决系统破坏生活世界所引起的社会问题呢？在哈贝马斯看来，企图从政治行为上解决问题，那是就系统解决系统，仍受着工具理性的支配。解决问题的根源应该是生活世界，即通过语言和文化支撑起来的世界，亦即规范话语交往的世界。哈贝马斯为此建构"交往伦理学"或"商谈伦理学"就是要使交往行为受到社会道德规范的制约，促进其实践合理化，最终使社会呈现出道德合理性。哈贝马斯认为，交往行为应以相互理解为基础，其合理化的核心是交往主体之间诚实的商谈。交往行为合理化实现的基本前提和条件是承认、重视并遵守共同的社会规范准则。在哈贝马斯看来，与工具理性行为不同，交往主体通过对话和交流，不仅批判性审议行为动机和行为要求，而且反复论证了行为规范的合理性和有效性。这就要求将交往伦理学与交往主体之间的交互主体性、相互性、相互承认联结起来，从而在道德主体之间建立一种相互平等、不可分割的关系。道德在于平等理解、道德律令、社会规范等是通过主体之间对话的方式建立的。哈贝马斯关于商谈、交往伦理学的原则如下：（1）参与者是有能力参与讨论的主体。他认为，"一种话语的所有潜在参与者均有同等参与话语论证的权利，任何人都可以随时发表任何意见或对任何意见表示反对，可以提出质疑或反驳质疑。"[1]（2）"所有话语参与者都有同等权利作出解释、主张、建议和论证，并对话语的有效性规范提出疑问、提供理由或表示反对，任何方式的论证或批评都不应遭到压制。"[2] 参与者在讨论和论证的过程中享有平等的权利。（3）交往和沟通的绝对必要性。这点保证了被认定各方权利的公正性。所以，哈贝马斯认为，一切道德规范都不可能在单方面的情况下建立和实施，在纯粹思维的范围内完成，也就是说，道德原则不能写在桌上制定出来，然后向大众宣布。只有容

---

[1] 章国锋：《关于一个公正世界的"乌托邦"构想：解读哈贝马斯〈交往行为理论〉》，山东人民出版社2001年版，第152页。

[2] 章国锋：《关于一个公正世界的"乌托邦"构想：解读哈贝马斯〈交往行为理论〉》，山东人民出版社2001年版，第152页。

许一切参与者进行必要的讨论与商谈，照顾到大家的相关利益，才能
在理性的基础上建立有效的道德规范和命令。可见，交往伦理学以
"说服普通听众并取得对一般言论的普遍赞同的意向"为目标，要求
每个交往主体做到真实、真诚和正确。只有这样，每个交往主体才能
彻底摒弃权利的滥用和暴力的压制，享有平等自由的话语权利；才能
克服经济和行政系统对生活世界的入侵和破坏，以及工具理性造成
"生活世界"与"系统"之间的裂痕，即生活世界"殖民化"，实现
人际关系平等、和谐和社会公正。

第五，理想的交往共同体——世界公民社会。哈贝马斯不仅以商
谈伦理学指导个体行为，弥合系统与生活世界的冲突，而且还将其扩
展到世界政治中，使其成为解决国际关系中各种矛盾，特别是不同文
明模式和类型的冲突的重要准则。20 世纪末以来国际经济、政治格
局发生的重大变化，呈现出的复杂局面和令人焦虑的演化态势，引起
人们对于全球化进程的未来走向或"终极后果"的极大关注。哈贝
马斯在《包容他者》（*Die Einbeziehung des Anderen*）一书的前言中写
道，本书"核心问题是共和主义原理的普遍主义内涵在今天究竟带来
了怎样的后果，而且是结合以下三个方面的内容分别加以论述的：一
是多元主义社会，其中的多元文化矛盾日益尖锐；二是民族国家，它
们组成了一个跨国家的统一体；三是世界社会语境下的公民，在他们
的背后，世界社会已经成为一个风险共同体"①。在他看来，文化冲
突应该被理解为"不同宗教信仰、价值观念、生活设计的差异和碰撞
的国家政治化形式或集团政治化形式"②，是政治和经济利益冲突的
代名词。作为当代社会批判理论的杰出代表，他积极探寻理解和把握
当今国际局势的一般思维方式和富有解释力的基本观念，在 20 世纪
90 年代发表了一系列关于后民族政治理论的文章，对全球化的后果
及未来理想社会进行了批判性分析与构想。哈贝马斯于 1998 年发表

---

① ［德］尤尔根·哈贝马斯：《包容他者》，曹卫东译，上海人民出版社 2002 年版，
第 1 页。

② ［德］尤尔根·哈贝马斯、米夏埃尔·哈勒：《作为未来的过去——与著名哲学家
哈贝马斯对话》，章国锋译，浙江人民出版社 2001 年版，第 205 页。

了《超越民族国家？——论经济全球化的后果问题》一文，明确地把经济全球化界定为"世界经济体系的结构转变"。在他看来，这一转变将从根本上限制民族国家的行动空间，国家的经济主权将不得不转让给跨越地域的、不受限制的市场。因而一个不断不对称地陷入由世界经济和世界社会组成的相互依存关系中的国家会在主权、行动能力和民主实质方面遭到损害。哈贝马斯已然看到各国经济发展的不平衡所造成的世界交往关系的紧张状态，但他并没有从经济发展的物质条件方面进一步追根溯源，以寻求拯救的途径，而是执着于伦理学的意识形态。哈贝马斯认为人类社会的美好前景是"世界公民社会"，这是一个建立在世界公民权利基础之上，社会平等、自由、公正、民主，所有人自觉联合起来，所有民族和种族和谐共处，所有人都享有民主自由权利的"交往合理"社会。

哈贝马斯主张在交往合理、所有人享有民主自由权利的公民世界中以宽容开放、尊重学习的态度面对多元的价值观和道德观，并呼吁全球性的、社会各层面的对话。这种对话在不放弃自身有效性要求的同时，展开一场文化间的和平讨论，共同真诚地探求真理，建构一个扎根于人类生活世界当中，独立于世界经济政治的世界公共领域。纵观人类文化交往史，既有矛盾冲突，又有交流融合。当今世界格局正是在文化交往的相互作用下产生的。哈贝马斯在《包容他者》和《我们何时应该宽容？——关于世界观、价值和理论的竞争》中提到交往过程中建立在理解基础上的包容的重要性。"包容意味着这样一种政治秩序：对于一切受到歧视的人都敞开大门，并且容纳一切边缘人，而不把他们纳入一种单调而同质的人民共同体中。这样，自愿原则也就十分重要，民众的国籍至少也得到私人的默认。"① "文明的行为举止更多地适用于交往的方式，而宽容则更多地倾向于避免冲突。"② 面对不同的价值取向和文化传统，只有相互包容才能提供文

---

① ［德］尤尔根·哈贝马斯：《包容他者》，曹卫东译，上海人民出版社2002年版，第161页。

② ［德］尤尔根·哈贝马斯、章国锋：《我们何时应该宽容——关于世界观、价值和理论的竞争》，《马克思主义与现实》2003年第1期。

化交融的顺畅通道。哈贝马斯不光从信念——包容上追求文化共同体的实现，还从现实路径——法律去探索。他批判以系统论为主的共同体模式，因为以目的性形成的共同体关注的是利益的实现和共享，他们合作与交融的基础很脆弱，并不算真正的交往共同体。"经济系统和行政系统具有与其环境相封闭、只服从其自身的货币迫令和权力迫令的趋势。它们破坏了那种通过公民的共同实践而自我决定的共同体模式。"① 在交往共同体的建设过程中，不但要注重经济系统和行政系统的建设，还要注重法律系统的建设。哈贝马斯认为以法为媒介的法律系统可以缓解公民身份和民族认同的紧张关系，还可以解决两个矛盾："一方面是民主立宪国家的普遍主义原则，另一方面是保护已经形成的生活之完整性的特殊主义要求。"② 他认为，美国在宪法基础上建立起来的政治文化就是建立在商谈伦理基础上法治国家的共同信念。"一种自由的政治文化所培育的只是一种宪法爱国主义的公分母，它使人们对文化社会的各不相同但彼此共存的生活形式的多样性和整体的敏感性得到加强。"③ 总之，哈贝马斯"世界公民社会"这个理想交往共同体的建立是各成员国以全球性政策话语共识或世界公民意识为依据，进行民主协商交流，兼顾相互利益。它实质上是交往伦理规范的延伸，二者没有实质区别，都在于通过普遍民主的对话和交流来实现交往合理性和世界公民意识。

综上所述，哈贝马斯的交往行为理论主张加强沟通，在相互理解的基础上，通过真诚的对话来解决社会矛盾、纠纷和冲突，从而"达成共识，取得一致"，建立人与人的和谐关系。哈贝马斯在接受章国锋访问时谈道："我仍然坚持应当用相互理解、宽容、和解的立场处理不同的价值观和道德观，乃至不同文化传统之间的差异与冲突。我

① ［德］尤尔根·哈贝马斯：《在事实与规范之间：关于法律和民主法治国的商谈理论》，童世俊译，生活·读书·新知三联书店 2003 年版，第 670 页。
② ［德］尤尔根·哈贝马斯：《在事实与规范之间：关于法律和民主法治国的商谈理论》，童世俊译，生活·读书·新知三联书店 2003 年版，第 655 页。
③ ［德］尤尔根·哈贝马斯：《在事实与规范之间：关于法律和民主法治国的商谈理论》，童世俊译，生活·读书·新知三联书店 2003 年版，第 664 页。

认为，我提出的交往行为理论和话语伦理学同样适用于处理国际关系和不同文化类型之间的矛盾，即是说，不同信仰、价值观、生活方式和文化传统之间，必须实现符合交往理性的话语平等和民主，反对任何用军事的、政治的和经济的强制手段干涉别人，通过武力贯彻自己意志的做法。"① 在不同文化主体的交往中，人类唯一的选择是实现无暴力、无强权的平等、公平的道路，这对于处理文化交往中内部之间或内部和外部关系都是有益的启示。马克思与哈贝马斯的交往理论都是对交往异化的批判性分析。不过他们的截然相反之处在于：马克思以生产劳动为研究基础，把一定物质内容的社会形式作为个人交往不可逾越的限制；而哈贝马斯则把语言交往提到了首位，把由日常语言支撑的生活世界作为限制，并以此为基础重建以劳动为核心的历史唯物主义。哈贝马斯认为，不是事物的思想，而是思想的事物有哲学意义，应用事物论证思想而不是思想论证事物。因而，尽管他在某些方面提供了描述人类关系的因素，但是他对资本主义批判得不彻底，忽视了社会基本矛盾的作用，过于夸大交往理性对现实社会的影响，走向了把理性看成社会发展决定力量的理想主义，使他的理论建立在唯心主义基础上，创造出一种新的乌托邦式的理论。

4. 当代西方哲学的"交往学转向"

在当代西方哲学中，交往理论已经形成了一定规模的"交往学转向"。"这一转向的缘起，就西方而言，在理论层面上发生于思辨哲学和意识哲学等传统哲学的内在缺憾与危机；在实践层面上则发轫于对西方文明与生存危机的超越与反思。"② 在这一转向过程中，实践哲学、主体间性理论、关系本体论、对话理论、他者问题等构成了文化交往思想的直接形态。而分析哲学中的日常语言哲学、哲学解释学中的理解问题、公共哲学中的公共性理论，甚至传播学中的大众传播理论、社会学中的冲突论和符号互动论等都可以看作它的间接表现形式。

德国存在主义哲学家雅斯贝尔斯认为，生存就是自由，而自由又

---

① 章国锋：《哈贝马斯访谈录》，《外国文学评论》2000年第1期。
② 王晓东：《交往理论研究中的若干问题》，《求是学刊》2000年第3期。

需要交往。人在"交往内存在"，只有与他人相处时自我的存在才会显现出来，不可能依靠自身成其为人。交往以理解的语言为前提，是人的普遍条件。真正的交往就是在对话中形成的人类共同体。雅斯贝尔斯把交往分为两大类型：第一，"此在交往"即非真实世界的交往，又可分为一种是失去自我意识，个人融化于"共性"之中平均化了；另一种是失去共性、完全对立，每个人都是独立的原子，这两种情况都是无个性的交往。第二，"生存交往"才是真实的交往。个人作为独立自主的个体摆脱了对他人、集体和世界的依赖，在与他人交往中既不丧失自我，又不与他人对立。双方保持个性人格的同时又能揭示自己的心，理解他人的心。雅斯贝尔斯把这种心心相印的过程称作"爱的斗争"，也就是说，这种交往不是相互融合、相互妥协或相互让步，也不是非暴力的生存斗争，更不是猜疑、成见、嫉妒、仇视、虚伪、恐惧、利己主义等关系，而是相互开放和心心相印、相互谅解和共同合作。雅斯贝尔斯在晚年还提出了"总体交往"范畴。这是一种世界范围内的交往，以公众的对话为前提，以"公开的精神之战"为推动手段，仅借助自由的论证，摈弃任何法律或暴力。他认为，"交往是通向所有形态的真理的道路。"① 交往的可能性不仅在于公众的自由，还在于思维方式的自由。失去公众的自由，真理便会隐匿起来；失去思维方式的自由，真理就会沦为谎言。雅斯贝尔斯在其后期哲学研究中重点关注"总体交往""全球性交往"等，试图寻找世界理性共同体成为可能的条件，为世界和人类的统一建构理论基础。这无疑有着巨大的理论意义和实践意义，是我们探讨解决文化全球化所带来的新矛盾和新问题的有益参考。

　　值得关注的还有苏联结构主义符号学的代表人物巴赫金的对话理论。他非常关心人的主体性建构的问题，并认为主体性建构在自我和他人的对话实际中才能实现。他说："生活中一切全是对话，也就是

---

① 梦海：《交往是人类大同之路——论雅斯贝尔斯的交往理论》，《求是学刊》1998年第 5 期。

对话性的对立"，"存在就意味着进行对话的交际。"① 自我并不是封闭性的存在，它只能存在于和他人的对话交往中。"人实际存在于我和他人两种形式之中（'你'、'他'或者 man）。我自己是人，而人只存在于我和他人的形式中"，进一步说，"我存在于他人的形式中，或他人存在于我的形式中"。"我不离开他人，离开他人我不能称其为我：我应先在自己身上找到他人，再在他人身上发现自己"②，即人的存在应当是一种相互反映、相互比照、相互依赖和相互接受过程中的活生生的存在。个体作为存在，是以他人的存在为前提的。自我通过他人的反映而显示自己，而他人通过我的观照也得以存在。自我在建构自身的主体性的同时，又将这种主体性建构置放在对话的社会语境中实现。总之，巴赫金时时都把自我主体同其他主体联结起来，这种对话主义的主体建构理论使他在不丧失人的主体性的前提下，又将人放置在更为广泛的社会现实的交往中，由此较好地说明了人与人之间既独立平等又相互交往的自由关系，解决了作为主体的人怎样既独一无二同时又与其他人密切关联的问题。这无疑是有着深刻哲学意蕴的。巴赫金的对话理论本质上又是一种语言学理论。语言的存在本质和人的存在本质是同一的，即对话性。他说，语言只能存在于使用者的对话交际之中。对话交际才是语言的生命真正所在之处。语言的整个生命，不论在哪一个运用领域里（如日常生活、公事交往、科学文艺，等等），无不渗透着对话关系。③ 因此，他把对话关系看作自己的超语言学的研究对象。在《马克思主义与语言哲学》中，巴赫金首先从语言的基本单位"言词"入手，分别阐发了"言谈"和语言的生存环境"情境"，形成了一个完整的对话性语言观。巴赫金说，言词总是"指向接受者，指向接受者的角色……言词是一种双面

---

① ［俄］巴赫金：《陀思妥耶夫斯基诗学问题》，白春仁、顾亚铃译，生活·读书·新知三联书店 1988 年版，第 343 页。

② ［俄］巴赫金：《巴赫金全集》第 5 卷，钱中文译，河北教育出版社 1998 年版，第 396 页。

③ ［俄］巴赫金：《陀思妥耶夫斯基诗学问题》，刘虎译，生活·读书·新知三联书店 1998 年版，第 252 页。

的活动，由言词本身和言词的接受者决定。作为言词，它恰如说者与听者、讲话人与接受者之间相互关系的产品。每个词都表现了此与彼的关系。我从另一个观点出发，给予我的自我以语言的表达。词是自我与他人之间的桥梁……是说话者和受话者共同分享的领地"①。言谈更是一种复杂的社会交往行动，它是一种双向的理解活动，说者又说又听，听者又听又说。"任何一次言谈，根本不能把它只归在言谈者一人身上，它是说话的人们相互作用的产物，广而言之，是发生言谈的整个复杂的社会情境的产物。"② 在此，巴赫金创造性地将人在哲学上的自我与他人的对话性关系转换成了超语言学话语。对话是人的存在方式。在巴赫金看来，存在就意味着进行对话性的交际。对话结束之时，也是一切终结之日。因此，实际上对话不可能、也不应该结束。他坚决反对权威话语和独白话语，主张建立一个没有官方意识形态霸权的"杂语喧哗"的社会。这显然是一种理想社会。在这个社会中，人的价值和地位是完全平等的，人的意识和思想也是完全平等的。它不是唯我论的独断社会，而是一个既有自我又有他人的平等性对话的社会。毋庸置疑，这是巴赫金对资本主义现实状况不满的理论反抗。巴赫金的对话理论究竟在多大程度上是马克思主义的，这个问题可以继续研究。

在这里有必要强调西方马克思主义者列斐伏尔（Henri Lefebvre）、赫勒（Heller）对交往研究所作出的贡献。列斐伏尔分析了非日常生活世界中交往因素（大众传媒、国家和官僚政治）对日常生活交往关系（婚姻、家庭和两性关系）的深刻影响，同时强调了个人解放和生活方式变革对于宏观社会发展的重要历史意义。赫勒对日常交往进行了专门研究，具体考察了日常交往的概念、模式和情感因素以及日常交往的时间和空间特征。此外，还有必要关注和重视社会学、历史学以及文化人类学等实证性科学对交往问题的理论研究，虽然对交

---

① ［美］凯特琳娜·克拉克、迈克尔·霍奎斯特：《米哈伊尔·巴赫金》，语冰译，中国人民大学出版社1992年版，第263页。

② 陈太胜：《巴赫金对话理论的人文精神》，《学术交流》2000年第1期。

往的实证研究主要侧重于事实性、具体性的把握，但是这种研究对于从哲学层面反思和考察交往的认识论意义、生存论意义和历史发展论意义具有重要价值，如许茨（Schütz）的社会现象学，米德（Mead）的符号相互作用论，帕森斯（Parsons）的结构功能主义以及西美尔（Simmel）、科塞（Coser）、达伦多夫（Dahrendorf）的社会冲突论，戈夫曼（Goffman）的角色表演论，彼得·布劳（Peter Michael Blau）的交换理论，吉登斯（Giddens）的自我认同理论等。但是西方哲学对交往的研究中普遍存在着非历史主义的抽象化和形式化倾向，把交往活动主要归纳为交互的意向性关系，归结为思想性、语言性的理解和沟通以及人类精神性、情感性的统一与和谐。这是由于他们都没有把生产关系这一最主要的交往关系放在首位，而是过分强调了精神交往乃至语言交往的作用和意义，因而，从整体上来讲仍然是不科学的。尽管他们所得出的结论不是我们完全肯定的，但毕竟反映了人们对当代社会交往矛盾的关注。这些从不同角度对现实生活进行思维探索的成果，对于进一步深入研究、建构和完善马克思主义文化交往理论无疑有着宝贵的参考价值与借鉴意义。

（三）马克思主义中国化文化交往理论

交往在文化领域的表现使各民族文化在交往中不断丰富、发展和完善。从时代发展和社会变革的现实基础来说，文化交往正同经济交往、政治交往一起成为应对我国社会转型和现代化建设的手段。马克思主义中国化文化交往理论是马克思主义中国化的成果，在理论渊源上与马克思、恩格斯、列宁的文化交往思想一脉相承。同时，马克思主义中国化文化交往理论又深深扎根于中国肥沃的土壤中，在新中国成立以来建设社会主义实践中产生，是我国各阶段领导人对时代发展的回应。毛泽东、邓小平、江泽民、胡锦涛、习近平等马克思主义者把马克思主义基本原理，特别是马克思主义关于文化交往的基本观点，结合新中国成立以来我国社会主义建设实践而形成的马克思主义中国化文化交往理论。因而，马克思主义文化交往理论既是以马克思、恩格斯、列宁的文化交往思想为其最直接而深厚的理论来源，同时又吸收了中国的具体环境，体现出较强的中国特色。马克思、恩格斯曾经说过："一切划时代的体系的真正的内容都是由于产生这些体系的那个时期的需要而形成起来的。"① 新的时代呼唤新的理论，新的理论指导新的实践。马克思主义中国化文化交往思想不是一蹴而就的，也不是理论模型的套用，而是实践着的马克思主义。马克思主义中国化文化交往思想是时代的反映。在不同的历史条件下，文化交往思想的萌芽与文化交往实践相结合，在我们党历代领导核心的思想和政策上有所体现，产生了宏观层面的文化交往思想，并在这个过程中形成了前后呼应、一脉相承的马克思主义中国化文化交往理论。具体可以划分为以下两个阶段：毛泽东文化交往思想和中国特色社会主义文化交往思想。

1. 毛泽东文化交往思想

以毛泽东同志为核心的中国共产党第一代领导集体创立的毛泽东思想，是被实践证明了的关于中国革命和建设的正确的理论原则和经验总结，是中国共产党集体智慧的结晶。"一定的文化是一定社会的政治和经济的反映，又给予伟大影响和作用于一定社会的政治和经济。"② 毛泽东文化交往思想是毛泽东思想的组成部分之一。毛泽东文化交往思想大致可以分为两个时期：一是中华人民共和国成立前社会主义革命时期，二是中华人民共和国成立后社会主义建设时期。前一时期的文化交往思想实际上是后一时期文化交往思想的雏形和实验。

中华人民共和国成立前社会主义革命时期的文化交往思想主要体现在陕甘宁边区的文化建设方面。陕甘宁边区是中国共产党1937—1949年在陕西、甘肃和宁夏交界地区建立的革命的中心根据地——中共中央和中央军委所在地，是中共抗日战争的指挥中心和总后方。延安解放区是其政治、经济、文化和军事重镇。中央红军到达陕北

---

① 《科学发展观重要论述导读》，人民出版社2008年版，第73页。
② 中国人民大学哲学系辩证唯物主义与历史唯物主义教研室资料组编：《毛泽东同志论哲学》，中国人民大学出版社1960年版，第319页。

后，面对地理位置、历史条件、社会因素等造成的经济文化十分落后的现状，高度重视文化交往，制定和实施了一系列促进文化发展的政策和措施，使首府延安一跃成为知识分子和文化青年向往的文化圣地和全国抗日的中心，为抗日战争和人民解放战争的胜利发挥了重要作用。首先，加强民族的大众的文化教育与宣传。陕甘宁地区"知识分子缺乏，文盲高达 90%；文化设施奇缺，人民十分缺乏文化生活；全区巫神多达 2 千多人，招摇撞骗，危害严重"①。美国学者马克·赛尔登（Mark Selden）描述道："从文化上看，这里是地球上最暗淡无光的地方之一。"② 所以，毛泽东同志从抗日战争局势和陕甘宁地区的实际出发，指出："在一切为着战争的原则下，一切文化教育应当适合战争的需要，要广泛开展大众的文化教育，努力提高人民群众的文化水平和思想觉悟。"③ 一方面，毛泽东注重领导干部的教育，培养了大批革命干部；另一方面，他开展了大规模的群众文化教育，提高边区人民的文化水平和思想觉悟。具体措施有：在延安创办高等干部学校系统培育各级干部，如中国抗日军政大学、鲁迅艺术学院、陕北公学、中央党校、延安民族学院、延安大学等。在边区农村广泛建立小学和中学，大量吸收儿童入学。按照农时和节气组织农民进行午学、冬学、夜校等多种形式的社会文化教育，以提高广大农民群众的文化素质和革命意识。其次，坚决批判和抵制封建文化，重视继承和创新民族传统文化。毛泽东指出，"在一百五十万人口的陕甘宁边区内，还有一百多万文盲，两千个巫神，迷信思想还在影响广大的群众。这些都是群众脑子里的敌人。我们反对群众脑子里的敌人，常常比反对日本帝国主义还要困难些。"④ 为改变这一局面，边区开展了整治痞子、巫婆，宣传婚姻自由、反对包办，禁止妇女缠足等抵制封建

---

① 西北五省区编纂领导小组、中央档案馆：《陕甘宁边区抗日民主根据地（回忆录卷）》，中共党史资料出版社 1990 年版，第 64 页。

② ［美］马克·赛尔登：《革命中的中国：延安道路》，魏晓明、冯崇义译，社会科学文献出版社 2002 年版，第 82 页。

③ 毛泽东：《毛泽东同志论教育工作》，人民教育出版社 2000 年版，第 33 页。

④ 《毛泽东选集》第 3 卷，人民出版社 1991 年版，第 1011 页。

迷信的文化活动，同时继承和创新民族传统文化。1940 年 3 月 18 日发布的《中央关于开展抗日民主地区的国民教育的指示》指出，"大大发展农村中戏剧歌咏运动。但应注意于戏剧歌咏的通俗化，大众化，民族化，地方化，特别注意于利用旧形式，改造旧形式。"①《兄妹开荒》《夫妻识字》等秧歌正是改造旧形式，赋予新的时代意义下产生的边区文化作品，深受农民喜爱。再次，建立文化统一战线开展广泛的文化交往。文化统一战线是中国共产党"三大法宝"之一的统一战线中的文化战线。面对帝国主义和封建主义强大的反动文化同盟，就必须建立"新民主主义的文化，就是人民大众反帝反封建的文化；在今日，就是抗日统一战线的文化"②。1942 年 5 月毛泽东在《在延安文艺座谈会上的讲话》中指出："在我们为中国人民解放的斗争中，有各种的战线，就中也可以说有文武两个战线，这就是文化战线和军事战线。我们要战胜敌人，首先要依靠手里拿枪的军队。但是仅仅有这种军队是不够的，我们还要有文化的军队，这是团结自己、战胜敌人必不可少的一支军队。"③ 面对民族存亡，不同阶级的意识形态，或同一阶级的不同阶层的思想和学说流派组成了广泛的文化界的抗日统一战线，有力地推动了抗日文化运动的开展。中国共产党加强与党内外民主人士、国际友人、学界代表等广泛的文化交往。同时，大批仁人志士奔赴延安为边区文化发展注入新鲜血液。最后，吸收国内外文化中的先进因子增强中华民族的文化凝聚力。1941 年，《陕甘宁边区施政纲领》中明确规定："在尊重中国主权与尊重政府法令的原则下，允许任何外国人到边区游历、参加抗日工作，或在边区进行实业、文化与宗教的活动。"④ 在"抗战高于一切"的原则下，中共积极支持各项文化交往事业的发展，实行阶

---

① 《中央关于开展抗日民主地区的国民教育的指示》，中国共产党新闻·文献资料，1940 年 3 月 18 日。

② 《毛泽东选集》第 2 卷，人民出版社 1991 年版，第 698 页。

③ 《毛泽东选集》第 3 卷，人民出版社 1991 年版，第 847 页。

④ 中国科学院历史研究所第三所：《陕甘宁边区参议会文献汇辑》，科学出版社 1958 年版，第 104 页。

级立场与民族立场相结合的民族文化政策。陕甘宁边区成立了蒙古文化促进会和回民文化促进会，有利于蒙古族、回族和汉族人民之间的文化交流与沟通，发扬蒙古族和回族优秀的传统文化，促进各民族团结一心抗日救国。

　　新中国成立后社会主义建设时期又可分为两个阶段，20 世纪 50 年代末到 60 年代初为第一阶段，60 年代中期到 70 年代中后期为第二阶段。第一阶段，毛泽东同志积极支持对外文化交流，提出了大量宝贵的思想，为我国社会主义建设起到积极的作用。第二阶段，由于我国所处的国际环境相当严峻，毛泽东同志错误地估计了形势，对"自力更生"的理解片面化和绝对化，主张闭关锁国，断绝了与外部世界的文化交往，排斥一切外来优秀文化成果，使我国社会主义建设举步维艰。在此重点探讨第一阶段。首先，文化交往对象、内容和形式的丰富多彩。我们要同世界上所有国家进行文化交往。毛泽东同志在《论十大关系》中提出："我们的方针是，一切民族、一切国家的长处都要学，政治、经济、科学、技术、文学、艺术的一切真正好的东西都要学。"① 其次，文化交往可以超越社会制度和意识形态。虽然当时世界局势紧张，处于冷战时期，两大阵营对立，但是毛泽东同志胸怀宽广、高瞻远瞩地提出，不同社会制度和意识形态的国家之间也可以进行正常的文化交往，彼此之间求同存异。他在谈到中法关系时指出，中法两国尽管社会制度不同，但是还是可以合作的，使两国在文化上互相往来。在 1957 年 9 月回答巴西记者提问时，毛泽东说："只要巴西和其他拉丁美洲国家愿意同中国建立外交关系，我们一律欢迎。不建立外交关系，做生意也好。不做生意，一般往来也好。中国同拉丁美洲国家的社会制度是不同的，但是，在许多点上是相同的。首先，要求独立这一点是相同的。不仅你们有独立问题，我们也有。我们还有台湾问题，美国还在威胁我们。即使台湾收复了，美国的威胁还会存在。这是我们最大的共同点。其次，我们的经济都不发

---

① 《建国以来重要文献选编》第 8 册，中央文献出版社 1994 年版，第 262 页。

达。"① 最后，开展文化交往的原则。第一，要积极吸收外国先进文化，对消极的方面要坚决抵制和批判。毛泽东同志在《新民主主义论》中指出："中国应该大量吸收外国的进步文化，作为自己文化食粮的原料，这种工作过去还做得很不够。这不但是当前的社会主义文化和新民主主义文化，还有外国的古代文化，例如各资本主义国家启蒙时代的文化，凡属我们今天用得着的东西，都应该吸收。但是一切外国的东西，如同我们对于食物一样，必须经过自己的口腔咀嚼和胃肠运动，送进唾液胃液肠液，把它分解为精华和糟粕两部分，然后排泄其糟粕，吸收其精华，才能对我们的身体有益，决不能生吞活剥地毫无批判地吸收。"② 第二，反对崇洋媚外，树立民族自尊心和自信心。"崇拜美国的人说美国科学和工业都很发达，了不起，什么都好，甚至有人说美国的月亮也比中国的好。"③ "有些人做奴隶做久了，感觉事事不如人，在外国人面前伸不直腰，像《法门寺》里的贾桂一样，人家让他坐，他说站惯了，不想坐。在这方面要鼓点劲，要把民族自信心提高起来。"④ "中国的面貌，无论是政治、经济、文化，都不应该是旧的，都应该改变，但中国的特点要保存。应该是在中国的基础上面，吸取外国的东西。应该交配起来，有机地结合。"⑤ 第三，不能"全盘西化"，照抄照搬外国经验，要结合我国实际情况，加以消化、吸收和创造。毛泽东同志以马克思主义在我国的应用为例，指出"和民族的特点相结合，经过一定的民族形式，才有用处，决不能主观地公式地应用它"⑥。"中国文化应有自己的形式，这就是民族形式。"⑦ "我们接受外国的长处，会使我们自己的东西有一个跃进。中国的和外国的要有机地结合，而不是套用外国的东西。学外国织帽子的方法，要织中国的帽子。外国有用的东西，都要学到，用来改进和

---

① 《毛泽东文集》第 7 卷，人民出版社 1999 年版，第 403 页。

② 《毛泽东著作选读》（上册），人民出版社 1986 年版，第 397—398 页。

③ 《毛泽东文集》第 8 卷，人民出版社 1999 年版，第 21 页。

④ 《建国以来重要文献选编》（第 8 册），中央文献出版社 1994 年版，第 264 页。

⑤ 《毛泽东著作选读》（下册），人民出版社 1986 年版，第 752 页。

⑥ 《毛泽东选集》第 2 卷，人民出版社 1991 年版，第 707 页。

⑦ 《毛泽东著作选读》（上册），人民出版社 1986 年版，第 398 页。

发扬中国的东西，创造中国独特的新东西。搬要搬一些，但要以自己的东西为主。"① 第四，坚持自力更生为主，争取外援为辅。1960 年 3 月 18 日，毛泽东同志在同尼泊尔首相柯伊拉腊的谈话中提到："我们这些国家，要以自力更生为主，争取外援为辅。对外援要争取，但哪个为主，要考虑。自力更生好办事，主动。"② "自力更生为主，争取外援为辅，破除迷信，独立自主地干工业、干农业、干技术革命和文化革命，打倒奴隶思想，埋葬教条主义，认真学习外国的好经验，也一定研究外国的坏经验——引以为戒，这就是我们的路线。"③ 第五，国家之间文化交往的基础是平等互利、相互尊重领土和主权完整。1960 年，毛泽东同志与尼泊尔首相柯伊拉腊谈话中还提到，"每个民族都有长处，都有缺点。你们的国家也是这样。柬埔寨也有许多长处。所以要学习每个民族的长处，不管这些民族的大小。同这些国家互相交流经验，这样比较好。"④

2. 中国特色社会主义文化交往思想

从 1978 年中国共产党十一届三中全会以来，我国社会主义建设事业进入全面改革、开放和创新的新时期。时代变迁和中国社会发生的深刻变化，推动着闭关自守向改革开放的文化交往即中国特色社会主义文化交往转变。以邓小平同志为核心的党的第二代中央领导集体在改革开放初期坚持独立自主的外交政策，在和平共处五项原则的基础上积极发展同世界各国的文化交流，致力于维护世界和平，谱写了新时期社会主义文化交往的新篇章。随着改革开放的深入开展，以江泽民同志为核心的党的第三代中央领导集体简要概括了中国特色社会主义的指导思想、基本方针和基本任务等，将中国特色社会主义文化建设放在与中国特色社会主义经济建设、政治建设的同等高度，强调三者是相辅相成、相互联系的有机整体。党的十五大确立了社会主义初级阶段文化纲领，并在此基础上形成了中国特色社会主义文化交往

① 《毛泽东文集》第 7 卷，人民出版社 1999 年版，第 82 页。
② 《毛泽东文集》第 8 卷，人民出版社 1999 年版，第 158 页。
③ 《毛泽东文集》第 7 卷，人民出版社 1999 年版，第 380 页。
④ 《毛泽东文集》第 8 卷，人民出版社 1999 年版，第 158 页。

思想。进入 21 世纪以来，以胡锦涛同志为总书记的党中央把握社会主义先进文化的前进方向，积极提升中国文化软实力，把中国特色社会主义文化交往思想推向新高度。当前，中国特色社会主义建设进入新时代，面对世界百年未有之大变局，以习近平同志为核心的党中央提出共建"一带一路"倡议，主张推动构建人类命运共同体，表示尊重文明多样性，主张和而不同，"不仅'各美其美'，而且'美人之美，美美与共'，成为不同文明和谐共处、相互促进的典范"①。"中国将以更加开放的胸襟、更加包容的心态、更加宽广的视角，大力开展中外文化交流，在学习互鉴中，为推动人类文明进步作出应有贡献。"②

首先，倡导文化多样化，加强文明交流互鉴，提倡不同文明间求同存异、和而不同、共同发展。2014 年 3 月 27 日，习近平总书记在巴黎联合国教科文组织总部发表重要演讲指出，"人类文明因多样才有交流互鉴的价值""人类文明因平等才有交流互鉴的前提""人类文明因包容才有交流互鉴的动力。"③ 在这次演讲中，他全面阐述了文明交流互鉴的看法和主张，希望文明交流互鉴成为增进各国人民友谊的桥梁、推动人类社会进步的动力、维护世界和平的纽带。这是当代中国领导人首次系统提出关于世界文明的看法。在人类发展的历程中，每种文明都留下了不可磨灭的功绩，文明没有高低贵贱之分，只有地域特色之别，妄想消灭或取代其他文化是不可取的。正是多样性的文化才构成了多姿多彩的世界。"我们既要让本国文明充满勃勃生机，又要为他国文明发展创造条件，让世界文明百花园群芳竞艳。"④ 在文化交往上，要相互借鉴，求同存异，倡导文化和而不同，反对文

---

① 习近平：《促进共同发展 共创美好未来——在墨西哥参议院的演讲》，《人民日报》2013 年 6 月 7 日第 1 版。

② 中共中央宣传部：《习近平总书记系列重要讲话读本（2016 年版）》，学习出版社、人民出版社 2016 年版，第 277 页。

③ 习近平：《在联合国教科文组织总部的演讲》，《人民日报》2014 年 3 月 28 日第 1 版。

④ 习近平：《深化文明交流互鉴 共建亚洲命运共同体——在亚洲文明对话大会开幕式上的主旨演讲》，人民出版社 2019 年版，第 7 页。

化自我中心论。世界历史与现实已经证明，不同文明之间相互歧视、排斥或强行同化，只会造成民族矛盾激化与人类社会动荡。"我们应该以海纳百川的宽广胸怀打破文化交往的壁垒，以兼收并蓄的态度汲取其他文明的养分。"① 应当主张加强各种文化交流和对话，取长补短，共同进步，中国的发展离不开世界，世界的繁荣稳定也离不开中国。1982 年，在我国长期闭关锁国的经验和教训面前，邓小平同志高瞻远瞩地提出了必须实行改革开放的政策，为探索中国社会主义建设开辟了崭新的途径。"中国要谋求发展，摆脱贫穷和落后，就必须开放。开放不仅是发展国际间的交往，而且要吸收国际的经验。"②开放的本质就是扩大与世界其他民族的文化交往，其深刻的历史根据就是把握了文化交往的本质。拒绝世界性文化交往，就是对世界各民族智慧的抛弃，这会严重阻碍一个国家和民族各个方面的发展。十一届三中全会之后，我国在独立自主、自力更生的原则上积极对外开放，发展同世界各国平等互利的合作关系，掀起了吸收借鉴人类文明成果的热潮，并取得了举世瞩目的成绩。邓小平把对外开放政策作为一项基本国策，以国家利益为中心，旨在超越意识形态的外交战略，通过"引进来"和"走出去"加强同世界各国的文化交往和友好往来，并借鉴吸收世界各国文明成果。中国"要实现四个现代化，就要善于学习，大量取得国际上的帮助。要引进国际上的先进技术、先进装备，作为我们发展的起点"③。随着科学技术的空前发展，国家之间的联系变得更紧密，经济发展全球化。邓小平同志准确察觉到了这一趋势，指出："现在的世界是开放的世界。"④ "总结历史经验，中国长期处于停滞和落后状态的一个重要原因是闭关自守。经验证明，关起门来搞建设是不能成功的，中国的发展离不开世界。"⑤ "对外开

① 习近平：《深化文明交流互鉴　共建亚洲命运共同体——在亚洲文明对话大会开幕式上的主旨演讲》，人民出版社 2019 年版，第 7 页。
② 《邓小平文选》第 3 卷，人民出版社 1993 年版，第 266 页。
③ 中共中央文献研究室编：《邓小平年谱（一九七五——一九九七）》上卷，中央文献出版社 2004 年版，第 399 页。
④ 《邓小平文选》第 3 卷，人民出版社 1993 年版，第 64 页。
⑤ 《邓小平文选》第 3 卷，人民出版社 1993 年版，第 78 页。

放具有重要意义，任何一个国家要发展，孤立起来，闭关自守是不可能的，不加强国际交往，不引进发达国家的先进经验、先进科学技术和资金，是不可能的。"① 我国尚处于社会主义初级阶段，伴随对外开放的扩大，资本主义形形色色的文化会通过各种渠道渗透进来。"对于现代西方资产阶级文化，我们究竟应当采取什么态度呢？经济上实行对外开放的方针，是正确的，要长期坚持。对外文化交流也要长期发展。经济方面我们采取两手政策，既要开放，又不能盲目地无计划无选择地引进，更不能不对资本主义的腐蚀性影响进行坚决的抵制和斗争。为什么在文化范围的交流，反倒可以让资本主义文化中对我们有害的东西畅行无阻呢？我们要向资本主义发达国家学习先进的科学、技术、经营管理方法以及其他一切对我们有益的知识和文化，闭关自守、故步自封是愚蠢的。但是，属于文化领域的东西，一定要用马克思主义对它们的思想内容和表现方法进行分析、鉴别和批判。"② 对外开放的实质是借鉴和吸收世界文明中的一切成果为我所用，发展自身，内容包括社会各个方面和领域的开放。邓小平指出："社会主义要赢得与资本主义相比较的优势，就必须大胆吸收和借鉴人类社会创造的一切文明成果。"③ 这里的一切文明成果不仅指物质文明，也包括精神文明成果。以我国与亚太国家文化交往为例。习近平在亚洲文明对话大会开幕式上发表主旨演讲指出："'一带一路'、'两廊一圈'、'欧亚经济联盟'等拓展了文明交流互鉴的途径，各国在科技、教育、文化、卫生、民间交往等领域的合作蓬勃开展，亚洲文明也在自身内部及同世界文明的交流互鉴中发展壮大。"④ 他强调，应推进亚太地区不同文化之间的对话，以交流代替封闭，以沟通代替隔膜，以对话代替对抗。十八大以来，我国出台了《关于进一步加强和改进中华文化走出去工作的指导意见》《关于加快发展对外文化贸

① 《邓小平文选》第3卷，人民出版社1993年版，第117页。
② 《邓小平文选》第3卷，人民出版社1993年版，第43—44页。
③ 《邓小平文选》第3卷，人民出版社1993年版，第373页。
④ 习近平：《深化文明交流互鉴 共建亚洲命运共同体——在亚洲文明对话大会开幕式上的主旨演讲》，人民出版社2019年版，第3页。

易的意见》等政策文件，实施文化走出去战略，努力构建全方位、多层次、宽领域、高效率的对外文化交流格局，加快中华文化走出去。我国成功举办了一系列重大文化活动，如北京 APEC 会议、杭州 G20 峰会、"一带一路"国际合作高峰论坛、亚太经合组织第 22 次领导人非正式会议、亚信峰会、中国—中东欧国家领导人会晤、金砖国家领导人第九次会晤等。"目前我国已与 157 个国家和地区签署了文化合作协定，签署文化交流执行计划累计达 700 余个。中俄、中美、中英、中欧、中法、中印尼、中南非、中德八大高级别人文交流机制向更高层次发展。"① 中英文化交流年、中加文化交流年、中埃文化年、中拉文化年、南非中国年、俄罗斯中国文化节等一系列中国文化年（节）活动，在两国社会各界引起积极反响，探寻两国文化艺术的交流合作、共同发展的可能性，同时也增进了两国之间的相互了解与互利合作，推动了双边关系长期健康稳定发展。据商务部网站消息，2019 年，中国文化产品进出口总额达 1114.5 亿美元，其中出口 998.9 亿美元，增长 7.9%。② 我国不断深化与联合国教科文组织、亚欧基金等国际组织的合作，积极推进文化类国际公约的制定和实施，开展文化政策交流，宣传了中国经验，促进了国际合作。这对于中国借鉴吸收人类优秀文化成果，扩大中华文化的国际影响力有重要的意义。文化交往要在相互尊重的基础上协调各自利益关系，才能实现共同进步和普遍繁荣，为维护世界和平作出贡献。2013 年 3 月 20 日，习近平在接受金砖国家媒体联合采访时指出："中国人自古就主张和而不同。我们希望，国与国之间、不同文明之间能够平等交流、相互借鉴、共同进步，各国人民都能够共享世界经济科技发展的成果，各国人民的意愿都能够得到尊重，各国能够齐心协力推动建设持久和

---

① 《十八大以来治国理政新成就》编写组编：《十八大以来治国理政新成就》（上），人民出版社 2017 年版，第 510 页。

② 商务部：《2019 年中国文化产品进出口总额同比增 8.9%》，中国新闻网，www.chinanews.com/cj/2020/03-17/9128289.shtml. 2020 年 3 月 17 日。

平、共同繁荣的和谐世界。"① 贵和尚中、善解能容、厚德载物、和而不同是一种宽容的品格，更是中华民族所追求的一种文化理念。文化的生命力就在于接纳、尊重和包容不同于自己的文化。另外，坚持开放包容，为促进共同发展提供了广阔空间。世界各国生活在同一个地球村，必须树立命运共同体意识，消除思想疑虑和文化隔阂。习近平在墨西哥参议院发表演讲，表示"不仅'各美其美'，而且'美人之美，美美与共'，成为不同文明和谐共处、相互促进的典范"②。"各美其美，美人之美，美美与共，天下大同"是我国著名社会学家费孝通先生总结的处理不同文化关系的十六字箴言。应把世界文化多样性和差异性转化为人类文化共同发展的动力和持续发展的活力。

其次，坚持社会主义先进文化的前进方向，繁荣和发展中国特色社会主义文化，提升国家文化软实力。由于现代信息技术的发展和交通的便捷，世界各地区、各民族文化在增进交流的同时，西方发达国家和发展中国家之间的文化矛盾和冲突也不断产生。江泽民同志认为，"世界多极化、经济全球化的深入发展，引起世界各种思想文化，历史的和现实的，外来的和本土的，进步的和落后的，积极的和颓废的，展开了相互激荡，有吸纳又有排斥，有融合又有斗争，有渗透又有抵御。总体上处于弱势地位的广大发展中国家，不仅在经济发展上面临严峻挑战，在文化发展上也面临严峻挑战。保持和发展本民族文化的优良传统，大力弘扬民族精神，积极吸取世界其他民族的优秀文化成果，实现文化的与时俱进，是关系广大发展中国家前途和命运的重大问题。"③ 我国也同样面临着这样的挑战，如何在国际文化交往中维护我国的文化安全问题引起了相当的关注和重视。江泽民同志强调要"立足于改革开放和现代化建设的实践，着眼于世界文化发展的前沿，发扬民族文化的优秀传统，汲取世界各民族的长处，在内容和

---

① 《习近平接受金砖国家媒体联合采访（全文）》，人民网，http：//politics. people. com. cn/n/2013/0320/c70731_ 20844893 – 11. html，2013 年 3 月 20 日。

② 习近平：《促进共同发展 共创美好未来——在墨西哥参议院的演讲》，《人民日报》2013 年 6 月 7 日第 1 版。

③ 《十五大以来重要文献选编》下，人民出版社 2003 年版，第 2122 页。

形式上积极创新，不断增强中国特色社会主义文化的吸引力和感召力"①。2007 年，胡锦涛同志在十七大报告中提出我国要始终"坚持社会主义先进文化的前进方向，切实提高国家的文化软实力"②。这是胡锦涛同志首次在党的全国代表大会上明确将文化定义为国家软实力。在 2011 年 7 月庆祝中国共产党成立 90 周年的大会上，胡锦涛同志谈道："要着眼于推动中华文化走向世界，形成与我国国际地位相对称的文化软实力，提高中华文化国际影响力。"③ 他高屋建瓴地提出"文化软实力"这一重要思想，目的是通过提升我国文化软实力来凝聚全国各族人民的共同力量，增强我国文化在国际舞台的影响力。当今世界正在经历百年未有之大变局，世界多极化、经济全球化、社会信息化、文化多样化深入发展，当代中国正处于近代以来最好的发展时期，中华民族迎来了从站起来、富起来到强起来的伟大飞跃，但也面临着许多前所未有的困难和挑战。早在 2005 年习近平同志就指出："文化是灵魂"，"要化解人与自然、人与人、人与社会的各种矛盾，必须依靠文化的熏陶、教化、激励作用，发挥先进文化的凝聚、润滑、整合作用。"④ 因此，化解我国发展中所面临的矛盾、问题和挑战离不开先进文化的深层支撑。以马克思主义为指导的中国特色社会主义文化是世界杰出文化形态代表之一，是人类文明进步的结晶。其鲜明的人民性、时代性和容纳性与人类共同的文化精神具有内在的统一性和一致性。"发展中国特色社会主义文化，就是以马克思主义为指导，坚守中华文化立场，立足当代中国现实，结合当今时代条件，发展面向现代化、面向世界、面向未来的，民族的科学的大众的社会主义文化，推动社会主义精神文明和物质文明协调发展。"⑤ 所以，与世界文化对话时，中国要坚持以马克思主义的广阔视野正确

---

① 《十六大以来重要文献选编》上，中央文献出版社 2005 年版，第 29—30 页。

② 《十七大以来重要文献选编》上，中央文献出版社 2009 年版，第 252 页。

③ 胡锦涛：《在庆祝中国共产党成立 90 周年大会上的讲话》，人民出版社 2011 年版，第 24 页。

④ 习近平：《之江新语》，浙江人民出版社 2007 年版，第 149 页。

⑤ 中共中央宣传部：《习近平新时代中国特色社会主义思想学习纲要》，学习出版社、人民出版社 2019 年版，第 139 页。

认识和把握人类文明发展规律，自觉推动社会主义文化大发展大繁荣。习近平总书记强调："没有高度的文化自信，没有文化的繁荣兴盛，就没有中华民族伟大复兴。要坚持中国特色社会主义文化发展道路，激发全民族文化创新创造活力，建设社会主义文化强国。"① 中国特色社会主义是精神文明和物质文明全面发展的社会主义，二者缺一不可。中华民族伟大复兴的实现必然需要强大的精神力量支撑。"要坚持为人民服务、为社会主义服务，坚持百花齐放、百家争鸣，坚持创造性转化、创新性发展，不断铸就中华文化新辉煌。"② 讲好中国故事、传播好中国声音、树立当代中国良好形象是提升国家文化软实力的重要战略任务。"中国梦"这一概念的提出就是讲好中国故事、让世界更好了解中国的成功尝试。实现中华民族的伟大复兴是近代中华民族最伟大、最美丽的梦想。习近平总书记表示实现中国梦必须凝聚中国力量——中国各族人民大团结的力量。英国《金融时报》认为，"中国的梦想，不仅关乎中国的命运，也关系世界的命运。"拥有梦想、成就梦想，也是世界文明的共同追求，呼应了全球人民期盼美好生活的愿望。相信"中国梦"有了文化交往的推动将会光耀世界，为世界文明添彩。

最后，我国要加强与各国的文化交流，增强相互理解和包容，率先身体力行地为构建持久和平、普遍安全、共同繁荣、开放包容、清洁美丽的世界作出贡献。"世界上约有二百个国家，无论是社会制度、价值观念、发展程度，还是历史传统、宗教信仰、文化背景，都存在着差异。根据本国国情和自己的意愿选择社会制度和发展道路，是各国人民的主权，别人无权干涉。每个国家和民族都有自己的特点和长处，大家只有彼此尊重、求同存异、和睦相处、互相促进，才能创造百花争艳、万紫千红的世界。没有多样化，就不成其为世界；没有多

---

① 习近平：《决胜全面建成小康社会　夺取新时代中国特色社会主义伟大胜利——在中国共产党第十九次全国代表大会上的报告》，人民出版社 2017 年版，第 41 页。
② 中共中央宣传部：《习近平新时代中国特色社会主义思想学习纲要》，学习出版社、人民出版社 2019 年版，第 139 页。

样化，也不成其为联合国。"① 在 2005 年 4 月 22 日召开的亚非峰会上，胡锦涛同志首次提出"共同构建一个和谐世界"的重要思想。同年 9 月 15 日，在联合国成立 60 周年首脑会议上，他进一步对"和谐世界"思想作出重要阐述，明确了我国希望与各国人民携手努力，推动建立持久和平、共同繁荣的和谐世界的长远目标。这一理念和目标的提出，从根本上回击了"中国威胁论"恶意攻击，回答了"人类希望有一个什么样的世界"，以及"怎么样去构筑这样的世界"等问题。2012 年 11 月，中共十八大提出"人类命运共同体"意识。在 2017 年十九大报告中，习近平同志明确指出"坚持和平发展道路，推动构建人类命运共同体"②。"这个世界，各国相互联系、相互依存的程度空前加深，人类生活在同一个地球村里，生活在历史和现实交汇的同一个时空里，越来越成为你中有我、我中有你的命运共同体。"③ 构建人类命运共同体重要战略思想是着眼人类发展和全球愿景提出的中国智慧、中国方案和中国答卷，已经被多次写入联合国文件，受到国际社会的高度评价，产生日益深远的国际影响。2013 年，习近平总书记提出了共建丝绸之路经济带和 21 世纪海上丝绸之路重大倡议。以共建"一带一路"为实践平台推动构建人类命运共同体，既是从我国改革开放和长远发展出发，又是顺应时代要求和各国加快发展的诉求，旨在促进全球共同繁荣，占据了国际道义制高点。配合"一带一路"倡议，中国建立了多层次人文合作机制，成功举办敦煌国际文化博览会、丝绸之路国际艺术节、海上丝绸之路国际艺术节等品牌活动，丝绸之路国际剧院联盟、博物馆联盟、图书馆联盟、美术馆联盟和艺术节联盟也在积极筹建中。目前，全球 140 多个国家和地区、80 多个国际组织积极支持和参与"一带一路"建设，"一带一路"国际合作高峰论坛也已经成功举办两届，赢得了国际社会的高度赞誉。马克思和恩格斯说："各民族的原始封闭状态由于日益完善的生产方式、交往

---

① 《江泽民文选》第 1 卷，人民出版社 2006 年版，第 480 页。

② 习近平：《决胜全面建成小康社会　夺取新时代中国特色社会主义伟大胜利——在中国共产党第十九次全国代表大会上的报告》，人民出版社 2017 年版，第 57 页。

③ 《习近平谈治国理政》，外文出版社 2014 年版，第 272 页。

以及因交往而自然形成的不同民族之间的分工消灭得越是彻底，历史也就越是成为世界历史。"① 世界各国之间的联系从未像如今这么紧密，世界人民对美好生活的追求从未像如今这么强烈。十九大报告指出，"我们呼吁，各国人民同心协力，构建人类命运共同体，建设持久和平、普遍安全、共同繁荣、开放包容、清洁美丽的世界。"② 这反映了人类社会的共同价值夙愿，汇聚了世界人民对美好生活追求的最大公约数。从 2004 年 11 月 21 日全球第一所"孔子学院"在韩国首都首尔挂牌，"截至目前，全球已有 162 个国家（地区）设立了 541 所孔子学院和 1170 个孔子课堂。其中，亚洲 39 国（地区），孔子学院 135 所，孔子课堂 115 个；非洲 46 国，孔子学院 61 所，孔子课堂 48 个；欧洲 43 国（地区），孔子学院 187 所，孔子课堂 346 个；美洲 27 国，孔子学院 138 所，孔子课堂 560 个；大洋洲 7 国，孔子学院 20 所，孔子课堂 101 个"③。孔子学院已成为推广汉语教学、传播中国文化及汉学的全球品牌和平台。它秉承孔子"和为贵""和而不同"的理念，推动中外文化的交流与融合，为建设一个持久和平、普遍安全、共同繁荣、开放包容、清洁美丽的世界而努力。文化交往不仅增进了我国与世界各国之间的了解，还增强了彼此的认同感和信任度，使世界各国能够更好地理解我国提出的人类命运共同体理念。

综上所述，毛泽东文化交往思想经历了冷战时期，当时资本主义和社会主义两大阵营在经济、政治、军事、外交、文化、意识形态等各方面都处于对抗状态。在如此恶劣的国际局势下，毛泽东同志仍高瞻远瞩地支持同世界上所有国家进行文化交流，取其精华、去其糟粕。这是真正地坚持马克思主义的文化交往，扩充了文化交往的张力。邓小平同志的文化交往思想是对毛泽东文化交往思想在新的历史条件下的继承和发展。在"和平"和"发展"成为世界主题的大环

---

① 《马克思恩格斯选集》第 1 卷，人民出版社 1995 年版，第 88 页。

② 习近平：《决胜全面建成小康社会 夺取新时代中国特色社会主义伟大胜利——在中国共产党第十九次全国代表大会上的报告》，人民出版社 2017 年版，第 58 页。

③ 《关于孔子学院/课堂》，http://www.hanban.org/confuciousinstitutes/node_10961.htm，2020 年 5 月 31 日。

境下，邓小平把对外开放政策作为一项基本国策，通过"引进来"和"走出去"加强同世界各国的文化交往和友好往来，借鉴并吸收世界各种文明。进入21世纪后，世界各国的联系日益紧密。如何在国际文化交往中维护我国文化安全成为严峻的问题。江泽民同志指出："牢牢把握中国先进文化的发展趋势和要求，坚持以马克思列宁主义、毛泽东思想、邓小平理论为指导，立足于建设有中国特色社会主义的实践，着眼于世界科学文化发展的前沿，不断发展健康向上、丰富多彩的，具有中国风格、中国特色的社会主义文化。"① 进入新世纪新阶段，国际局势风云变幻，综合国力竞争空前激烈。胡锦涛同志"强调要坚持中国特色社会主义文化发展道路，深化文化体制改革，推动社会主义文化大发展大繁荣，努力建设社会主义文化强国"②。在科学发展观的指导下，中国文化交往走向理论化、系统化和实体化，"孔子学院""交流年"等实体文化交往基地应运而生，如雨后春笋般在世界各个角落散播开来，每一个文化交往设点就像一粒种子，不断地汲取养分，茁壮成长。现在，中国特色社会主义进入新时代，我们比以往任何历史时期都更接近中华民族伟大复兴。当代中国处在从大国走向强国的关键时期，世界对中国的关注、中国对世界的影响，从未如此巨大。习近平总书记关于提高国家文化软实力、建设人类命运共同体和加强文明交流互鉴的重要讲话精神对推动社会主义文化繁荣兴盛，加快中华文化走出去，展示中华文化魅力，提升中华文化凝聚力影响力和吸引力具有重要的指导意义。尤其是人类命运共同体理念使世界能够更清晰地理解中华儿女的心声，有利于营造我国良好的国际文化形象，同时也呼应了世界人民追求美好世界的共同愿望。

马克思主义中国化文化交往思想从新中国成立初期的取其精华、去其糟粕；到改革开放的打破意识形态的枷锁，海纳百川；到接受经

---

① 《十五大以来重要文献选编》下，人民出版社2003年版，第1906—1907页。
② 胡锦涛：《在中国文联第九次全国代表大会 中国作协第八次全国代表大会上的报告》，人民出版社2011年版，第3页。

济全球化时代新的考验，形成具有中国特色的社会主义文化理论；再
到习近平新时代中国特色社会主义思想指导下的实现中华民族伟大复
兴，坚定"四个自信"的同时，在国际上展现大国担当、传播中国
声音，在世界的各个角落播撒中华文化的种子，这是谦虚谨慎、求真
务实、蓄势待发的中国魂的品质，等待着腾飞。

四　网络的文化交往问题的现实基础

如果说 19 世纪是军事力量争霸世界的时代，20 世纪是经济实力
操控世界的时代，那么 21 世纪就是文化软实力主导世界的时代。文
化在国际综合实力的竞争中占有举足轻重的地位和作用。当前，信息
技术迅猛发展、文化全球化步伐不断加快，我国正处于中国特色社会
主义文化发展的关键时期。面对我国文化软实力相对滞后和人民群众
精神文化需求不断增长的现实，网络的文化交往面临着巨大的机遇与
挑战。

（一）　文化全球化是网络的文化交往面临的机遇与挑战

"全球化的释义中最普遍的是这样一些观念：通过一种及时的、
商业的和文化的趋同，世界正在变得更加一致和更加标准化，而这种
趋同倾向发源于西方；而且全球化与现代化联系在一起。"① 随着科
学技术的发展，全球经济一体化的进程不断加快，缩短了各国之间交
往的距离，形成了"地球村"。从 20 世纪 60 年代开始，"全球化"
的概念开始进入人们的视线。这一概念一开始主要涉及经济领域，后
来逐步扩展到文化领域。1996 年，亨廷顿在《文明的冲突与世界秩
序的重建》一书中提出，在未来的世界格局中，文化将取代经济成为
21 世纪主导全球的主要力量。文化全球化包括两个层面：一是本国
或本民族的文化走向世界，传播到其他国家和民族，被他们接受和享
用；二是各个国家和民族之间的文化通过交流碰撞、交汇融合，形成

---

① 梁展：《全球化话语》，上海三联书店 2002 年版，第 103 页。

一种新的世界性文化，而不被任何一个国家或民族所独有，却受到全世界的认可。在文化全球化的背景下，不同国家和民族所特有的文化在全球范围内碰撞、融合、冲突和发展。

首先，文化全球化有助于网络文化传播与交流。在文化全球化之前，虽然各个国家和民族的文化交往也是时常进行的，但这种交往在广度和深度上是相当有限的。文化全球化则实现了世界上人与人之间交往的普遍化和日常化，扩大了文化传播的规模。在文化全球化时代，通过网络人们可以把信息瞬间传播到世界上任何一个角落，传统社会文化传播的种种限制被打破。全球信息网络的发展把世界上每一台电脑变成了信息发布站，可以以光速把各种思想文化、价值观念传播到世界的每一个角落。文化全球化通过网络不仅向不同地域的人们灌输本土和本民族的情感和价值，还唤起了不同地域的人们共有的感受和取向，扩大了不同地域人们之间的共识，从而打破本土和本民族文化的限制，使人们领略到不同的文化盛宴。

其次，全球文化多样性和异质性使网络的文化交往遭遇冲突与磨合。文化全球化为不同国家和民族文化交流创造着空间和契机，凸显了文化发展中的异质性，加剧了网络的文化交往的冲突与磨合。文化全球化已经成为我们的时代特征，它在不同程度上影响着各种文化的特质，使网络世界多种文化现象纷然杂陈。不同网络文化形态在交往的过程中不断地较量和竞争。冷战结束后，军事因素在国际关系中的地位相对削弱，文化因素的地位得到进一步加强。以美国为首的西方国家加强了对全球的文化扩张和渗透，美国更是把文化全球化作为实现霸权主义的重要手段。在经济上主导的西方发达国家通过互联网向发展中国家输出自己的价值理念，排挤弱势地区的民族文化。一方面，西方国家借助网络空间的开放性，不断输出本国强势文化，霸占网络话语权，造成发展中国家本民族文化与外来文化冲突；另一方面，在外来文化网络输出的过程中，西方的价值观、意识形态、生活方式等也潜移默化地传入，与发展中国家本民族价值观念和精神文化产生冲突。

（二）信息技术的迅速发展是网络的文化交往产生的催化剂

回顾历史，人类曾经历过四次重大技术革命：工业革命时代，蒸汽机和铁路时代，电力、钢铁和重型机械制造时代，汽车和大规模生产时代。电子和信息技术的普及应用开启了人类第五次科技革命之门，随着互联网技术的普及和移动互联网的发展，全球正处于半个世纪以来的又一次重大技术周期之中，在不久的将来，移动宽带会覆盖所有人群，而如今正处于从导入期到拓展期的转折点。"手机就是当年的电灯泡，未来我们可以想象到的，就是几乎所有设备都会接入网络。"爱立信总裁兼 CEO 卫翰思（Hans Vestberg）说道。在传统社会中，无论是物质交往还是精神交往，都以交往主体的现实接触为前提，受到时间和空间的限制，交往的内容、形式和范围相当有限。信息技术的出现改变了这一切，交往主体非现实接触就成为可能。信息技术创造了一个与现实社会相对应的虚拟社会，彻底超越了人类社会的时空限制，这是人类文化传播方式的革命性变革，极大地增强了文化的渗透力。在网络空间，没有国家和地域的界限，没有肤色和人种的歧视，没有性别和年龄的差别，不同种族、国籍、阶级的人们。不受时空的约束，平等地在多上自由、直接和便捷地进行文化交往。

首先，信息技术为网络的普遍文化交往提供了必要条件。奈斯比特在预言美国现代生活的十大趋势时，把"从工业社会向信息社会的转变"作为首要趋势，"美国的工业社会要让路给一个新社会，在这个新社会里，有史以来第一次，我们大多数人要处理信息，而不是生产产品"[①]。电子计算机以及由计算机互相联结而构成的信息网络，是信息时代的催化剂和巨大杠杆。电子计算机提供了一种先进的存储和加工信息的高科技手段，使人们能够利用信息技术充分而及时地在全球范围内汲取新的文化，广泛开展文化交流与合作。迄今为止，电子计算机的功能和作用已经远远超越了最初的数值计算领域，成为人

---

① ［美］约翰·奈斯比特：《大趋势：改变我们生活的十个新方向》，梅艳译，中国社会科学出版社 1984 年版，第 10 页。

们精神文化交往活动中信息处理的主要工具，成为知识创新不可或缺的主要工具。国际互联网成为有史以来人类最大的文化交往媒介和沟通方式，它作为一种高度智能化的信息传输系统，不仅方便、快捷、经济，而且多媒体信息，如声音、图片、动画、视频等都可以在互联网上迅速传播。这不仅提高了人们对知识和信息的处理效率和水平，而且成为人与人之间良好的沟通界面。现在，网络信息技术可以进行远距离的文化交流，打破了传统沟通的时空和地域限制，人类可以进行跨时空的文化沟通。另外，现代网络信息技术可同步交换文化信息，提供多主体共享的交流形式，满足文化交往所需的新的沟通方式。

其次，"网络鸿沟"阻碍了网络的文化交往平等进行。由于经济上的差距，各国电脑普及程度、网络化程度和信息化水平是不均衡的。联合国《人权发展报告》显示，工业化国家只占世界人口的15%，却占了整个互联网用户的88%。尽管美国只占世界人口的4.7%，却拥有世界上接近50%的互联网用户。目前富国和穷国在互联网用户数量上的差距比国民收入的差距更为悬殊，就形成了"网络鸿沟"——文化交往技术手段占有的不平等。美国等西方大国利用其在互联网信息传播上的支配地位对其他国家进行文化渗透，企图用美国文化结合互联网信息传播优势来征服世界，形成网络文化交往中的"文化殖民主义""文化霸权"等。网络成为文化权力的工具，网络的文化交往中的不平等甚至单向流动变得普遍。

（三）我国文化软实力相对滞后是网络的文化交往发展的瓶颈

最早提出"软实力"概念的是美国学者约瑟夫·奈（Joseph Nye）。他指出，"软实力"是一国的文化内涵、价值观念、意识形态、发展模式等对其他国家产生的影响力或吸引力。国内最早提出"软实力"一词的是王沪宁，他在《作为国家实力的文化：软实力》一书中，已经把文化作为一种重要的软实力。党的十九大报告中明确指出："推进国际传播能力建设，讲好中国故事，展现真实、立体、全面的中国，提高国家文化软实力。"① "提高国家文化软实力，不仅关系我国在世界文化格局中的定位，而且关系我国国际地位和国际影响力，关系'两个一百年'奋斗目标和中华民族伟大复兴中国梦的实现。"② 党和政府已经把文化软实力看作综合国力竞争的一个重要因素，上升到实现中华民族伟大复兴的战略高度。软实力的相对滞后会制约国家硬实力的充分发挥，阻碍综合国力的提升。美国的好莱坞电影、NBA 篮球、迪士尼乐园、芭比娃娃等已经成为美国符号的象征。提升文化软实力已经是大势所趋，对我国来说更是刻不容缓。

我国文化软实力比较薄弱，在网络的文化交往中处于弱势地位。近年来，虽然我国综合国力快速增长，但是文化软实力却明显滞后于发达国家，文化软实力与我国经济和社会整体发展水平还不适应。发达国家凭借先进的技术在文化领域的各个产业不断渗透，威胁其他国家的文化安全和主权。中国的年轻人就是在美国的好莱坞大片和快餐、韩国的偶像剧和料理、日本的动漫和寿司中长大，除了被他国占有的巨额商业利润，还有青年一代对本国民族文化认同的缺失。英国前首相撒切尔夫人曾评论说："中国成不了超级大国，因为中国没有那种可以用来推进自己权利进而削弱西方国家的具有'传染性'的学说。今天中国出口的是电视机，而不是思想观念。"③ 我国作为文化资源大国，在国际舞台上却不能发挥应有的作用和影响，扮演着文化制造弱国和文化输出小国的配角形象。巨大的文化逆差已经妨碍到我国经济的健康发展，更阻碍着思想文化的沟通与交流，使我国在网络的文化交往中处于被动接受的弱势地位。

提升中国文化软实力的根本途径就是实现中华民族文化的繁荣兴盛。通过国家文化软实力的建设可以统一全国各族人民的共同理想和信念，凝聚全国各民族人民的共同力量，从思想层面上增强人们对文

① 习近平：《决胜全面建成小康社会　夺取新时代中国特色社会主义伟大胜利——在中国共产党第十九次全国代表大会上的报告》，人民出版社 2017 年版，第 44 页。
② 中共中央宣传部：《习近平新时代中国特色社会主义思想学习纲要》，人民出版社 2019 年版，第 153 页。
③ 赵磊：《当前提升我国文化软实力面临的机遇和挑战》，《新远见》2008 年第 5 期。

化软实力的认同感，扩大和提升中华民族文化在国际舞台的影响力和竞争力。我们要充分利用对外文化交流、对外文化宣传和对外文化贸易，向世界展示五千年文明古国的文化魅力。

（四）人民群众日益增长的精神文化需求是网络的文化交往开展的动力

文化日益成为我国经济社会发展的重要支撑，我国综合国力竞争的重要因素，中华民族凝聚力和创造力的重要源泉。丰富和满足人民群众日益增长的精神文化需求已迫在眉睫。

首先，人民群众日益多样化的精神文化需求。党的十九大报告指出，"中国特色社会主义进入新时代，我国社会主要矛盾已经转化为人民日益增长的美好生活需要和不平衡不充分的发展之间的矛盾。"①迈入新时代，人民群众大胆追求美好生活，在精神层面渴望和期待高品质、个性化、多样化的文化生活。互联网具有极强的传播力和社会渗透力，业已成为广大人民群众文化生产、文化消费、文化交往的主要场所，网络的文化建设情况直接影响着人民的精神世界和文化权益。习近平同志指出："满足人民日益增长的精神文化需求，必须抓好文化建设，增加社会的精神文化财富。"② 中国是一个拥有五千年历史的文明古国，浓厚的文化底蕴孕育了博大精深的中华文化，它为中华民族的伟大复兴提供了强大的精神支撑，更在人类文明史上留下了浓墨重彩的一笔。

其次，坚持社会主义先进文化的前进方向，唱响网络文化主旋律。弘扬中华民族传统文化，倡导主流文化的主导地位，繁荣社会主义先进文化，满足群众的精神文化需求，离不开网络的文化交往的作用。要高度重视互联网的建设、运用和管理，充分发挥网络的文化传播功能，利用信息技术的最新成果和手段净化网络环境。加大网络的

---

① 习近平：《决胜全面建成小康社会　夺取新时代中国特色社会主义伟大胜利——在中国共产党第十九次全国代表大会上的报告》，人民出版社 2017 年版，第 11 页。
② 《习近平谈治国理政》第 2 卷，外文出版社 2017 年版，第 315 页。

正面文化宣传力度，形成积极向上的主流舆论，营造文明、健康、和谐的网络的文化交往环境。博大精深的中华民族传统文化是中国网络文化的重要来源。挑选其中优秀的文化作品并将其数字化和网络化。塑造具有中国气派、中国特色、中国精神的网络文化品牌。在网络的文化传播和交往中展现中华民族文化的号召力和辐射力。以社会主义先进文化为前进方向，激发人民群众的文化创造力，保障他们的基本文化权益，昂扬他们的精神风貌。中华民族一定能够在弘扬中华民族优秀文化的基础上创造出中华文化的新辉煌，使其走出中国，走向世界。

第二章　网络的文化交往的
本质与结构

　　网络的文化交往就是在计算机网络技术条件下，精神虚拟实践的交往与互换。网络的文化交往的本质是人的精神虚拟存在方式。不同文化体系主体在计算机网络技术条件下交流与互动，而网络的文化交往日益普遍和不断延伸就是人类在借助计算机网络技术认识到不同文化体系差异性的基础上对本文化体系的不断超越和完善。当属于不同文化体系的人在网上相互接触时，网络的文化交往实践就发生了。本章将从本质、特性、结构、类型和功能来探寻网络的文化交往的基本内容。

一　网络的文化交往的本质

　　交往是人的存在方式。社会因为人与人之间的交往而存在和发生，"它是一切社会关系的总和"①，即人是交往关系的总和。文化交往是人类的基本交往方式之一，网络的文化交往则是网络信息时代的最新产物。它的精神虚拟存在不是单个人的存在，而是人的整体的文化存在，是人的现实存在的延伸和补充。

（一）人的精神虚拟存在方式
　　人的存在方式就是表达和展现自己的方式。现代科学技术的应用

---

① 《马克思恩格斯选集》第 1 卷，人民出版社 1995 年版，第 60 页。

给人的存在方式造成了变革性的影响，带来了一个全新的虚拟实践空间和形式。"人类第一次真正拥有了两个世界：一个现实世界，一个虚拟世界；拥有了两个生存平台：一个是现实的自然平台，一个是虚拟的数字平台。现实世界与虚拟世界、自然平台与数字平台，相互交叉，相互包含，从而使人的存在方式发生了革命性的变革。"① 虚拟存在是网络时代人类的一种重要的新的存在方式，既是科学进步发展的必然结果，又是现代社会发展的客观要求。这种存在方式是建立在计算机网络技术的基础上的，是人类现实和设想的存在方式在网络中的映射和投影。"虚拟"（virtual）一词来源于拉丁语 virtus、virtualis，它的本义是"可产生某种效果的内在力量或能力"。虚拟存在是由计算机多媒体技术实现的数字化仿真效果，使主体产生一种身临其境、沉浸的感觉性存在，其原理是通过计算机及时处理主体感觉器官上输入与输出的信息。"存在"在哲学范畴上有三种意义：（1）广义上的存在，泛指一切已有的事物、一切现象，包括物质存在和精神存在；（2）"真实的"存在，作为万事万物本原的存在，即存在的存在；（3）意义的存在，专指客观物质存在，即与精神相对立的事物。费尔巴哈说："自然是与存在没有区别的实体"，"作为存在的存在的本质，就是自然的本质。"② 恩格斯继承了这一用法，多次用"精神对自然界"代替"思维和存在"，用"存在"专指客观物质存在，不包括思维的存在。人是一种双重存在：生物学上的肉体存在和文化意义上的精神存在的并存。虚拟存在就是人的肉体坐在计算机屏幕前面，人的精神存在进入虚拟世界，以虚拟身份沉浸其中。借助于计算机网络技术，人类可以把现实的存在转化为虚拟存在，也可以把现实中尚未实现和不能实现的存在转化为虚拟存在。虚拟存在既来源于现实存在，又高于现实存在。虚拟存在的世界是借助计算机网络技术，以数字化方式构成的一个符号世界。马克思在谈到人的意识时说："它不

---

① 陈志良：《虚拟：人类中介系统的革命》，《中国人民大学学报》2000 年第 4 期。

② 北京大学哲学系外国哲学史教研室编译：《十八世纪末—十九世纪初德国哲学》，商务印书馆 1975 年版，第 599—600 页。

用想象某种现实的东西就能现实地想象某种东西。"① 在形容网络时，我们可以说：它不用创造某种真实的东西而能够真实地创造某种东西。

虚拟存在的环境是虚拟的，是以计算机程序设计制造的人工世界，虚拟社会的主体是虚拟的，是由一连串符号构成的，所以网络主体的活动和相互关系也是虚拟的。虚拟存在环境是人工构建的数字化环境，交往主体以符号形态进行交往，主体之间不能直接感知对方的存在。由于符号交往的便利性和自由性，交往主体可以把现实的"我"隐匿起来，不受真实身份的制约随意塑造自己，甚至以一种与现实截然不同的符号形态出现。现实主体借助网络空间，扮演不同的角色，体验不同角色经验。在虚拟世界，人们更敢于直接表达其在现实生活中不敢表达的话语，经历现实世界中不同的情感体验和角色乐趣，追求现实中不可能实现的理想的精神状态。史蒂夫·罗伯茨认为，"在网络空间中物理位置是无关紧要的。真正的友谊不受条件的限制，人与人之间的友谊来自心心相印，而不是因为他们住在一个城镇。而且，通过网络人们无需见面便可以交流关系。"② 网络的文化交往虽然是将身体停留在电脑前，但是却将心灵放飞。这种身体的缺位，更加放纵着人们无拘无束地进行精神交流。在虚拟时空中，没有现实世界中地域和时空的限制，面向所有民族、文明都敞开了大门。不同意识形态、文化传统、价值观念的现实主体以虚拟身份在网络空间中自由平等地交流与互动。"人在现实世界中延续有限的生命存在，人在创造性的虚拟世界中生成自己的文化生命，体现着人作为价值的虚拟存在。"③ 每个人都可以通过符号进行信息交换以维持个体的精神存在。通过网上聊天，随时可以进行一对一、一对多、多对多的思想情感和文化交流，这样交流的内容会更加丰富，来源更加多元，形式更加多样。现实主体不但可以与任何主体进行实时交流，还可以化

---

① 《马克思恩格斯选集》第 1 卷，人民出版社 1995 年版，第 82 页。

② 鲍宗豪：《数字化与人文精神》，上海三联书店 2003 年版，第 166 页。

③ 贾英健：《虚拟生存研究与马克思主义哲学的当代视域》，《理论与现代化》2005年第 3 期。

身为不同的网络主体体验其他文化、民族主体的认知和思维活动。总之，网络的文化交往是人类借助计算机网络技术实现文化交流与传播，本质上是人的精神虚拟存在方式。

（二）人的自我认识手段

网络的文化交往中的精神虚拟价值不在于它是否"现存"，而在于它可能的效用；虚拟和现实的界限不在于现实本身，而在于人的想象力。人与人之间网络的文化交往可能比现实的文化交往更有意义，精神虚拟存在不是对现实存在的消解，而是对人的现实存在的一种补充和延伸。人类凭借着新的文化交往方式，体验到现实世界中难以找到的心灵慰藉成为网络世界中的真实存在，每个人在网络的文化交往中都可以通过自己的智慧和知识施展自己的才华，塑造自己理想的虚拟生活，延展自己的存在时空，实现自我认识。

1. 人在网络的文化交往中可以增强人的主体性

"人的发展过程也就是人的最高本质——人的主体性不断实现的过程。"[①] 提高了人的主体性就可以实现人的自我认识。主体性是人在对象化活动中形成、确立和发挥出来的能动性。通过人的主体性的强弱可以判断人的自我认识的程度。在现实社会中，人由于受到现实角色的束缚，个体获得社会肯定的同时会导致个性的缺失。而在网络社会中没有诸多规范的制约，网络本身是数字化运行的交互机制，个体可以充分展现和张扬自己的个性。许多在日常生活中沉默寡言的人，在网上却活泼开朗，这种个性的反差侧面说明了人在网络的文化交往中的主体性增强。人"由于具有表现本身的真正个性的积极力量才是自由的"[②]。自由是人的主体性和自我认识实现的充分体现，网络社会使人们摆脱时空的制约，打破日常社会关系的束缚，自由选择网络身份、网络语言和符号来表达自己的感受和情绪，尽情地交流和

---

① 万光侠：《市场经济与人的存在方式》，中国人民公安大学出版社 2001 年版，第 212 页。

② 《马克思恩格斯文集》第 1 卷，人民出版社 2009 年版，第 335 页。

传播自己的文化思想，实现社会参与程度的最大化。

2. 网络的文化交往是自我实现的舞台

自我实现是人的发展的一个重要方面，是人特有的自我发展的主体能动形式，即人的需要及需要的满足。"在社会历史领域内进行活动的，是具有意识的、经过思虑或凭激情行动的、追求某种目的的人；任何事情的发生都不是没有自觉的意图，没有预期的目的的。"① 人在自我发展的过程中提出自己的发展目标或理想，再通过自己的努力去实现，这正是自我实现的过程，人在自我实现的过程中实现自我认识。"物质生活的这样或那样的形式，每次都取决于已经发达的需求，而这些需求的产生，也像它们的满足一样，本身是一个历史过程"②，"人们从一开始，从他们存在的时候起，就是彼此需要的，只是由于这一点，他们才能发展自己的需要和能力等等，他们发生了交往"③。人们的交往不是点缀，而是生命的要求。"无论历史的结局如何，人们总是通过每一个人追求他自己的、自觉预期的目的来创造他们的历史，而这许多按不同方向活动的愿望及其对外部世界的各种各样作用的合力，就是历史。"④ 网络时代改变了人们的交往模式，扩大了人们文化交往的范围，赋予了文化交往新的内涵。人们凭借网络的文化交往可以实时了解到全球最新的文化资讯，及时更新消息，满足获取最新知识的需要，为自我实现提供了便利。

3. 网络的文化交往开阔了自我认识的渠道

在网络的文化交往中，主体之间的关系呈现多维度交叉和非中心化，交往关系呈现出多元性和自由性。它开辟了社会关系的新领域，进一步丰富了文化交往的内容和形式，使人们可以了解不同的文化传统、价值取向、思想观念，"秀才不出门，能知天下事"。网络的虚拟环境为人们的互动关系提供了自由空间，使人们在生存和交往方式上都有了更多的选择。网络的文化交往以其独特的魅力冲击着人们的

① 《马克思恩格斯选集》第4卷，人民出版社1995年版，第247页。
② 《马克思恩格斯选集》第1卷，人民出版社1995年版，第123页。
③ 《马克思恩格斯全集》第42卷，人民出版社1979年版，第360页。
④ 《马克思恩格斯选集》第4卷，人民出版社1995年版，第248页。

思想理念，带来了思维创新和精神震撼，包括价值观念、思维方式和文化传统等方面的变迁。美国著名未来学家阿尔温·托夫勒在《第三次浪潮》中指出："在深刻变革信息领域的同时，我们注定要改变自己的思想——改变我们思考问题、综合情况、预测行动后果的方法。"① 借助网络的文化交往，打破原有相对单一的价值观，使人们有机会感知多元伦理文化构成的价值世界，提供各种可供选择和借鉴的价值资源。网络时代传播的信息仍然带有当地国家或民族的文化传统、价值观念、思维方式等烙印，因此，人们在网络的文化交往中可以自由平等地接触和感知其他异质的价值观念、文化伦理、宗教信仰和文学艺术等，自然会审视和反省原有的价值观念和行为规范，在比较和选择中重新定位自我认识。另外，网络的文化交往也使人们用网状思维代替原有的线性方式观察和思考事物的发展变化，可以更加清晰地察觉事物之间复杂的非线性联系，更为准确地把握事物之间的联系，更清楚地实现自我认识。

（三）人的本质彰显途径

1. 人的本质及类本质

马克思和恩格斯关于人的本质论是在批判亚里士多德、黑格尔和费尔巴哈的基础上形成的。它的形成经历了四个发展阶段：（1）《德法年鉴》时期，提出"人是人的最高本质"。马克思从对宗教的批判转向对法的批判，从对天国的批判转向对德国社会制度的批判。他认为，"人创造了宗教，而不是宗教创造人"②，并明确提出，"人的根本就是人本身。……对宗教的批判最后归结为人是人的最高本质这样一个学说，从而也归结为这样的绝对命令：必须推翻那些使人成为被侮辱、被奴役、被遗弃和被蔑视的东西的一切关系"③。这个时期的观点具有反宗教神学的革命性，是在批判宗教和黑格尔法哲学的基础

---

① ［美］阿尔温·托夫勒：《第三次浪潮》，朱志焱、潘琪、张焱译，生活·读书·新知三联书店1983年版，第358页。

② 《马克思恩格斯选集》第1卷，人民出版社2012年版，第1页。

③ 《马克思恩格斯选集》第1卷，人民出版社1995年版，第9—10页。

上提出的，但是仍具有费尔巴哈人本主义的局限性。（2）马克思批判资产阶级政治经济学，创立了异化劳动学说，提出"人的类特性恰恰就是自由的有意识的活动。"①。"一个种的全部特性、种的类特性就在于生命活动的性质，而人的类特性恰恰就是自由的有意识的活动。"② 但在资本主义私有制条件下，人的类本质成为维持个人生存的手段，人的活动成为受他人支配、处于他人强迫和压制下的劳动。马克思这个时期提出的"自由的有意识的活动"是对资产阶级自由学说的继承，是从批判资本主义雇佣劳动得出的结论，与"人是人的最高本质"相比是一次飞跃。（3）马克思在《关于费尔巴哈的提纲》和《德意志意识形态》中科学地创立了马克思主义人的本质论。马克思在《关于费尔巴哈的提纲》中提出"人的本质不是单个人所固有的抽象物，在其现实性上，它是一切社会关系的总和"③。马克思和恩格斯在《德意志意识形态》中提出："可以根据意识、宗教或随便别的什么来区别人和动物。一当人开始生产自己的生活资料的时候，这一步是由他们的肉体组织所决定的，人本身就开始把自己和动物区别开来。人们生产自己的生活资料，同时间接地生产着自己的物质生活本身。"④ 人和动物的最终和根本的区别是物质生活资料的生产，揭示了社会关系的根源。（4）马克思和恩格斯对马克思主义人的本质论的进一步阐发。1857 年，马克思在《〈政治经济学批判〉导言》中提出："人是最名副其实的政治动物，不仅是一种合群的动物，而且是只有在社会中才能独立的动物。"⑤ 马克思把人界定为社会动物，从物质生产说明人的社会性。1876 年 6 月，恩格斯在《劳动在从猿到人的转变中的作用》中说："动物仅仅利用外部自然界，简单地通过自身的存在在自然界中引起变化；而人则通过他所作出的改变来使自然界为自己的目的服务，来支配自然界。这便是人同其他

---

① 《马克思恩格斯选集》第 1 卷，人民出版社 1995 年版，第 46 页。
② 《马克思恩格斯选集》第 1 卷，人民出版社 1995 年版，第 46 页。
③ 《马克思恩格斯选集》第 1 卷，人民出版社 1995 年版，第 60 页。
④ 《马克思恩格斯选集》第 1 卷，人民出版社 1995 年版，第 67 页。
⑤ 《马克思恩格斯文集》第 8 卷，人民出版社 2009 年版，第 6 页。

动物的最终的本质的差别，而造成这一差别的又是劳动。"① 劳动是
人类区别于其他动物的特征，是一切人类生活的第一个基本条件。劳
动创造了人本身。马克思和恩格斯所讲的人的本质不是人和动物的一
般差别，而是根本的、最终的和本质的差别。总之，马克思主义人的
本质论可以概括为"劳动说"和"社会关系说"，它们是不可分割的
两个方面，其中，劳动处于第一位，社会关系处于第二位。人的本质
就是在物质生产劳动的基础上形成的一切社会关系的总和。马克思主
义这里所讲的人是现实的人，而不是抽象和孤立的人。"这是一些现
实的个人，是他们的活动和他们的物质生活条件，包括他们已有的和
由他们自己的活动创造出来的物质生活条件。"② 马克思主义所讲的
人的本质是不断发展变化的，不是超历史、永恒不变的。"整个历史
也无非是人类本性的不断改变而已。"③

　　人的类本质就是人类每个成员作为自然生物界的一员，又区别于
其他动物的共同特性，包括相辅相成的以下三个方面：（1）自由自觉
的本性。人是产生于自然又超越自然的类存在物，在长期的生产劳动
过程中积累和发展的自为性和自觉性，可以有意识地控制自己的活动，
有目的地认识和改造，将自己与动物的自在生命区别开来。（2）能动
的创造性。"通过实践创造对象世界，改造无机界，人证明自己是有意
识的类存在物，就是说是这样一种存在物，它把类看作自己的本质，
或者说把自身看作类存在物。"④ "人不仅像在意识中那样在精神上使
自己二重化，而且能动地、现实地使自己二重化，从而在他所创造的
世界中直观自身。"⑤ 人类的任何一种实践活动都是有意识、有目的
的，失去意识的指导就会沦落到动物的本能活动中去。有目的、有意
识的活动是对自由自觉的确证。（3）社会性。"只有在社会中，自然
界才是人自己的人的存在的基础。只有在社会中，人的自然的存在对

① 《马克思恩格斯选集》第4卷，人民出版社1995年版，第383页。
② 《马克思恩格斯选集》第1卷，人民出版社1995年版，第67页。
③ 《马克思恩格斯选集》第1卷，人民出版社1995年版，第172页。
④ 《马克思恩格斯选集》第1卷，人民出版社1995年版，第46页。
⑤ 《马克思恩格斯选集》第1卷，人民出版社1995年版，第47页。

他说来才是他的人的存在"①，人之所以为人就是人作为自然存在物的同时也是社会存在物。人只有在社会存在中才会赋予活动完满性。社会性是人的自由自觉性和创造性存在的基础和实现的必要条件。

2. 虚拟存在是人的类本质的虚拟化

在由计算机网络技术构成的网络世界中，作为主体的人被虚拟化了，成为虚拟人，现实世界中人的类本质就会成为虚拟人的类本质，它是人的类本质虚拟化的产物。作为现实性与虚拟性共生的虚拟人是利用现代虚拟技术实现的一种思维的延伸，是人的类本质在网络世界的丰富和发展，是对现实人有目的、有意识和创造性的自由自觉活动的超越。虚拟人与现实人既有联系又有区别：联系在于虚拟人是现实人思维创造的网络世界的主体；区别在于虚拟人的存在活动是在计算机网络技术构成的网络世界中进行的。虚拟存在不过是现实人的存在在网络空间的延伸和对现实人自由自觉活动的提升和超越。首先，虚拟存在进一步提升了自由自觉活动的人的类本质。网络空间让人的存在实践扩展到了虚拟实践，进一步引起人的存在方式的虚拟化，使数字化的虚拟存在变成一种现实。其次，虚拟存在是现实人在自己有意识的自主性活动中创造出来的。虚拟人不是网络技术创造的虚拟的存在主体，而是现实人在网络世界有意识的自主性的创造。人们可以借助数字、符号等虚拟形式出没于网络世界，也可以体验在现实世界中无法实现的一切事物。最后，虚拟存在使人的超越性的历史性本质得到绽放。现实人会对现实生活不满足，拥有超越现实的愿望，这种超越现实的创造性存在可以在网络世界中实现。通过虚拟思维合理构造，人的存在就实现了由现实存在向虚拟存在的过渡。人也通过创造和使用虚拟存在方式来不断突破现实条件的束缚和限制，实现网络主体的自我生成和超越。总之，"现实规范着虚拟，虚拟引导着现实；现实使虚拟获得了存在的根基，虚拟则使现实超越存在的单调"②。虚拟人的类本质虚拟化离不开现实人的创造，现实生活和现实需要是

① 《马克思恩格斯全集》第 42 卷，人民出版社 1979 年版，第 122 页。
② 张明仓：《虚拟实践论》，云南人民出版社 2005 年版，第 94—95 页。

虚拟存在的基础和动力。虚拟人若缺乏现实的根基就会成为虚幻的人、抽象的人。现实和虚拟两个层次共同确证了人的类本质的存在。

3. 网络的文化交往可以推动人的全面发展

作为完整的人始终在不同的社会场域中转化发展，既包括现实社会的发展，也包括网络社会的发展。只有实现虚实和谐发展的人，才是全面发展的人。首先，从人的生活的全面发展来看，人们过上了丰富多彩的生活。马克思预言，"在共产主义社会里，任何人都没有特殊的活动范围，而是都可以在任何部门内发展，社会调节着整个生产，因而使我有可能随自己的兴趣今天干这事，明天干那事，上午打猎，下午捕鱼，傍晚从事畜牧，晚饭后从事批判"①。在现实生活中，人们被局限在一定范围内或被迫遵循某种固定模式，不能随心所欲地体验其他生活方式。而在网络的文化交往中，人们可以沉浸到不同职业中体验丰富的生活百态。网络的文化交往作为人的精神虚拟存在方式丰富了人们的精神文化生活，有效促进了人的全面发展。其次，从人的能力的全面发展来看，人的各方面能力得到了发展。恩格斯指出人的全面发展就是"使社会全体成员的才能得到全面发展"②。人以精神虚拟的方式存在于网络中需要右脑的形象思维能力，这样就有助于开发人类的右脑功能，使左右脑综合发展，提升人的认识和实践能力。再次，从人的社会关系的全面发展来看，人的社会关系越来越丰富和自主。马克思说："社会关系实际上决定着一个人能够发展到什么程度。"③ 网络的文化交往可以使人摆脱个体、地域和民族的狭隘性，开阔视野、更新观念，拓展了人的交往范围，加速了人们交往的频率。任何人都可以同时沉浸在同一个虚拟场景中，人们的社会关系得到广泛而有效的发展。最后，从人的个性的全面发展来看，人的独特性、自主性和创造性等方面得到发展。人的个性在虚拟存在中超越了现实的束缚，得到了最大限度的

---

① 《马克思恩格斯选集》第 1 卷，人民出版社 1995 年版，第 85 页。
② 《马克思恩格斯选集》第 1 卷，人民出版社 1995 年版，第 243 页。
③ 《马克思恩格斯全集》第 3 卷，人民出版社 1960 年版，第 295 页。

张扬。人在克服自身局限性和受动性的前提下，不断发展自主性和创造性，最终实现了人自由自觉的全面发展。

（四）人的本质的消解与丧失

如果人在网络的文化交往中，片面、孤立地强调和发展人的虚拟主体性，就会脱离网络的文化交往实践活动的主观性，极端地表现为以个人为中心，为所欲为。如果人在网络的文化交往中没有或缺乏主体性，就会表现为盲目性或沉溺性，这种状态不是真正的人的虚拟化，而是人成为网络的文化交往的附庸，其极端表现为人的本质的消解与丧失。

1. 人的信息符号化

德国法兰克福学派代表人物霍克海默（Horkheimer）和阿多尔诺（Adorno）在他们合著的《启蒙辩证法》中指出，技术崇拜使理性的技术非理性化了，出现了技术拜物教。价值与理性严重失衡，价值的作用被理性大大地削弱了，而理性开始扮演它的对立面——价值的角色。凯文·凯莉（Kevin Kelly）说："由于当今缺乏价值和意义，技术将代替我们做出决定。我们将听从技术，因为我们现代人的耳朵再也听不进别的，再没有其他坚定的信仰。想象一下技术需要的是什么，我们就可以想象出我们文化的发展方向。"[1] 人们发明了科学技术，创造了网络时代，形成了网络的文化交往。其中一些人对信息技术的依赖远远超过了预期，全然不觉自己深陷其中，主宰信息技术的结果就是反被信息技术所主宰。过度依赖和盲从信息技术就会出现人格丧失、信仰危机、道德滑坡和情感冷漠。人运用信息技术就可以将丰富多彩的感性世界简单化、数字化和符号化，独具个性的主体可以在信息领域简化为数字、符号存在，甚至细腻的情感表达可以缩减成信息的输入、输出。"由于人们沉溺于数字化的环境，脱离'在场'的社会关系太久，将自己视为纯粹意义上的'符号'——步入纯粹的

---

① ［美］凯文·凯利：《网络经济的十种策略》，萧华敬、任平译，广州出版社2000年版，第225页。

数字化过程，从而使自己成为片面的人。"① 人成为同信息技术一样的数字、符号工具，那就是人的本性的丧失，即人的异化。人的信息符号化实际上是人的价值目标的丧失与错位。人与信息技术的关系，是目的与手段的关系。信息技术是主体生产的手段，本身没有价值目标，只有人能为它确立价值目标。人所确立的价值目标是信息技术对自身与他人、对社会的生产与发展是有利还是有害，是衡量人获取利益、信息行为是否合乎道德的标志，是判断人的价值目标是否正确的尺度。人作为目的和信息技术作为手段的关系，是人文价值和科技价值的关系。信息技术不可能离开人文价值的引导和支配。人若不能以合理、正确的价值目标驾驭、利用信息技术，就会缺乏人文精神，使人工具化而产生信息异化。人如果最终失去对信息技术的控制，信息技术就会反过来成为控制人、危害人的工具，人就被自己的产物所异化。在网络的文化交往中，人实际上只不过是被技术规定了的对象。信息技术实际上只是少数专业人才创造的技术性成果，绝大多数人为了享用这个技术成果而不得不学习技能和适应这项技术。网络的文化交往看上去似乎提供了无数的可能性和极大的自由性，实际上只是按照少数人设定的参数去选择、去生存，却忘记了自己究竟想要什么。说到底，网络的文化交往是在虚拟环境中的一种片面性交往，一旦过渡沉迷，就会迷失方向。

2. 人的虚拟发展片面化

人的虚拟发展片面化是相对于人在网络的文化交往的全面发展而言的，是片面地发展人的某一方面或某一种能力或素质。恩格斯指出："共同经营生产不能由现在这种人来进行，因为他们每一个人都只隶属于某一个生产部门，受它束缚、听它剥削，在这里，每一个人都只能发展自己才能的一方面而偏废了其他各方面，只熟悉整个生产的某一个部门或者某一个部门的一部分。"② 同样，在网络的文化交往中，人的虚拟发展的片面化集中表现在：第一，对网络信息的片面

---

① 李伦：《鼠标下的德性》，江西人民出版社 2002 年版，第 222 页。
② 《马克思恩格斯选集》第 1 卷，人民出版社 1995 年版，第 242 页。

依赖。本应作为资源运用的网络信息，成为一种"生活式的快餐休闲文化"，人们热心浏览、囫囵吞枣、不消化吸收，甚至对网络信息盲目崇拜、信以为真，形成"信息癖""信息强迫症"。因为只要输入关键词就可以轻松获取数以万计的相关信息，很容易产生对网络信息的依赖和崇拜，甚至陷入其中不能自拔。有时面对海量网络信息难以分辨与取舍，还会产生信息的惶恐症，久而久之，就会陷入信息获取的焦虑与疲劳之中。网络信息是一种丰富的资源，如果不会用思想去驾驭，占有再多的信息资源也是白费。这种把信息奉为财富和智慧的盲目崇拜，只会造成人类文化的严重退化。正如迈克尔·海姆（Michael Heim）所说："把思维的弦绷在信息上之后，我们注意力的音符便短促起来。我们收集的是支离破碎的断简残篇。我们习惯于抱住知识的碎片而丧失了对知识后面那智慧的感悟。所以获得信息越多，可能的意义便越少。"① 2014 年，中国出现买卖比特币（Bitcoin）的热潮，这就是过度信息狂热的最好证明。比特币实际上是计算机依据特定算法通过计算产生的数字信息，并没有实际的价值，更不能担当货币的职能。当大家都承认它的价值时，它才是所谓的电子货币。在信息技术高度发展的今天，面对海量信息，人们往往处于被动接受的地位。不用独立思考判断，使人的思维能力处于停顿状态，长此以往就会淹没了人对自身生存智慧的追求。第二，对网络技术的片面依赖。"我们与周围世界的交往越来越有电脑技术的介入，而且我们正逐渐被数字化所'吞噬'。正如《星际旅行：下一代的光景》的爱好者所说的：由于日益频繁地与机器打交道，或通过技术的纽带而彼此交往，我们已被变为技术与生物学的网络化杂拌儿。"② 网络的文化交往无孔不入地进入人的精神世界，潜移默化地改变着人类的思维方式乃至情感方式，造成"审美创造能力的丧失""爱的能力的丧失""历史感的丧失"等等。在网络中进行文化交往的过程实际上是人的

① ［美］迈克尔·海姆：《从界面到网络空间：虚拟实在的形而上学》，金吾伦、刘钢译，上海科技教育出版社 2000 年版，第 9 页。
② 王逢振：《网络幽灵》，天津社会科学院出版社 2000 年版，第 6—7 页。

大脑与电脑链接的过程，上网记录透露出人的兴趣爱好、性格品性、思维方式、记忆意识等，这些统统都被电脑复制，体现个人差异的自我意识在电脑中就会被移动和改造，作为个体的人的独特性被淹没在精神和意识的数字化中。第三，片面关注或发展某一方面，而忽略了其他方面。尽管网络的文化交往处于一个开放自由的环境，但是仍然会将人束缚在某一社区或某一方面，使人只生活在网络社会系统中的某一个社区或某一个社区的一部分，使用某一方面的资源，偏重发展自己某一方面的能力和素质，如网络游戏者只关注自己在网络游戏中的生存，片面发展自己的游戏技能；微博博主只关注获得更多的点击率，为了能够引起他人注意，不惜扭曲自我，以最极端的形式博"眼球"。

二　网络的文化交往的二重性

网络是一种技术产品，由计算机技术和通信技术结合而成，通过把不同地理位置、具有独立功能的计算机终端及附属设备、通信线路连接起来，并配置相应的网络软件，最终实现资源共享的通信系统。网络囊括了信息技术、材料技术、生物技术等主要高科技领域，它的主要功能是将信息符号以快速、高效、广泛和互动的方式进行传播，这是以往任何一种传播载体都做不到的。同时，网络所带来的技术和生活方式的变革最终会导致整个社会的变革，产生一种建立在网络技术之上的文化现象——网络文化，进而开始传播与交流。网络的文化交往是以网络技术为基础，以网络交往为支撑，以网络文化为主要交往内容的新的文化交往形式。它具有不同于以往文化交往的特点，这些特点集中体现在以下几个方面。

（一）虚拟性与实在性的统一

人的生存形式本质上是在一定生活空间内呈现出的具体生活样式，因此，网络空间为人类打开了网络生存之门。网络通过虚拟现实技术，把人与人之间的互动关系转变为"人—机"互动式或"人—

机—人"互动式，从而使网络的文化交往具有明显的虚拟性。第一，网络环境的虚拟性。网络的文化交往的实际场所不再是由原子所构成的物理空间，而是以数字化方式形成无时空、非物理化的虚拟空间，其间存在虚拟人、网络社会、网络共同体，也有网络文化、虚拟情感。卡西尔（Cassirer）曾说过，"人不再生活在单纯的物理世界里，而是生活在一个符号的宇宙中"，网络使"人不仅生活在一个符号的宇宙中，而且他自身也变成了相应的符号"①。第二，网络的文化交往主体的虚拟性。尼葛洛庞帝在《数字化生存》中描述："On the Internet, nobody knows you are a dog.（在互联网上没有人知道你是一条狗。）"② 在网络这个虚拟的空间中，由于从现实束缚中挣脱出来，实现了身份的自由，网络的文化交往主体变成了一个个虚幻之我。网络的文化交往主体和对象的角色大多数是虚拟的，文化信息交流和传播的双方均由抽象的符号所代替。正如英国社会学家吉登斯（Giddens）所说："在互联网上，没有人可以知道其他人的真正面貌——他们是男性还是女性，或者生活在哪里。"③ 在网络社会中，一组代码、一个角色符号便可构成一个人身份的维持物，人与人之间的互动和接触在网络世界被各种符码所取代。法国后现代主义思想家鲍德里亚（Baudrillard）也说过："在网络空间里，我们不再是'人'，而是出现在另一个人的电脑屏幕上的信息。"在网上人们伪装自己的真实身份，用一个个 ID 代表自己，通过互联网相互联系、沟通、交流等。第三，网络的文化交往方式的虚拟性。网络世界中的各种文化信息，如文本、图片、音频、视频等都是以数字信号的形式被传输、记录和存储的，网上传播的文化信息仅仅是一串串虚拟的符号。在网络这个虚拟社会中一切都发生了变化，网络家庭、网络社区等成了人们的精神家园，营造了虚拟的人际关系，造就了虚拟化的情感体验和交流。

---

① ［德］恩斯特·卡西尔：《人论》，甘阳译，上海译文出版社 1997 年版，第 33 页。
② ［美］尼葛洛庞帝：《数字化生存》，胡泳、范海燕译，海南出版社 1996 年版，第 33 页。
③ ［英］安东尼·吉登斯：《社会学》，李康译，北京大学出版社 2006 年版，第 201 页。

　　网络的文化交往的虚拟性并不意味着网络上的一切都是虚拟、不真实的，更不意味着网络的文化交往与现实的文化交往的对立和割裂。第一，每一个进行网络的文化交往的人首先都是现实生活中活生生的人，当他们坐在电脑前上网的时候依旧生活在现实中。一个人无论在上网时多么专注，也无法脱离这样一种生活真实，其网络的文化交往行为还是要建立在吃喝拉撒睡等真实的生活实在的基础上。第二，网络的文化交往行为可能是虚拟的，但是这种行为所带来的心智的满足却是真实、实在的。尽管网络的文化交往的对象只是一个符号，但是沟通带来的快感和满足却是真切、实在的。孟建、祁林在《网络文化论纲》中也做过同样的表述："尽管网络主体在网上所做的事情是虚拟的，但是主体的情感欲望的满足却是实在的、真实的。"[①] 实际上，网络用户在进行网络的文化交往之前就有明确的动机和现实生活的预设了，其所进行的所有活动都有着真实生活的基础。第三，网络的文化交往的虚拟性本身就是真实世界的一部分。网络的文化交往是以符号而不是以真实的行动为手段的，但是互动带来的网络主体和网络社会的改造与被改造的关系却和真实世界中认识世界、改造世界的关系有着惊人的相似性，感觉的一致性使这种原本虚拟的符号行为具有真实行为的意义。虚拟不等于虚假，也不同于虚无，它是另一种特殊形式的实在。"所谓虚拟，它是通过计算机互联网的数字符号现实，以'数字化'的方式在现实空间之外构筑一个与现实空间相映照的虚拟空间，或者是在现实事物之外，构筑一个与现实事物相对应的虚拟事物。虚拟并不是凭空捏造。虚拟是通过电脑语言将现实具象数字化。"[②] 虚拟来源于现实实在，不是人脑中纯粹精神性的存在物，而是一种客观实在。从哲学本体论看，产生网络的文化交往虚拟性的基础设施、技术手段、基本元素和通信设备都不是作为人脑的机能和属性的精神或意识现象，而是与精神、意识现象相对立的物质现象，属于具有客观实在性的物质范畴之内的东西。就其

①　孟建、祁林：《网络文化论纲》，新华出版社 2002 年版，第 125 页。
②　鲍宗豪：《数字化与人文精神》，上海三联书店 2003 年版，第 90 页。

现实性而言，虚拟性中的客体确实是存在的，是客观地存在于虚拟世界之中的事物，是可以被人们真切地直接感知的。在网络的文化交往中，人们的感受如同现实的文化交往一般。迈克尔·沙利文 – 特雷纳（Michael Sullivan-Trainor）说，虚拟"不是真实的，是摸不着的，但又确确实实是存在的"①。虚拟性也是通过网络主体的亲身领会而达成的。皮海兵提出："当代现实生活便是一个最大的虚拟，或者可以颠倒过来说，虚拟是我们这个时代最基本的现实。"② 可见，网络的文化交往作为一种对可能性的展现，正是现实的文化交往关系的基本达成方式。另外，网上所见到的是在现实世界中已经实现或可能实现，甚至不可能出现的文化交往。"对于虚拟来说，它的真正含义是在虚拟空间中形成对于现实性来说那种可能的可能性，进一步形成荒诞的悖论的梦幻的虚拟。这种虚拟是与现实性对立的，是在现实性范畴框架之外的。传统总是对那种不可能的可能性抱以嘲笑，以为是痴人说梦。虚拟正是以痴人说梦为正常性的方式，把痴人说梦中的虚幻梦幻变为真实。"③ 网络的文化交往为人类提供了具有现实可能性或完全没有可能性的多样选择，既可承载现实，又可兼容现实可能性与不可能性。网络世界不是对现实世界的抛弃，而是对现实世界的扩展和延续；网络的文化交往也不是虚幻空洞的，它具有一种独特的虚拟性与实在性的统一。

（二）开放性与封闭性的统一

麦克卢汉于 1962 年首次提出了"地球村"的概念，他指出："由于电力使地球缩小，我们这个地球不过是小小的村落……电力可能会使人的意识放大到全球的规模……电力媒介将会使许多人退出原来那种分割的社会——条条块块割裂的、分析功能的社会，产生一个

---

① ［美］迈克尔·沙利文 – 特雷纳：《信息高速公路透视》，程时端、柳卸林等译，科学技术文献出版社 1995 年版，第 212 页。

② 皮海兵：《内爆与重塑——网络文化主体性研究》，广西师范大学出版社 2012 年版，第 105 页。

③ 陈志良：《虚拟：哲学必须面对的课题》，《光明日报》2000 年 1 月 18 日第 7 版。

人人参与的、新型的、整合的地球村。"① 如我们所看到的那样，使其"地球村"预想成为现实的"电力媒介"就是现今迅速发展的信息技术，尤其是网络通信技术打破了时空的界限，缩短了人与人之间的距离，使人们置身于一种更加广泛的联系和接触中。而互联网体现了开放的信息交流方式，它是遵循一定意义上的资源共享原则组建起来的。第一，网络的文化交往的开放是广域性的，是全面、全方位、无限制的开放，而不是局域的开放。以前的计算机一般是孤立封闭的，各公司生产的机型不同，所使用的操作系统、应用软件不同，彼此之间不兼容，无法通信。互联网则通过网络协议，允许不同型号、不同操作系统的计算机互联通信。无论何时何地，只要有一台电脑、一条光缆或一个电话线等能满足上网的基本条件就可以自由地开展文化交往，通过文字、声音、图像等把自己与他人连接，为多种文化与价值观进行全球大合唱提供了空前广阔的舞台。第二，网络的文化交往对所有现实的人开放，没有身份、地位、性别、民族和国别等限制，任何人只要有基本的计算机技能就可以进入网络世界开展文化交往。正如约翰·P. 巴洛在《网络独立宣言》（"A Declaration of the Independence of Cyberspace"）中所写："我们正在创造一个世界：在那里，所有的人都可加入，不存在因种族、经济实力、武力或出生地点产生的特权或偏见。我们正在创造一个世界，在那里，任何人在任何地方，都可以表达他们的信仰而不用害怕被强迫保持沉默或顺从，无论这种信仰是多么奇特。"② 网络时代的文化是公开的，国与国之间的界限越来越不明显。文化的交流更加开放，交流的障碍越来越少，并且，随着交流方式的开放，社会的各个方面也将更加开放。任何人都可以根据自己的意愿进入网络空间进行文化交往、思想交流，网络为人们提供了一个任意存取的环境。另外，网络文化传播的环境是开放的，任何观点、任何思想、任何民族的文化价值都可以在网上传

---

① ［加］埃里克·麦克卢汉、弗兰克·秦格龙：《麦克卢汉精粹》，何道宽译，南京大学出版社 2000 年版，第 78 页。
② 高鸿钧主编：《清华法治论衡第四辑》，清华大学出版社 2004 年版，第 510 页。

播，其信息通道向所有信息发布者和接收者开放，发布信息和浏览信息都不受时间限制。从理论上讲，每一个坐在联网计算机终端前的人都可以成为一个信息的接收者或发布者，没有太多的限制。第三，网络的文化交往传播的信息资源是全面开放共享的，而且可以以极快的速度在全球范围内进行，传播过程不受时空限制。网络的文化交往把世界各地的信息高密度地聚集起来，不同社会制度、意识形态、宗教信仰、文化价值的人们共享丰富的网络信息资源。这些资源可以无限使用，使用的人越多，价值越高，共享信息的人越多，信息资源就会越丰富而不是越贫乏。

计算机网络和网络的文化交往的兴起，使文化交往活动的社会时空超越了现实社会时空的封闭性，人们可以随心所欲地在任何时间、任何地方纵横驰骋。因此，会有人想当然地认为现实的文化交往具有一定的封闭性，而网络的文化交往是完全开放的。事实上，网络的文化交往也不只是具有开放性，而且也具有封闭性。第一，网络的文化交往对于那些无法使用互联网或使用互联网受限以及不能有效使用互联网的地区是完全封闭的，在互联网拥有者和非拥有者之间产生了"数字鸿沟"。互联网的普及程度在全球是不均衡的。"2000年9月，在所有3.78亿因特网用户中（这个数字占全世界人口的6.2%)，北美洲占42.6%，西欧占23.8%，而亚洲占20.6%（包括日本)，拉丁美洲占4%，东欧占4.7%，中东地区占1.3%，非洲只占不到0.6%（大部分用户都在南非）（NUA在线调查，2000)。这当然与各地区人口比例形成鲜明反差。"① 可见，互联网在发展中国家普及率相对较低。就算在一个国家，只有处于城市中心区和受到高等教育的社会群体被包括在互联网中，而大多数地区和大部分人都被排除在外。例如，2000年，在900万个南非家庭中，590万个根本没有电话，210万个家庭在离家5000范围内无法打电话；90%的白人家庭有电话，但是仅11%的黑人家庭有电话。智利

① ［美］曼纽尔·卡斯特：《网络星河——对互联网、商业和社会的反思》，郑波、武炜译，社会科学文献出版社2007年版，第275页。

40%的人口居住在圣地亚哥，却拥有全国57%的电话线和50%的互联网用户。网络的文化交往的开放是对于拥有互联网的群体，对于非拥有者则是完全封闭的。第二，网络的文化交往在网络语言和网络技术不具优势的国家和地区是相对封闭和完全被动的。一方面，计算机和网络技术始于美国，技术构架都是以英语为基础的，加上英语在世界文化交流中的传统地位，使英语成为网络中的主导语言。这对于不是以英语作为母语的国家和地区无异于设置了限制，使网络的文化交往的有效性和适当性产生偏差。另一方面，目前网络技术、信息技术标准几乎全部掌握在美国人手中，其他国家大多无法与之相争。美国技术上的先发优势导致其技术垄断。2013年6月11日，据新华社、人民网报道美国前中央情报局（CIA）雇员、现国家安全局防务承包商博斯公司雇员爱德华·斯诺登9日经由英国《卫报》和美国《华盛顿邮报》自曝身份，承认是他揭露了包括"棱镜"项目在内的美国政府多个秘密情报监视项目。斯诺登告诉《卫报》记者："我愿意牺牲一切的原因是，良心上无法允许美国政府侵犯全球民众隐私、互联网自由。"可见，美国利用其技术上的优势可以在全球民众毫不知情的情况下，肆无忌惮地侵犯全世界人民的隐私和自由。网络的文化交往的开放性是相对于网络语言和网络技术占有先天优势的国家和地区，其他地区只能享受到相对的开放和绝对的封闭。

网络的文化交往的开放性主要体现为网络空间的伸张性和广延性具有多种可能性。网络的文化交往的封闭性则主要体现为具体的网络的文化交往受限于互联网的普及程度、网络语言和网络技术等。从总体上说，由互联网塑造的网络的文化交往是开放的，但每一个具体的活动又是封闭的。网络的文化交往的开放和封闭既相区别又相联系，开放的网络的文化交往不能脱离封闭的网络环境而玄虚存在，而是必须通过具体的网络的文化交往表现出来；封闭的网络的文化交往也不能脱离开放的网络空间而单独存在，它只是开放网络空间的具体存在形式。

（三）自由性与规范性的统一

约翰·P. 巴洛在《网络独立宣言》中宣称："工业世界的政府们，你们这些令人生厌的铁血巨人们，我来自网络世界——一个崭新的心灵家园。作为未来的代言人，我代表未来，要求过去的你们别管我们。在我们这里，你们并不受欢迎。在我们聚集的地方，你们没有主权。我们没有选举产生的政府，也不可能有这样的政府。所以，我们并无多于自由的权威对你们发话。我们宣布，我们正在建造的全球社会空间，将自然独立于你们试图强加给我们的专制。你们没有道德上的权力来统治我们，你们也没有任何强制措施令我们有真正的理由感到恐惧。"① 网络的文化交往的形成为人们的自由创造了许多优越的条件，使人们摆脱了现实的文化交往中的许多制约，获得了以往难以想象的自由自在的生活。在网络的文化交往中，人们可以自由地往来穿梭、任意驰骋。网络的文化交往的自由性还体现在以下两个方面：一方面，网络主体隐去自己的真实身份而以非真实的或虚拟的姓名亮相，这固然可以促使他们自由地发挥想象力，但也可以使他们丢弃任何社会责任和义务。现实社会的传统权威在网络社会中基本荡然无存，人们自己决定自己要干什么、怎么干。传统道德对网络主体的约束显得苍白无力，他律手段也无能为力。网络主体的自主性得到充分表达，完全是在自愿和自律的基础上进行网络的文化交往。另一方面，网络的文化交往改变了人们文化交往的单一方式，带来了自由选择的可能。"互联网实现了一种世界范围内的信息自由流动。无论从时间上还是空间上，传播者和受众（用户）两者获得信息的机会是均等的。"② 每个人都可以随时在互联网上加入或退出网络的文化交往，既可以主动开展，也可以被动接受。另外，数字化信息在互联网中可以无障碍地流动，其传播速度之快、范围之广是现实中的任何一种信息载体无法比拟的。

---

① 高鸿钧主编：《清华法治论衡》第四辑，清华大学出版社 2004 年版，第 509 页。
② 孟建、祁林：《网络文化论纲》，新华出版社 2002 年版，第 207 页。

德国法兰克福学派代表人物哈贝马斯说："科学技术的合理性本身也就是控制的合理性，即统治的合理性。"事实上，网络的文化交往的自由性并不像人们想象的那样，可以不受任何纪律、条例、制度的约束，不用为自己的口舌之快承担责任。网络的文化交往的自由是有限度的，它是和规范相伴而生的。第一，网络的文化交往过度依赖计算机网络技术。许多种网络控制技术，包括识别技术、监督技术和审查技术等都在被控制者不知情的情况下发挥着监管作用，如监督技术通常依赖识别技术来定位网络主体，这项技术可以中途拦截信息，允许对来自一个特殊计算机位置的信息流进行追踪，并连续地监视该网络主体的机器。一般的网络主体只是一个体系结构的囚徒，而这个结构其根本不清楚。第二，网络的文化交往应当遵循必要的网络伦理、网络法律等。许多国家已经指定了严格的互联网管理规范，对组织或个人对互联网的介入进行仔细的资格审查，对信息的流通实施技术监管。例如，我国于 1998 年 2 月 26 日实行的《计算机信息系统保密管理暂行规定》第 11 条规定："国家秘密信息不得在与国际网络联网的计算机信息系统中存储、处理、传递。"我国 2000 年 1 月 1 日起施行的《计算机信息网络国际联网保密管理规定》第 6 条规定："涉及国家秘密的计算机信息系统，不得直接或间接地与国际互联网或其他公共信息网络相连接，必须实行物理隔离。"第 7 条规定："涉及国家秘密的信息不得在国际联网的计算机信息系统中存储、处理、传递。"可见，我国制定了相应的法律规范网上传播的内容。我国 2000 年 10 月颁布的《互联网站从事登载新闻业务管理暂行规定》第十四条规定："互联网站登载境外新闻媒体和互联网站发布的新闻，必须另行报国务院新闻办公室批准。"我国对于转载境外媒体新闻有严格的规定，不能随心所欲地转载网络上的新闻。2017 年 6 月 1 日起施行的《中华人民共和国网络安全法》是我国第一部全面规范网络空间管理问题的基础性法律，对于规范我国网络空间法治建设具有里程碑意义。这是为了保障网络安全，维护网络空间主权和国家安全、社会公共利益，保护公民、法人和其他组织的合法权益而制定的法律，是网络空间健康运行的法律保障。第三，虽然网络主体可以自由寻找分布在无数网络站点上的信息，但是所有数据库中的信息都是持有一定观点的人输入的，人们只能在所提供的信息范围内进行选择。所有这些信息"都是那些有权决定系统取舍标准的编辑人员的劳动产物……计算机神秘莫测的特点（非人化的高效运行）也许使用户忘记了这个简单的事实"。"如果用户在这些问题上接受了政府的说法，那么查寻了 NEXIS 系统或者书目参考服务这样的标准数据库后则更能使他们相信政府的说法。"① 实际上，就像孙悟空怎么也逃不出如来佛的手掌心，网络主体的自由选择权只是操作权。

总之，即便在网络的文化交往中，绝对的、毫无制约的自由也是不可能实现的。实际上，绝对的、毫无制约的自由是一种任性或肆意妄为，而并非真正的自由。客观、全面地看，人们在网络的文化交往中确实是空前自由的，但绝不是毫无制约的。网络的文化交往并不是没有规范，而是需要新的规范。

（四）去中心性与中心性的统一

在传统社会，人们的社会活动空间往往只有一个中心，存在着等级。当一个人或权力集团居于中心地位时，其他人相对而言就被边缘化了。但是，在信息时代的网络空间，信息权力已经分散到数以万计的网络主体之中。人们不仅能接收信息，还能生产信息。正如莱文森所说："处处皆中心就是处处无中心。"② 这就是说，在网络的文化交往中不再是以某个人或权力中心为原点的放射性联系，而是形成一个处处皆中心或去中心的发散性联系。在这里，人们没有了中心与边缘的区分，也就是说，人人既是中心，又是边缘。每个人都可以处在全世界的中心，到世界的任何一点都是等距离的，由物理世界所决定的远近和城乡等观念已经在慢慢淡化。首先，互联网是由世界各国电脑通过不同的通信线路连接而成的，它是一个高度分散的国际化网络，

---

① ［美］西奥多·罗斯扎克：《信息崇拜——计算机神话与真正的思维艺术》，苗华健、陈体仁译，中国对外翻译出版公司 1994 年版，第 91 页。
② ［美］保罗·莱文森：《数字麦克卢汉：信息化新纪元指南》，何道宽译，社会科学文献出版社 2001 年版，第 124 页。

互联网上各种信息共同存在、彼此独立，没有统一的中央指挥体系，也不受任何网络服务公司控制，它为不同国家、地区、种族和领域的网络主体提供网络服务功能。其次，网络的文化交往去中心化。尼葛洛庞帝在《数字化生存》一书中谈到了"没有执照的电视台"这一现象，"在网络上，每个人都可以是一个没有执照的电视台"①。这意味着通过互联网，每个人都可以独立、平等地发布消息，并将其传送到世界各地。再次，在互联网上，每个人都可以形成自己的中心，也可以抛弃任何权威与中心。网络的文化交往以比特为信息 DNA，借助各种软件和交互方式拆除人与人之间精神世界的神秘面纱。最后，各国文化经受网络的文化交往去中心性的考验。由于地理、政治等因素的影响，形成了各具特色的区域性文化。现有文化的一个重要特点就是具有区域性或民族性。当把世界各国的不同文化搬到网络空间，无论既有的文化形态和内容如何都按照网络特有的方式收容，网络从而成为展现世界文化的大舞台。在这个网络的世界共同体中，物理世界的界限和屏障都没有了，强势文化可以借助网络的文化交往四处传播，弱势文化也可以扬帆起航。但这时，各国文化在与其他文化的网络交流中是继续保持自己的民族特色还是被吞噬，只有让网络去考验了。网络没有中心，但任何一个网络事件马上就可以成为世界的中心、全球人民的焦点。如果没有网络，一个区域性事件是很难让大家都知道的，但是因为网络具有开放性，所以任何一件事情只要在网络公布，就会成为全球关注的中心。当任何一个局部的文化现象在网络上演都可能成为世界现象时，文化发展的某些支流最后成为主流的倾向就更可能发生了。每个网络主体都存在着全球性文化的创新之源。以 2012 年红遍全球的韩国"神曲"《江南 Style》为例：86 天，两破吉尼斯、超 4 亿点击量、35 个国家 iTunes MV 榜单排行榜冠军。"神曲"的 MV 在视频网站 YouTube 上发布短短 76 天点击数破 3 亿，创造了新的吉尼斯世界纪录。汤姆·克鲁斯（Tom Cruise）在自己的主

---

① ［美］尼葛洛庞帝：《数字化生存》，胡泳、范海燕译，海南出版社 1996 年版，第205 页。

页上专门推荐了这首歌。美国总统候选人罗姆尼（Romney）和韩国总统候选人朴槿惠，也曾在竞选拉票时公开跳过"骑马舞"。一首韩国流行歌曲经由网络的传播引起了世界人民的关注，一下子成为全球关注的中心。另外，看似无中心的互联网实际上处处存在着中心。网络提供给有相同或相似兴趣爱好、观点视角的网络主体表达交流的平台，相同兴趣和品位的人聚集在一起，"以共享的价值和利益为中心"[①]，同声相应，同气相求。在这些网络虚拟社区中，一些网络主体会占有主导的地位，拥有更多的话语权和支配权，并成为该社区的支配者和中心。在网站有站长，在论坛上有版主，在 QQ 群中有群主，在网络游戏中有帮主，在微博中有大 V，在 B 站有 UP 主等等。

三　网络的文化交往的结构

网络的文化交往的结构具有三重向度，即规范性向度、否定性向度和发展向度，对应产生了三种结构，即实体结构、意义结构和辩证结构。

（一）实体结构

网络的文化交往的实体结构是其他结构的基础。实体结构是网络的文化交往现实运动的解剖学结构，即主体—客体—主体结构，含有主体—客体—主体结构的相关运动规律，以及相应的双向建构、双重整合结构。双向建构是指网络的文化交往一方面建构各个网络主体，规定和塑造着主体的本质，使网络主体在时代、民族、文化或历史的水准上建立起来，成为网络主体建构的地平线；另一方面又造就和维系着网络主体存在的主体际交往关系，这些交往关系是网络主体实践的产物。双向建构结构如下：

　　　　网络主体←→网络的文化交往←→网络主体际交往关系

---

　　① ［美］曼纽尔·卡斯特：《网络社会的崛起》，夏铸九等译，社会科学文献出版社 2001 年版，第 441 页。

双重整合一方面是网络的文化交往整合，内化为个体的网络主体，网络个体才是网络的文化交往的发动者、承担者和成果的消化者；另一方面，网络的文化交往又是在多个网络主体交往关系的基础上整合为群体的主体的，是由网络的文化交往实践共同造就的现实共同体。双重整合结构如下：

网络群体（共同体）←—→网络的文化交往←—→网络个体

网络的文化交往的发展不断地双向建构出网络主体序列和关系序列，同时又不断地双重整合出相应的网络个体和网络群体（共同体）。网络的文化交往的目的不光是直接改造"物"，还改造"人"，重塑网络主体的实践。网络的文化交往是交往实践的次生形态，是通向精神交往的中介，并通过这一中介使交往实践转化为同结构的精神交往关系，成为精神文化整合和创造的直接机制。网络的文化交往的内部层次是多向度、多种关联、复杂综合的。网络主体际交往关系和连接方式不是单向度和单维度的，个体或群体都可能是多层次网络的文化交往关系的整合体。人扮演一定的角色进入网络的文化交往中，相对于一定的交往关系，其只是一个角色定在，但是其还可以自由地选择其他任何角色。这表明网络的文化交往是定在与流变的统一，人们的多极主体性在网络个体与群体身上也多维地存在。另外，每一个网络个体所处的交往关系的交叉点和总体状态各不相同，因此具有了个性品格，处于网络主体际交往关系中的每个网络主体就呈现出多元性和多极性。网络主体际交往关系与网络主体角色相互规定和缠绕，由此派生出了双向建构和双重整合的层次定位。

网络主体相互连接、相互置换和相互交流，隐含着主体之间需要和被需要、满足与被满足的网络主体际交往关系。网络主体是网络的文化交往的主导性要素和能动性要素，是其他诸要素的决定力量。网络主体主要执行发布信息、处理信息、接收信息等功能。从组织形式来看，网络主体主要有政府、组织和个人。个人即网民，是网络的文化交往中最活跃、数量最多而稳定性最弱的网络主体。CNNIC 将"中国网民"定义为平均每周使用互联网 1 小时（含）以上的中国公民。随着互联网普及程度的提高，人人都可以上网，上网的人不再是一个特殊群体，"网民"这个称谓将消失。网络之间的联系表现为网上信息互动，网上任何信息都来自操纵网络的主体——人。"在这个意义上，互联网所实现的就不是人（主体）与网（客体）的认识关系，而是人（主体）与人（主体）的关系。这种主体之间的关系所构成的主—客关系，就不再是传统意义上 S→R 关系，而是一种新型的双向的互动、互补关系，即一种以互联网为中介的新型的认识关系。"① 网络主体在网络的文化交往中可以根据自己的意愿，不断地重新塑造自己的角色，与其现实身份可能一致，也可能毫不相干；同时，网络主体所表现的数字信息又要接受其他网络主体的解读。网络客体是被网络主体认识和改造的对象，包括网络的硬件和软件。网络客体的价值在于为网络主体创造、传播和获取信息提供工具和载体。在网络的文化交往中，网络客体摆脱了以往消极、受动和毫无能动性的被支配地位。但是人的主体性并没有因此降低，反而获得了更大程度的发挥，因为网络客体的表现都是人们有意识活动的产物。网络主体与网络客体达到了高度的统一，实现了网络世界对现实世界的延伸和升华。网络主体既是信息的发布者也是他人信息的接收者；既可对某一信息反馈和评判，也可摒弃无关信息。这样就打破了以往"主体—客体"或"主体—主体"单向交流形式，形成了对话、交流和反馈的"主体—客体—主体"形式。

（二）意义结构

当代哲学对意义问题的思考主要有以下三种：第一是现代哲学的"语言学转向"。将语言作为"能指"的工具建立意义理解图式。公式的中心是单一主体性，而不是语言或对象。该公示具有明显的缺陷，其一是意义的精神化倾向，将意义限定在认知层面；其二是单一主体中心论。第二是激进的后现代哲学对文本意义的消解。这种消解是意义的暂时停顿，是针对现代社会规范结构的消解而不是永无意义。同时也是对传统意义的消解，对单一主体中心的意义消解，而不

---

① 孙玉祥：《"网络时代"与人的存在方式变革》，《求是学刊》2001 年第 1 期。

是意义的永无重建。第三是哈贝马斯的意义重建。他犯了后现代哲学普遍的失误，没有"主体—客体"意义域，只有"主体—主体"意义域；没有意义的客观关系，只有"意义的主观际"关系。

网络的文化交往的意义结构主要包含以下几个方面：其一是意义的客观性问题，包含意义源的客观性及意义的客观内容；其二是意义结构的"网络主体—网络客体"与"网络主体—网络主体"双重关系问题，将从意义层面再叙"网络主体—网络客体—网络主体"结构及其双向建构、双重整合原理。

1. 意义的客观性。网络的文化交往附加着符号化、语言化的属性，创造了网络语言，也是一种语言行为。哈贝马斯就将"交往行为"理解为"普遍语用学"，这是一种形式的关系，语言支配行为，有时语言本身就是一种行为。"你把文件发到我邮箱！"属于支配行为，"你的微博好友真多！"属于表扬行为，这时语言代替实际行为，本身就是一种行为。但是从根源上，网络语言是网络的文化交往的衍生物而不是相反，意义源首先是网络的文化交往实践。相对于各个网络主体的需要、利益和存在状态，意义指的是网络的文化交往实践对各个网络主体的客观指向和利害得失，是网络的文化交往过程的一部分，所以是客观的。当然意义也离不开网络主体。网络的文化交往实践就是在不断满足网络主体的客观需要的过程中形成对网络主体的意义。网络的文化交往对于网络主体的客观意义与网络主体对这个意义的理解不同，应该区别开来。在创造和使用第一台电脑和第一次上网的活动中，网络主体并没有完全领悟和理解这些活动对于其自身、对人类发展和社会进步所具有的巨大的客观意义。只有当这种活动所引起的后果经过漫长的因果链逐渐展现时，人们才渐渐地懂得了它的意义。一旦人们掌握了意义的交往性，就会能动地、主观地设定意义，建立符号化体系。因此，对每个网络主体而言，网络的文化交往实践的意义和作用都是双向的：一方面，网络的文化交往实践对于网络主体的实际意义；另一方面，网络主体设定和赋予网络的文化交往实践以意义。这两方面虽然不同，但是同一过程中的两种意义相互与作用流向。网络主体按照内在利益要求的驱动，发出指向他者的交往意义。但是，由于这种指向受制于实践工具、条件和他者活动的条件，因此常常使网络的文化交往的结果有悖于网络主体的初衷，带来另一种意义。这就是意义双向流动的不平衡性或不对称性。进而，这种网络的文化交往实践意义的不平衡性、不对称性是网络主体与网络的文化交往实践相互分离、彼此异化的原因之一，它导致两者的矛盾和背离。基于自身的需要和利益，网络主体总将网络的文化交往实践置于监控之下，避免"要么这已成之事又引起完全不同的未预见到的后果"①。

2. 意义的交往性。网络的文化交往对各个网络主体都产生了双向意义，各个意义之间也是相关的。马克思指出，劳动实践产生的后果对于资本家而言是财富积累的原因，而对于劳动者而言是贫困的根源，对这两个主体而言，劳动实践的意义彼此相反却相关。彼此以对方的意义性作为本主体意义存在的条件。网络的文化交往也是如此。一方面，受其中一个网络主体的驱动，网络的文化交往将其设定的意义投向另一网络主体。这个意义作为脱离网络主体的独立环节，带着全部活动的符号系统游离于网络主体间的场，成为意义的载体。另一方面，另一网络主体给予新的意义，来自不同网络主体的两种意义在网络的文化交往的过程中交汇。最终形成了与网络的文化交往层次相对应的一个完整的意义结构，即意义场。意义具有场依存性，存在于一定的网络的文化交往实践的关系场中。意义的差异体现在网络意义主体和网络的文化交往实践关系场的不同。网络主体在什么层面介入，意义结构就成为什么层次上的意义主体。意义一方面建构意义场和意义关系，另一方面建构意义主体，是双重整合的过程。双重整合就是网络意义主体在网络的文化交往中为网络主体提供各具个性的意义，同时又整合这些网络意义主体，形成意义共同体。某一网络的文化交往实践会对某一群体产生相同或共同的意义。在当今社会，意义共同体具有特殊的意义。例如：文化全球化对于人类具有共同的意义，而绝不是个别文化霸权国家的专利。

---

① 《马克思恩格斯选集》第4卷，人民出版社1995年版，第742页。

3. 意义的主观设定及其交往。在了解网络的文化交往对于人类的客观意义之后，网络主体可以通过主观设定的行为来与另一网络主体进行意义行为的文化交往。这是多个网络主体的意义互动过程，如图 2 - 1 所示：

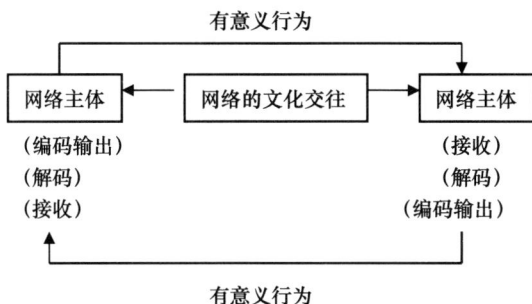

有意义行为

```
         ┌──────────────────────────────────┐
         │                                  ↓
   ┌──────────┐   ┌──────────────┐   ┌──────────┐
   │ 网络主体 │ ← │ 网络的文化交往 │ → │ 网络主体 │
   └──────────┘   └──────────────┘   └──────────┘
   （编码输出）                          （接收）
   （解码）                             （解码）
   （接收）                             （编码输出）
         ↑                                  │
         └──────────────────────────────────┘
```

有意义行为

图 2 - 1　多个网络主体的意义互动过程

各个网络主体在文化交往中，都既有输出行为，又有接收行为，表现出意义的双向流动性。为了有效输出，网络主体必须按照意义场的普遍符号规范进行编码，即将信息的一系列要素按照符号体系的规则进行程序化。意义的接收是一个"交感性"过程，网络的文化交往的主体双方都会相互感知对方行为的意义，都在解读编码的行为，又都渗进自己的理解。在不尽相同的交往关系的交叉点和总和状态中，对同一网络的文化交往过程的意义感受和解读是不一样的。因此，网络主体的意义具有个性，也具有场依存性。

对意义的解读和感悟原本是意义层面网络的文化交往的一部分，而后才逐渐分离。分离后的解读依然是对网络的文化交往的返回。它分四个层次：表层是符号系列，将行为视作一组有交往意义的符号，它直接呈现于人们面前；第二个层次是构成符号系列的规则系统和句法结构，即网络的文化交往的行为方式和行为规范；第三个层次是网络的文化交往的意义结构；第四个层次意义是产生的本体论基础——网络的文化交往实践观，这是网络的文化交往意义的根源。

（三）辩证结构

实体结构向辩证结构转化的过程呈现肯定规范的向度。意义结构则呈现否定规范的向度。辩证结构是两者相互作用的统一。对网络的文化交往辩证结构的考察就是阐释网络的文化交往实践辩证法。

在"主体—客体—主体"结构中，以往的客体辩证法、主体辩证法、"主体—客体"辩证法以及"主体—主体"辩证法都成为其中合理的环节。网络的文化交往实践观特别强调对"主体—客体"辩证法与"主体—主体"辩证法各自片面性的克服，以及两者统一的把握，它是在统一中把握"主体—客体—主体"辩证法的整体观的，其中特别注重对于肯定规范向度和否定批判向度关系的把握。在网络社会中，网络的文化交往实践有两个对立的向度：其一是作为历史规范结构的建构和维护，具有"肯定—规范"向度；其二是作为不断发展的动力，具有"否定—批判"向度。这两种向度都是网络的文化交往实践整体运作的功能性方面，而不是某一成分。从功能分配的角度来看，"肯定—规范"向度更强调实体结构、群体和网络的文化交往的形式，而"否定—批判"向度更多地强调意义结构、个体和网络的文化交往活动。这里强调的不是整体的辩证结构中某一些成分的叠加，而是整体运作的功能定位。"肯定—规范"向度之所以强调实体结构、群体和网络的文化交往的形式，是因为实体结构是网络的文化交往实践双向建构、双重组合的即成形态，而每一个即成形态总是肯定一方而存在的。在多个网络主体中，"肯定—规范"向度之所以倾向于群体，是因为群体以规范为建构的底板；而网络的文化交往的形式则是固定化的规范向度，其间充满着规范意义和工具理性精神。在现代社会中，规范向度取得了占主导地位的胜利，社会共同体、民族共同体、文化共同体、全球一体化都以规范体系和底板作为整合的基础。

在网络的文化交往实践的辩证结构中，"肯定—规范"向度的功能是重要的。首先，"肯定—规范"向度强调交往场的协调有序和基本稳定，对历史规范结构的建构以及维护。规范、有序和稳定的网络的文化交往是网络社会关系体系、网络社会结构稳定的前提，也是建构的基本条件。其次，"肯定—规范"向度是自我社会化、建立和整合网络群体形态的基础。只有在规范化的网络的文化交往中，自我才能继承历史和当地的精神成果，塑造时代素质和品格，成为网络主体，也只有在规范化的网络的文化交往中，网络群体即网络共同体才得以整合而成。再次，"肯定—规范"向度是网络的文化交往实践及其关系场不断发展的前提、基础和条件。无论是网络主体对网络客体的占有和改造关系，还是与另一网络主体的交往关系，都是由这一向度加以沉淀和贮存的。没有肯定就没有积累性继承，也就没有连续的历史。最后，"肯定—规范"向度是合理性尺度。行动的合理性和交往的合理性本质上就是网络的文化交往实践中网络主体对网络客体、对另一网络主体的实践规范，是其规范性和约束性问题。只要在不同网络主体间存在着可通约性，即底板，就能建立起约束各个网络主体的合理尺度，它将成为网络的文化交往实践意义结构的通用规范。

　　网络的文化交往实践的另一向度是"否定—批判"向度。它的本性是反规范、反主导合理性和重构，在任何"肯定—规范"性交往中，一开始就包含了否定性向度，否定性向度的存在是普遍的。首先，"否定—批判"向度对现有的"肯定—规范"向度具有批判、解构和否定性质。"否定—批判"向度可分为两类：一类是对规范结构的否定，它并不否定其原有规范的底板和前提，不企求改变多个网络主体间的交往场，而只是针对结果的批判；另一类是激进的否定，不仅针对结果，而且针对前提，属于基础性批判。这种激进的否定具有规范革命和机构转换性质，它是网络的文化交往实践场变革、发展的基本动力；而结果批判则是改良，是网络的文化交往实践规范结构的自我完善。其次，非规范向度存在于初交的网络主体之间，以及各文明和民族之间，由于其规范体系的相依，在网络社会中会发生激烈的碰撞和冲突，双方都会采取批判性态度。文明的冲突、文化共同体的摩擦时常发生。这里没有双方公认的前提和通用的合理尺度。网络的文化交往的意义结构呈现非规范性对抗，意义与意义相互否定，差异性由此产生。最后，非规范向度更倾向于网络个体。因为规范向度强调网络群体，而与网络群体旧规范不相容的新意义，都首先由网络个体倡导力行，其后才转化为新的网络群体规范。通过非规范向度，才能保持网络个体的独特个性。

两个向度是同一个网络的文化交往过程的两种向度和侧面。在任何网络社会中，都包含了这两个向度。在"肯定—规范"向度维系的网络社会，它一开始就包含了不合理性，因为与现实条件和网络主体相冲突。"否定—批判"向度就存在于矛盾之中，一旦这种矛盾的冲突达到尖锐化程度，使网络的文化交往实践新的力量挣破旧的网络的文化交往规范，"否定—批判"向度就会转化为新的肯定向度。这种转化是一个整合、解构的双重化过程，全面建构新的交往场、网络的文化交往形式和网络社会。

总之，网络的文化交往从实体结构到意义结构，然后在两者的统一中形成了辩证结构，这是一个完整的统一。它的方方面面共同构成了网络社会的基础。

四　网络的文化交往的类型

网络的文化交往的类型根据不同的标准和尺度可以有很多种。例如：从性质上，网络的文化交往可以分为积极交往和消极交往；从实现形式上，网络的文化交往可以分为直接交往和间接交往；从对象上，网络的文化交往可以分为对外交往和对内交往；从内容上，网络的文化交往可以分为思想交往、信息交往和情感交往；等等。当然，这些分类在内容上是相互联系、相互交叉和相互补充的，通过对这些分类的了解，可以更好地把握网络的文化交往丰富的内容和特性，并为进一步分析网络的文化交往的基本原则与价值提供初步的视野。但是在这些划分中，本文认为最基本的一种划分是从网络主体的差异角度，把网络的文化交往分为网络个体之间的交往、网络群体之间的交往和网络个体与网络群体之间的交往。这是一种最为基本的、一般性的划分。下面试图从这几种基本类型进行具体的考察。

（一）　网络个体之间的文化交往

网络主体是网络社会的主导性因素和能动性要素，是其他诸要素的决定力量。网络个体是网络系统中最活跃、数量最多而稳定性较弱的参与者，易受情绪影响。毫无疑问，这里的个体指的是上网的个人即网民，根据作用和地位的不同可大致分为：网络技术人员、网络监管人员、网络经营人员、网络使用人员等，其中网络使用人员是绝大多数普通网民。这种区分不是绝对的，因为同一网络个体可能在多种角色中转化，或者同时有多重角色。因此，网络个体对于网络的文化交往的影响不可小觑，他们是网络的潜在主体和未来主体。

首先，在网络的文化交往中，网络个体之间的关系不同于现实的文化交往个体之间的关系，其最大区别是不受自身物理身份的局限和地域的限制。现实的文化交往个体之间受到社会地位和社会角色的局限，而网络的文化交往的个体之间突破了这种局限，交往环境更加开放和自由。其次，网络个体之间的关系更具有弹性和自由，是以共同的兴趣爱好为基础建立的一种数字符号人际关系。而现实的文化交往主要是基于共同的需要或利益。网络的文化交往更有利于网络个体之间深层次文化交往活动的开展。最后，网络的文化交往的内容更加广阔，交往质量会更高；同时这种交往更具有松散性。在现实文化交往中，个体之间的关系大多数是建立在面对面直接交往的基础之上，这种关系的形成受到其物理身份，如性别、年龄、学历、职业、社会地位以及地域等因素的影响，文化交往过程要服从现实社会的规范和角色限制。

（二）　网络群体之间的文化交往

网络群体是网络个体与网络客体（网络的硬件和软件）之间的中介和桥梁，具体包括网站、网络社区、网络监管机构、网络企业等。网络群体主要是一种基于趣缘、业缘和情缘等的同构型群体，具有亲和性强、交往空间大、成员自由度大等特征，还可细分为网络正式群体与非正式群体，网络地缘群体、业缘群体和趣缘群体等不同的类型。网络群体中的成员在这种同构型群体中容易获得个人归属感，建立自我认同。正如涂尔干所说："社会成员平均具有的信仰和感情的综合，构成了他们自身明确的生活体系，我们可以称之为集体意识或共同意识。"① 网络群体的组织结构是扁平化、去中心的，而现实社会群体立体化、中心明确、有组织性和权威性。不同网络群体在文化交往中会形成不同类型的活动场域，可以分为公社类、科层类和广场类三种类型的活动场域。公社类的活动场域建立在具有共同兴趣爱好、信仰和价值取向的基础之上，或者是有相似的社会身份、人生经历、思想观念和心理等，具有密切的非正式关系，主要是以感情为纽带，依靠群体内共同约定的规范等来维持社群交往及其活动，如趣缘类、地缘类网络群体等。科层类则是建立在社会地位差异、社会角色分工而相互依赖的基础上的正式关系，是通过法律等规范认可的交往群体及其活动，如数字化政府、数字化企业、数字化图书馆、数字化校园等。广场类活动场域是一个不稳定的交往场域，交往主体形式上是分散的独立个体的集合，网络个体之间的交流和互动处于一种自由、平等、松散的状态，比较典型的就是各种网络论坛。网络群体组织之间的关系不同于现实社会群体组织之间那样彼此对对方依赖程度较高而形成的有机团结，网络群体之间是一种机械团结。彼此只是因为共同关注同一领域、同一问题而联系在一起，这种联系也只限于提供网络信息，双方或多方没有更多的接触途径。埃瑟·戴森说："目前 Internet 还仅仅是人们接发信息的一个平台，但将来它会像我们呼吸的空气一样。"② 随着网络社会的发展，互联网的应用范围更加广泛，网络群体之间互动的内容和形式将会更加多样化。

不同网络群体之间的交往，从根本上说是两种文化的相遇、碰撞和交融。当文化主体受到异质文化影响的时候，总是将自己所属的文化视为"我性"文化，将异质文化视为"他性"文化。网络的文化

---

① [法]埃米尔·涂尔干：《社会分工论》，渠东译，生活·读书·新知三联书店2000年版，第42页。
② [美]埃瑟·戴森：《2.0版：数字化时代的生活设计》，胡泳、范海燕译，海南出版社1998年版，第7页。

交往的过程就是对异质文化有效成分的吸收，或被异质文化所同化的过程。因为"我性"文化正是以"他性"文化为参照，在对"他性"文化的不断解释和确认中辨析出自身文化的特质，通过相互印证和吸收而实现"我性"文化的发展的。显然，这种发展过程包含着文化的同一性和差异性的统一。所以网络群体之间的文化交往是对于"我们"是什么和"他们"是什么的理解。一旦人们将"我们"与"他们"区别开来，并找到自己所归属的共同体，那么同一网络群体中的每一个人会对这个共同体形成同样的期待，这种期待是该网络群体得以维系的根本。但是，如果网络群体不能为共同体内的人提供归属感，那么人们就会丧失对这个共同体的期待，重新选择自己的网络群体。

首先，与现实群体由地缘、血缘、文化、利益等方面相同或相近的人所组成，一定社会共同性所维系的共同体不同，网络群体的符号化和数字化打破了现实群体中形成的界限，实现了以网络数字化公共平台为媒介的由网络群体为交往主体的网络共同体的文化交往。按照莱茵格尔德的观点，网络群体指"一群主要借计算机网络彼此沟通的人们，彼此有某种程度的认识、持续的公开讨论、分享某种程度的适合信息、相当程度如同对待友人般彼此关怀，通过网络建立个人关系，在虚拟世界中所形成社会的集合体"[1]。这些人不需要现实群体那样固定的时空场所，只是聚集在网络技术所构建的网络世界中。其次，网络群体之间的文化交往与现实的文化交往最大的不同就是对地域的超越性。在网络世界中出现的网络群体并不是建立在同一个地域内，基于共同的生存需要、文化背景、风俗、利益以及关心的问题发生互动而形成的地域性的共同体，人们可以自愿自主地选择适合自己的天地。人们凭借数字技术破除现实互动对距离的要求，可以自由地在网络空间与不同群体展开文化对话，这不仅提高了互动的频率，还拓展了人的社会化空间。最后，在网络虚拟时空中，人们可以根据自

---

① Howard Rheingold, *The Virtual Community: Homesteading on the Electronic Frontier*, Massachusetts, The MIT Press, 2000, 4.

身的兴趣、偏好和价值取向交换信息、传播知识和宣泄情感，并在人与人之间确立起一种相对稳定的社会群体。这种网络群体没有现实群体中的等级结构，也没有现实群体中个体对群体的依赖性，人们对群体的归属完全取决于不同网络主体的志向、兴趣和爱好。如果网络群体的成员对群体的行为不满或对其他成员的行为、言论不满或不认同，完全可以自主地选择离开该网络群体，这就使网络群体表现出很强的流动性特征。另外，网络群体也没有现实群体中的强制性，取而代之的是管理员提供的技术支持和网络群体成员的广泛参与。

（三）网络个体与网络群体之间的文化交往

正如在现实世界中，个体是构成群体的基础一样，在网络虚拟世界中，网络个体也是构成网络群体的基础。随着虚拟技术的发展，每一个现实的个体不断地被虚拟化了，在网络世界中的人与人之间各种虚拟的关系就构成了网络群体共同体。这个共同体是网络个体基于一定的实践需要而形成的共同体形式。离开了每一个网络个体，就无法理解网络群体。网络群体之所以能够存在就在于被该群体中的每一个网络个体的认可，这种认可是人们对该群体的一种归属感。网络群体通过协调每一个网络个体在文化交往过程中的冲突而存在，为每一个在网络空间中从事文化交往活动的网络个体提供一种有效性和共同存在。网络主体通常采用匿名的方式共在于一个文化交往群体中，这就使各个网络个体之间的共同意义不再是一种实质性的观念、信仰或理论，而是一种重叠的共识。如此一来，在网络群体文化交往中，各个网络个体之间的互动关系就表现出一种弱交互的主体性。网络群体为每一个网络个体设定一个"相互承认，各抒己见"[①]的文化交往原则。网络个体在网络群体中的自我放纵虽然表现为不受现实中各种社会关系等客观条件的限制，但也并不意味着网络群体中的网络个体就不需要承担任何责任。网络个体的放纵和自由是建立在文化交往主体彼此之间的一种认可或者许诺的基础之上的，要以网络群体秩序的存

---

① 曾国屏等：《赛博空间的哲学探索》，清华大学出版社 2002 年版，第 45 页。

在作为保障。网络群体需要制定相应的制度来规范网络空间中每一个网络个体的权利和义务，寻求网络世界社会秩序的有序化运作。

　　一方面，网络个体通过与网络群体进行文化交往而在观念上认可和共享该网络群体的价值理念、观念信仰，重新定位和定向自己的价值，并形成共同的价值观念。网络个体在文化交往实践活动中能够将该网络群体的共同观念内化为自己的认同取向，用网络群体的标准规范自己的网络行为，遵循网络群体共同的理想信念与尺度原则。网络群体会不断吸纳这样拥有相同理念的网络个体，该网络群体就逐渐壮大。另一方面，网络个体对网络群体认同的稳定性在网络时代加快了变化频率。阿尔文·托夫勒（Alvin Toffler）在《未来的冲击》中描述道："东西用完就扔的文化扩展了，临时性建筑越盖越多了，模式化部件日见普及了；这些情况都产生同样的心理效果：人和周围事物的联系越来越短暂了。"[1] 当网络个体不承认和接纳网络群体，网络个体与网络群体之间的认同发生冲突的时候，这样网络群体出现了文化价值危机。另外，在网络的文化交往中，网络个体与网络群体的关系也不同于现实的文化交往中个人与群体的关系。他们的关系没有现实社会中个人与群体、集体、组织等关系那么严密，也没有现实社会群体那么强的权威性和制约力。网络个体与群体的关系较为松散和不稳定。事实上，网络主体只有在主客体相互关系中才能认清自己的主体地位，发挥其主体能动性。所以说，必须从网络的文化交往主客体相互关系中才能准确考察网络主体。主客体的相互关系具体分为以下几种：网络个体与网络个体、网络群体与网络群体、网络个体与网络群体、网络个体与网络客体、网络群体与网络客体等。前三种可统称为主体间性，后两种可称为主客体间性。网络主体间性就是指不同网络主体间的关系特性。从表面上看，网络的文化交往只是互联网将一台台电脑连接起来，实际上，网络的文化交往表现为网络信息互动，但是网上的任何信息

---

　　① ［美］阿尔文·托夫勒：《未来的冲击》，孟广均等译，新华出版社 1996 年版，第 51 页。

都是身为网络主体的人操纵的结果。"在这个意义上，互联网所实现的就不是人（主体）与网（客体）的认识关系，而是人（主体）与人（主体）的关系。而这种主体之间的关系所构成的主—客体关系，就不再是传统意义上 S—R 关系，而是一种新型的双向的互动、互补关系，即一种以互联网为中介的新型的认识关系。"① 可见，网络个体与网络个体、网络群体与网络群体、网络个体与网络群体、网络个体与网络客体、网络群体与网络客体的关系也就是主体间性与主客体间性的状况，取决于网络主体及时反思和调整这些关系和观念，使之在网络的文化交往中维持良好状态。

五　网络的文化交往的功能

C. A. 冯·皮尔森（C. A. Van Peursen）写道："文化不仅是传统，而且是任务。每种古老文化都曾经是一个系统，但不管是生物学的还是人类历史的经验都启示我们，凡封闭系统都不可避免地会变得陈旧过时，并苦于动脉硬化。"② 文化正是在不断的交流融合中保持其魅力和价值的。封闭和守旧会扼杀和毁灭文化发展的动力因子，故步自封只有死路一条。因此，开放和交往是推动人类文化变革的持续动力。在网络时代，人类与信息化、智能化机器越来越融为一体，通过这些高性能的机器，既加深了人类自身的联系，也凭借计算机网络将单个或局部的文化交往活动纳入人类文化交往框架中。这里将简要分析网络的文化交往所具有的重要功能。

（一）网络文化的传播与创新

在社会生活和社会交往的信息化和网络化的过程中，信息技术为推动社会文化演化发展起到了核心作用。互联网为人们提供了跨地域

---

① 孙玉祥：《"网络时代"与人的存在方式变革》，《求是学刊》2001 年第 1 期。
② ［荷］C. A. 冯·皮尔森：《文化战略》，刘利圭等译，中国社会科学出版社 1992 年版，第 8 页。

的新型文化交往平台。在这里，人们利用信息技术相互联系、彼此合作，伴随着全新的行为特征、交往规则和思想意识的出现，一种新的文化形式——网络文化应运而生，并将不断地传承和创新。网络文化较好地体现了信息时代的文化特征，将成为信息时代文化发展进步的新形态和新趋势。以往不同文化之间的传播和交流需要几十年甚至上百年，即几代人的时间，以电子为介质的网络文化极大地缩短了这一周期，具有存储量大、更新速度快等优点。因此，网络的文化交往加速了网络文化的传播与创新。

联合国教科文组织领导的国际交流问题研究委员会在研究报告《多种声音，一个世界》（*The McBride Report*）中指出："发展文化，传播文化艺术作品，以保存历史遗产；开阔人们的视野、唤起人们的想象力和激起人们对美学的需要与创造力来发展文化。"① 在网络交往所产生的文化生存和传播方式变革中，表现出一种不同的文化生存和传播机制，在表面方式的背后，隐含着文化生存方式和文化价值观的深刻变化。最突出的核心问题是权威的消失。每一个人都可以在世界范围内自由地发表自己的想法，从而影响他人，而且每一个人都可以选择自己喜爱的信息，从而决定自己的文化。同时，某些过去只有少数人才能享有的文化资源正通过网络而为大众共享，民主的趋势正由网络扩大到社会各个阶层和生活的各个方面。文化赋予网络交往以动力，网络交往创造了新的文化，这是现代交往方式和文化的一次世纪性联姻。一方面，网络交往的形成背后有一种文化动力，即人们的文化需要推动了网络交往的向前发展；另一方面，网络交往形成后又带来自己独特的文化形态，即各种新的文化现象。

网络的文化交往的选择是一个网络文化排斥的过程，第一，对陈旧的、与时代要求相悖的、有害的文化要素进行剔除，淘汰其中的无用内容，进一步厘清时代要求的文化发展方向；第二，网络的文化交往具有创造新文化的价值，通过自身的发展和演变，各种文化之间不

---

① 国际交流问题研究委员会：《多种声音，一个世界：交流与社会·现状和展望》，中国对外翻译出版公司1981年版，第20页。

断地相互冲击，从而产生新的文化。冯鹏志在《伸延的世界——网络化及其限制》中说："网络文化作为一种以网络技术为基础，以网上生存为核心内容的新文化形式，它不仅造成了人们对以往传统的占主流地位的文化价值规范的反思和检讨，而且也极大地扩大了现代社会中人们文化生活的深度和范围，并正在塑造出全新的文化价值规范体系。"① 随着时代的发展和科技的进步，网络的文化交往进一步丰富和完善了一定的价值取向和行为方式，使网络主体的个性得到充分发挥，从而推动了创造性的发挥和文化的创新。作为信息时代产物的网络文化不是空中楼阁，也不是空穴来风，而是在继承传统文化的基础上，满足人们对文化多样性需求的前提下，新时代文化发展的一种新形态和新趋势。

（二）海量信息的交流与整合

信息历来是人类社会发展的关键性因素。谁最快地掌握了最重要的信息，谁就掌握了行动的主动权，成为竞争中的优胜者。信息灵通，就可以视野开阔、高瞻远瞩；信息阻碍，就会情况不明、失去机缘。在传统社会，时空一直是人们获取信息的主要障碍。互联网的产生和发展，从根本上消除了这一障碍，消息的传播表现出多种特征。第一，网络信息传播具有平等性。在互联网出现以前，大众接收的信息都要经过信息制作者和发布者"信息过滤器"的加工处理，并附上了强烈的目的性和主观色彩。网络的出现打破了少数人对信息的垄断，每个人都能够平等地接收互联网内的所有信息，同时也让自己的信息与别人共享。第二，网络信息传播具有自主性。网络让信息接收者不再是被动地接受，而享受主动和自主的权利去选择信息。人们可以根据自己的意愿寻找、检索符合自己需要的信息，并自由地加以利用。第三，网络信息传播具有及时性。互联网能够快速而高效地传输所有数字化的信息，人们可以随时在网上发表自己的思想观点，且排版、发行合二为一，信息的发布和传达可以同时在瞬间完成，真正做

---

① 冯鹏志：《伸延的世界——网络化及其限制》，北京出版社 1999 年版，第 25 页。

到及时。第四，网络信息传播具有超时空性。由于互联网的开发与应用，消除了时空的距离，人们可以跨越时空限制尽情地传递和交流信息，让"秀才不出门，能知天下事"在今天成为现实。无论是网络电话，还是电子邮件，抑或是网络聊天，都与时空的距离无关。正因为网络信息传播的上述特征，信息技术的价值急剧飙升，信息成为普遍的社会资源和社会财富，这也是网络的文化交往的魅力所在。

"网络文化又称'在线空间文化'或'赛博文化'，是指以计算机技术和通信技术融合为物质基础，以发送和接收信息为核心的一种新文化。它是人、信息、文化三位一体的产物。"① 所以，网络的文化交往具有传播整合知识和信息的功能。以世界性的信息资源共享为前提，网络的文化交往具有全球性的色彩。据粗略估算，当前全人类一年加工处理和交换的信息量远大于计算机诞生前自有人类以来信息量的总和。网络不仅使信息传递快速和方便，使世界文化之间的时间和空间距离进一步缩小，而且为全球不同形态和模式的文化提供了更广阔的发展空间，从而极大地促进了当今世界文化的发展。根据"梅特卡夫定律"：电脑网络的价值与连接到网上的电脑的数量成正比。共享信息的人越多，信息的资源就越是丰富而不是越贫乏。

正如联合国教科文组织国际专家小组在《多种文化的星球》（*The Multi-cultural Planet*）中所指出的，"没有多样性，各个部分便不能形成一个能够生长、发展、繁殖和创造的实体。没有整合，各种不同的成分便不能结合成为一个单一的能动的结构。"② 人都生活在一定的社会关系中，相互之间需要交换信息和想法，需要沟通思想和情感。在网络中，人们大多根据自身需求查询、传递和保存日常积累的各类信息，这种选择性是以人的需要为基础的。同时，人们也会根据需求将现有的信息重新整合，融入新的信息再散播出去。可以说，信息运动已经成为物质运动和社会运动的基本方式，这将进一步促进人类生

---

① 李素霞：《交往手段革命与交往方式变迁》，人民出版社 2005 年版，第 207 页。
② ［美］欧文·拉兹洛编著：《联合国教科文组织国际专家研究报告——多种文化的星球》，戴侃、辛未译，社会科学文献出版社 2001 年版，第 1 页。

存、流通和消费的互补互促效应以及各自效率的提高。

（三）虚拟情感的沟通与宣泄

计算机互联网络可以消除不同文化圈或生活圈的沟通距离。当地球上的每一个人可在任何时间与地球上任意地点的另一个人实现通信时，距离感便在很大程度上消失了。以往由于空间或地域不同而产生的文化亲疏感也将在很大程度上消失。文化联系不再局限于地域相邻，价值认同被更为看重。不同的文化观点都有均等的机会在网络平台上拥有一席之地。网络的文化交往的个性化和平民化的特质，使网络运行规则不是依靠传统权威、等级制度和社会惯例，而是依靠人们的才能、参与和自律。同时，网络交流与沟通所具有的精神自由原则，就是允许人们可以自由地进行精神创造，不同的思想观念都能合法共存，让虚拟情感的沟通与宣泄有了出口。

互联网为现代人的休闲生活多样化搭建了平台，从某种意义上讲，使现代中国人的生活方式发生了一定的变革，打破了现实社会中人们传统生活方式的界限。在现实社会中，人们生活方式中的一项重要内容——休闲，主要是通过现实社会所能提供的条件加以满足，它受地域、时间、金钱等条件的制约。而互联网所提供的虚拟平台则突破了这些条件的限制。人们只要拥有一台电子计算机和上网的基本条件，就可以尽情地享受另类的休闲生活，可以与不同人聊天，随时找到同伴玩游戏。在现实社会中，那些以沟通、游戏以及结伴旅游为主要内容的休闲生活完全取决于交往双方的条件，不能自主支配。如果你想与他人聊天、游戏，往往会受交往对象的时间、地域和金钱等条件的限制。但互联网的交往对象的选择则可以完全做到自主。现实社会中难以找到的玩伴，在互联网上不费力气就可以找到。在互联网上，由于交往对象的广泛性，总可以找到与你兴趣、爱好以及秉性相投的伙伴，与你能够在同一时间进行游戏和休闲，使人们更好地释放压力和陶冶性情。

在网络这一特定的虚拟环境中，摆脱了传统文化道德因素的制约，以简单娱乐为出发点，以快餐方式来交流看法和发表观点，以调侃的心态来处理文字，已经成为很多网友的习惯选择，网络的文化交往充当了社会负面情绪的"泄压阀"，起到了宣泄不良情绪的作用。网络空间为人们逃避现实生活，寻求娱乐刺激提供了一个新场所。以虚拟数字空间中的网络流行语为例，它作为一种文化，本身就具有消解、戏谑、非理性的特质，看似无厘头的消遣体现出的是一种自我娱乐的倾向。2012 年 11 月 3 日，"屌丝"一词登上《人民日报》十八大特刊，引发了网络和社会热议。"屌丝"，也写作"吊丝""吊死""叼丝"，是网络讽刺用语。该词由于颇受年轻网友的喜欢而走出网络，在现实生活中被频频使用。屌丝文化作为一种新型网络亚文化，有人用它自嘲，有人借它减压，也有人从中获得了共鸣与温暖。人们借助网络用语获得了更多表达自己生活和诠释自己权利的角度，比如："十分感动，然后拒绝了他"（十动然拒）被用来形容屌丝被拒绝后自嘲的心情，这个既有喜感又充满悲催意味的网络新词掀起了网友的效仿。

网络的文化交往之所以吸引人，最根本的原因是让人们可以"白日做梦"。第一，人们可以以匿名的方式交流，表达现实社会中难以言说的情感。在遇到生活烦恼和心理问题时，受传统观念影响的中国人不好意思向熟人倾诉。而网络的文化交往打消了"熟人社会"的顾虑，是寄托情感和宣泄情绪的绝佳场所。"乃至有人提出，网络如同弗洛伊德的梦的宣泄管道一样，同样具有释放自己的功效。"[①] 第二，在网络的文化交往中，人们很容易获取关怀、同情、理解和支持以及精神上的慰藉。互联网所提供的支持自有其独特之处：可以不用回报，可以获得更广泛的支持，可以随时寻求帮助。经常可以看到"求助信息"的发布和响应，网络成员之间即使素不相识，也比较容易互相帮助。在网络的文化交往中，通过鼠标人们可以不费吹灰之力就获得自己想要的身份、财富、性别等，人们在游戏中的每一次胜利都会得到在现实社会中难以获得的赞誉和奖励。第三，找到自己心仪

---

① 王晓霞主编：《现实与虚拟社会人际关系的文化探究》，中国社会科学出版社 2010 年版，第 176 页。

的归属群体。《荀子·富国》中说："人之生，不能无群。"对群体的需要是人类的本性，结群是人类根深蒂固的本能。在现实社会中，由于"面子"和"人情"，以及群体压力的存在，人们不能高度自由地选择自己的群体。在网络的文化交往中，人们得以摆脱社会的机械安排，对于感兴趣的群体可以自主、自由和自愿地加入或离开。第四，满足人的权利需要。在现实中，由于受到社会条件制约，人的权利欲望普遍受到压抑而无法实现，而且还要受制于人、屈从他人的意愿。而网络的文化交往可以帮助人们实现现实中无法实现的欲望。在网络世界中，每个人都有自主文化交往的权利，可以主宰交往的全过程，也可以随时从文化交往中脱身。第五，随心所欲地谈情说爱。现实社会的恋爱和交友要受到伦理道德、社会地位、家庭背景、身高体重、相貌美丑等条条框框的约束，而在网络中，则可以抛开这些束缚。一些在现实世界难以找到合适伴侣的人借助网络世界扩大自己的交友范围，得以结识更多志同道合的人。还有现实婚恋不如意的人寄希望于网络以获得情感补偿，渴望在网络世界中获得其对于浪漫情感需求的满足，而且这种情感补偿相对于现实社会而言又是最安全的。加上网络自身的虚拟性、隐蔽性的特点，使网恋不需要任何承诺，也没有任何约束。

（四）自我发展的实现与张扬

"文化主体（交流者）是文化活动的选择者，是文化客体（文化载体）的修正者，是文化观念的表达者，是文化过程的控制者，也是文化交流的发动者和文化本身的创造者。"[①] 网络的文化交往不仅使世界历史性个人的诞生成为现实，而且还极大地促进了人的主体观念变革，增强了人的本质力量，提高了人的活动效率，从而促进了自我发展的实现与张扬。

1. 促进网络主体观念的变革。信息技术带来了文化交往方式的变革，人们的思想观念也必然发生相应的转变。第一，自觉树立起全

① 刘伟胜：《文化霸权概论》，河北人民出版社2002年版，第25页。

球观念。网络的文化交往将世界范围内的每个人、每个民族或每个国家都卷入进来，任何一个小的事件就像蝴蝶效应一样会在全球产生或大或小的影响。所以必须从全球角度考虑问题和作出决策。第二，自觉树立起效率观念。求新、求变、多样化和快节奏是信息社会的重要特征，给人们的信息处理、信息交流乃至合作方式等均带来了重大变化。为了适应信息社会的快节奏，人们必须高效率地交流与沟通。第三，民主平等观念得到强化。互联网没有中心，也没有边界，因而也就没有主次和权威。人们只要掌握相关网络技术，并具有一定的上网设备，就可以在网络空间驰骋。

2. 改变网络主体思维方式。恩格斯曾指出："每一个时代的理论思维，从而我们时代的理论思维，都是一种历史的产物，它在不同的时代具有完全不同的形式，同时具有完全不同的内容。"[①] 由此可知，人的思维方式是社会存在的反映。当交往方式和手段信息化时，人们的思维方式也会随之改变。第一，思维开放化。面对开放、动态的互联网，跨地域、跨民族、跨文化的对话随时可能发生。网络主体只有保持开放和宽松的心态，才能适应网络的文化交往的特性。第二，思维发散化。网络的文化交往为人们检索、使用、发布信息和选择交往对象提供了多种选择的自由性和可能性。人们面对多元信息和多样化的交往对象，不再局限于单向的线性思维模式，而是形成了更多的思路和方法，养成发散式思维方式。第三，思维立体化。"传统思维方式是平面的，它考虑问题的着眼点，从时间上说，是事物的过去、现在和将来；从空间上看，是与事物有直接关联的周围事物。"[②] 每一个文化交往主体在信息网络球体中，不能仅用平面思维方式，更要养成立体网络思维方式。第四，思维系统化。互联网的整体性、综合性、系统性和多元互补性等特征使人们抛弃了过去那种孤立和片面的思维方式，相应地逐渐树立整体性、综合性和系统性的思维方式。

3. 增强网络主体的本质力量。人的本质力量是指人所特有的内

---

① 《马克思恩格斯选集》第4卷，人民出版社1995年版，第284页。
② 杨富斌：《信息化认识系统导论》，军事科学出版社2000年版，第173页。

在力量，包括知识、经验、意志、主体性和创造性等。网络的文化交往是人的本质力量的对象化产物，产生之初就作为相对独立的存在形式，又反过来促进和增强人的本质力量。第一，人的认识能力提高。人类认识能力的大小与其借助的物质手段的好坏直接相关。借助于信息技术，人的认识能力得到大大提高，具体表现在：对外部或新鲜事物的感知和接受能力、加工处理和记忆信息的能力、学习新生事物的能力和判断推理的能力等。第二，人的实践能力提高。网络的文化交往使网络主体之间可以相隔万里而实时交谈和广泛沟通，任何人只要上网，无论何时何地都能实现实时沟通。

4. 满足网络主体精神需求，促进自我个性张扬。互联网通过固化人的智慧，延伸人的体力，使人得以超越自身存在状态演绎自己的精神世界。如马克思所言，"任何人都没有特殊的活动范围，而是都可以在任何部门内发展。"① 可以说，网络的文化交往使人可以暂时摆脱单纯的生物需要和对物的依赖，为主体创造提供了可能性和自由性。网络的文化交往可以满足人们精神文化需求的多样性和灵活性，一改现实社会纵向型管理结构，让每个人都处于网络的中心，都是自由平等的参与者和管理者，完全听从自我意识的支配，按照自身需要而选择信息和交往对象。网络主体的责任和义务意识逐渐觉醒。美国微软公司总裁比尔·盖茨于1995年8月回答《亚洲周刊》记者专访时谈道："我想一个最有趣的现象是，电脑网络将令志趣相投的人——不管他们爱好体育、缝纫，还是物理学——都能够很容易地相互沟通，分享信息以及形成讨论群体。"可见，网络的文化交往与现实文化交往的最大区别在于对个人、对普通人的关注，这也是其被人们所热衷的主要原因，每个人都可以随时成为故事的主角和关注的焦点。尼葛洛庞帝在《数字化生存》中说道："后信息时代的根本特征是真正的个人化"②，"个人不再被淹没在普遍性中，或作为人口统计

---

① 《马克思恩格斯选集》第1卷，人民出版社1995年版，第85页。
② ［美］尼葛洛庞帝：《数字化生存》，胡泳、范海燕译，海南出版社1996年版，第4页。

学中的一个子集，网络空间的发展所寻求的是给普通人以表达自己需要和希望的声音。"① 他提倡"我就是我"的口号，主张"真正的个人时代"已来临。自愿自觉的个人发展在网络中成为可能，为个人聪明才智和创造才能的发挥提供了广阔的空间，每个人的潜能和智能得到最大限度的发挥。人们的需要获得全面的丰富和满足。正如马克思在《共产党宣言》中所指出的，在未来社会中"每个人的自由发展是一切人的自由发展的条件"②。人们在网络的文化交往中实现了自我精神虚拟存在从自在到自为，从必然到自由的飞跃，为信息时代人的全面发展提供了一种可能。马克思曾说："时间实际上是人的积极存在，它不仅是人的生命的尺度，而且是人的发展的空间。"③ 借助信息技术手段的高效便捷，人就获得了更多的闲暇时间，相当于拓展了生命空间。于是，人们可以"随自己的兴趣今天干这事，明天干那事，上午打猎，下午捕鱼，傍晚从事畜牧，晚饭后从事批判"④。总之，网络的文化交往为人类迈上新的发展水平、更高的发展境界提供了新的可能。

---

① ［美］尼葛洛庞帝：《数字化生存》，胡泳、范海燕译，海南出版社1996年版，第191页。
② 《共产党宣言》，人民出版社2014年版，第51页。
③ 《马克思恩格斯全集》第37卷，人民出版社2019年版，第161页。
④ 《马克思恩格斯选集》第1卷，人民出版社1995年版，第85页。

第三章　当代中国网络的文化交往的
现状、困境和原因

从人类文化发展的历史进程来看，文化交往是人类文化发展的动力之一。网络时代出现日益普遍和不断延伸的网络的文化交往，从某种意义上讲，是在信息技术普及和不同文化体系差异性的基础上发生的对本文化体系不断超越、完善和把握的过程。也就是说，当归属不同文化体系的人们在网络上相遇，相互感到陌生之时，网络的文化交往实践就发生了。面对全新的时代，我们对网络的文化交往问题的研究不能只停留在解释网络的文化交往的本质、结构、功能等形而上学的层次，而应面对当代中国网络的文化交往实践的现状、困境，以及根源，去发现和探寻实现我国网络的文化交往和谐发展的路径，这才是网络的文化交往问题基于社会现实与文化实践的一条切实而可行的希望之路。

一　当代中国网络的文化交往的现状

当前中国处于新时代改革开放攻坚期、实现"两个一百年"奋斗目标的关键之年，实现工业化的同时要进一步信息化，即从农业社会过渡到工业社会的同时向信息社会过渡，使中国社会转型显得更加艰难和复杂。当代中国网络的文化交往的现状主要有以下三个方面。

（一）网络的文化交往主体的扩大化

"交往主体是参与交往实践、介入各层次交往模式的个体和群体。"① 网络的文化交往主体既是网络的文化交往结构的构造者，也是网络的文化交往实践的人格化产物，是网络的文化交往整合的结果。网络的文化交往是人类迄今为止最广泛、最高效的文化交往方式，是人类文化交往方式的一次革命。网络将世界每个地方的人连接起来，这就为接收全球多元信息，共享人类创造的精神财富提供了现实可能。虽然我国互联网推广较晚，但是我国的网民队伍却在几年内迅猛增长。根据中国互联网络信息中心（CNNIC）2020 年 4 月第 45 次《中国互联网络发展状况统计报告》显示，"截至 2020 年 3 月，我国网民规模达 9.04 亿，较 2018 年底增加 7508 万人。互联网普及率为 64.5%，较 2018 年底提升了 4.9 个百分点。我国网民使用手机上网的比例达 99.3%。截至 2019 年 12 月，我国域名总数为 5094 万个，其中'.CN'域名数量为 2243 万个，较 2018 年底增长 5.6%，占我国域名总数的 44.0%；'.中国'域名数量为 170 万个，占我国域名总数的 3.3%。"② 可见，中国互联网发展继续保持较高增长速度，越来越多的人参与到网络的文化交往中，总体呈不断扩大的趋势。网络的文化交往的直接后果就是把全球团结成一个紧密的文化信息整体，人与人之间、国家与国家之间、民族与民族之间的联系以前所未有的广度和深度全面展开。无论身在何处，一旦成为信息网络的"会员"，就会进入网络的文化交往的世界。信息化加速了全球文化一体化，区域性的信息会立马传送到世界各地，将各种文化混合在一起。不同文化相互融合的同时也暴露了它们之间的差异。在认清文化差异的前提下，网络有利于人们互相交流、取长补短。面对卫星网络和计算机，人们接收的是全方位传递的文化，以其他异质文化为背景能更好地理解和发展自身文化。

随着网络的文化交往这个介质所承载的元素越来越多样化，其主体也开始成为显现出明显标签性特征的各类群体。"博客""威客"

———————

① 任平：《走向交往实践的唯物主义——马克思交往实践观的历史视域与当代意义》，人民出版社 2003 年版，第 134 页。

② 《第 45 次〈中国互联网络发展状况统计报告〉（全文）》，中国网信网，http：//www. cac. gov. cn/2020－04/27/c_ 1589535470378587. htm，2020 年 4 月 28 日。

"维客""奇客""微客""闪客""黑客""拍客""译客""影客""声客""极客"……花样百出的网络"客文化"层出不穷。在网络空间中，网民可以"隔空"交往形成小团体。一个"客"字，已经不仅仅是原始英文字节-er 的音译，更在于一种"说话投机"的认同感。网络"客文化"反映的是网络空间网民的一种新的文化交往方式，眼下各种网络客文化大行其道。"博客"是写网络日志，在网络上向大家公开发表作品的人；"黑客"泛指那些专门利用计算机搞破坏或恶作剧的人；"晒客"就是把自己的物品和生活放在网上与他人分享和点评的人；"搜客"指在网上搜寻各种信息的人；"威客"是解决互联网上他人留下的问题并换取一定的收益的人；"换客"是以个人需求为前提以物易物的人；"粉客"是职业粉丝，通过发帖子、制作个人网页和博客等宣传自己支持的明星；"拍客"是用手机、相机、摄影机记录事件并在网上展示的人。随着微博、微淘、微信、微小说等的出现，人们进入一种"微生活"，"微客"指在微生活中提供本地服务并获取酬劳的自由职业者；另外"微客"还指微博使用者。2005 年，在美国有一个叫麦克唐纳的青年，用一个特大的红色曲别针先后换来钢笔、啤酒桶、雪上汽车、外出旅游、音乐合同等，最后经过一番周折，终于换回一套别墅一年的居住权，别针换别墅就是"换客"最有名的故事。在 2008 年中央电视台春节联欢晚会的舞台上精彩亮相的《农民工之歌》的创作就源于"威客"，当时《重庆商报》花了 2000 元钱面向所有"威客"悬赏征集《农民工之歌》的歌词和作曲，经过一个多月的时间，广大"威客"集思广益，最终不负众望地把这首歌顺利创作完成。2008 年 5 月 26 日，汶川"5·12"大地震爆发，新浪"播客"凭借其及时、真实、生动的报道优势，成为网络视频赈灾报道主渠道，为无法亲临现场而又关心灾民救助情况的普通民众们提供了一个获取信息的庞大平台。美妆"博客"艾米丽·韦斯（Emily Weiss）从 2010 年开始在博客 Into the Gloss 中推荐分享自己喜欢的化妆品，最终于 2014 年创立自己的美妆品牌 Glossier，通过 4 年时间就达到 4 亿美元估值，成为美国最知名的美妆品牌之一。

　　网络文化的多元化、个性化和包容性使网络的文化交往主体也随着网络文化的延伸发展划分出多个特色群体，形成了独特的网络"客文化"，虽然看上去有些让人眼花缭乱，但是却有着深刻的意味。网络的文化交往消除了世界文化的疆域隔阂，为文化的交流融合缔结了平台。而从网络"客文化"来看，自我表述的"博客"、张扬写实的"播客"、倡导自身价值的"晒客"等都是由于共同兴趣和爱好而在网络中结识的网络群体，其正是网络的文化交往跨地域性的典型代表。以最具代表性的博客为例，它的出现意味着一种新的生活、工作、学习和交流方式，创造了一种没有门槛、没有限制的文化交流与沟通机会，几乎实现了全民参与。人们将工作经历、身边故事、每天的心情以及心中的秘密通过文字抒发和记录，博客群体中没有作家和读者的区别，消除了传者与受者之间的不平等，消除了编辑与读者之间的界限，彼此是平等互动的文化参与者，没有身份和地位的高低之分，每个人都有了自己畅所欲言的一片天地。对于一些社会问题，主流媒体不再是"一言堂"，小众得以发表自己的看法和观点，这使传统媒体的话语权被弱化。在中国文化史上，还从未有过规模如此庞大的文化大军。可以说，网络"客文化"第一次实现了文化的人人参与、全民参与。另外，网络"客文化"的出现也使人们开始更多地关注草根文化，打破了文化垄断，让更多的平民文化参与其中，对网络文化的传播和监管都提出了新的挑战。

　　总体来看，根据发展形势和发展趋势的判断，网络的文化交往主体将会在近期内更广泛地扩张，并由于他们广泛地参与网络文化的传播与交流，必将促进信息时代网络的文化交往内容的深入化和网络的文化交往行为的复杂化。

（二）网络的文化交往内容的深入化

　　传统社会关系一般建立在血缘、地缘、业缘关系的基础上。文化交往过程受到种种现实条件的制约，如地理位置、社会角色、传统道德观念等。文化互动的深度和广度必然有限。随着人类社会发展，在物质文明不断丰富的今天，人们的精神诉求越发强烈，表达自我观点、获取更多文化信息的欲望凸显。网络的文化交往的出现为满足人们的精神文化需求提供了有效的途径，随着人们交互接触的内容越来越广泛，越来越深入，实际交往从封闭的地域性转向开放的世界历史性，区域性的文化交往逐渐向民族间的普遍交往扩展。正如唐·泰普斯科特（Don Tapscott）所说："在网际网络上，每个人都是文化的制造者和参与者，网际网络的目的就是建立传播沟通的桥梁，回馈不断在使用者之间循环进行，它最初的构建及以后的维护都不是依赖技术，而是每一个参与者。"① 网络主体可以主动、即时地获取自己需要的信息，或化身为信息发布者和评论员，创造出全新的反馈。网络的文化交往的互动性和多边性消除了人与人之间的距离，深入前所未有的内容，涉及生活的方方面面。人们随着网络信息的流动融汇到文化交往群体中，此前无法逾越彼此界线的文化领域不断得到融合。网络工作方式实现了集中式办公到分布式办公，包括具有现场感的网络会议、又快又好的网络新闻报道和蓬勃发展的电子商务；网络购物则成为消费的新方式；网络游戏、网络宠物、网络数字音乐、网络文学等成为人们主要的休闲方式；网络学校、网络在线教育、网络培训等提供了网络教育的多样化，用鼠标完成家庭作业成为可能；网上炒股、网上投资和网上银行提供了网络理财新方式。

在网络社会活动中，不得不提到网络社区，又称为虚拟社区（Virtual Community）、在线社区（Online Community），或电子社区（Electronic Community），它是网络的文化交往内容深入化的典型代表。网络社区是指"上网者通过各种形式的电子网络，以电子邮件、新闻群组、聊天室或论坛等方式组成的交往活动的网上场所，参与者在此沟通、交流、分享信息"②。人们在网络上通过文字符码组成讨论群体，同时也在辩论、串联和相互呼应的共识和认同强化中建构出活生生的社区。网络社区具有清晰、稳定和便捷等特性，网络参与者

---

① ［美］唐·泰普斯科特：《数字化成长：网络世代的崛起》，陈晓开、袁世佩译，东北财经大学出版社 1999 年版，第 113 页。

② 郭玉锦、王欢：《网络社会学》，中国人民大学出版社 2010 年版，第 130 页。

可以随时加入，也可以随时退出，还可以根据自己的立场，随意选择自己关心、喜爱的场域发表言论，与其他上网者交流互动。1993 年，哈伍德·瑞格尔德（Haward Rheingold）在《网络社区》一书中作出最早的关于网络社区的界定：" 一群主要通过网络彼此沟通、讨论的人们，彼此有着某种程度的认识、充分的感情，分享某种程度的信息与知识，在网络空间中形成个人关系网络的社会集合体。" ① 作为社区在虚拟世界的对应物，网络社区为有着相同爱好、经历，或专业相近、业务相关的网络用户提供了一个聚会的场所，方便他们相互交流和分享经验。在这里，将跨越时空的限制并忽略文化差异，相隔千里、生活经历截然不同的人会发现，与隔壁邻居甚至自己的家人相比，他们之间有着更多的共同点。在网络社区中，可以用虚拟身份与志趣相投的人进行网络的文化交往，抛开现实的局限，进行更广泛和深入的交流。网络社区的内容涵盖很多方面：电子信箱（E-mail）、电子公告板（BBS）、新闻组（Newsgroup）、聊天室（Chat Room）、用户讨论组（Discussion groups）、网络游戏（Cyber games）、专业网站社区和综合网站大社区等。这些社区的虚拟社群组织在共同参与和活动下，形成了各有不同的景观世界。网络社区作为一种新型的相互影响和交流的空间在不断地扩大和延伸。在这个空间里，人们建立起广泛的社会联系，构建共同的世界和可供选择的身份。

网络社区和现实社区并不是完全独立的，前者是虚拟形态，后者是实物形态，它们之间的关系就如同物质和意识之间的关系。网络社区来源于现实社区，是现实空间在虚拟空间的 " 投影 " 和 " 反射 "。脱离现实，网络社区是不可能存在的。一是网络社区是根据人们现实的需要而设定的，现实社区中的生活方式、观念和规范会影响到网络社区的构建。二是网络社区所提供的服务是现实社区服务的延伸和提高。网络社区赋予每个人充分的话语权，不同意见相互尊重、互不排斥，通过讨论和争辩解决问题、消除歧见。同时，网络社区对现实社

---

① 王文宏主编：《网络文化多棱镜——奇异的赛博空间》，北京邮电大学出版社 2009 年版，第 63 页。

区具有反作用。网上的公开透明、重视个体等一系列特征将深刻影响社会，网络社区的许多思想可以用来借鉴、弥补现实社会管理和制度中的某些缺陷。网络社区使现实社区中的不可能成为可能，开拓了人们的思维。总之，网络社区与现实社区是互补互动的关系，从根本上是一致的。二者应该各取所长、互相弥补。网络社区是一种对现有生活方式的冲击，同时也是对现实社会空间的发展。

总之，以网络空间为代表的文化交往实践，拓展了人类文化交往的范围，同时深刻地改变着文化传播的速度和形式，给人类文化交往带来了一个全新的时代，使人类文化交往内容无论是在广度还是在深度上都发生了很大的变化。

（三）网络的文化交往行为的复杂化

从当前人类文化发展进程来看，随着网络的文化交往范围的空前扩大，世界范围内不同地域文化之间的网络交往从肤浅到深入、从简单到复杂，呈现出前所未有的全新态势。网络主体不断趋于个体化和多元化；网络客体和网络中介趋于复杂化和信息化；网络的文化交往的具体模式不断走向开放化和交互性；物质载体逐渐从单一媒体转向多媒体，集成文字、声音、图像、动画、视频等多种媒体的数字化。人类文化发展的历史证明，当某种文化体系面对更加广阔的空间时，必然会采取与其原有形式完全不同的新形式以保持其旺盛的生存与发展活力，这样就势必会使原来长期发挥作用的文化观念、文化传统受到剧烈冲击，进而使该文化体系面临新的生产与发展抉择。另外，这一现实境况还会受到在人类社会发展所带来的新环境、新问题背景下产生的对原有文化形式的质疑而显得更加严峻，相同地域的文化交往行为会在各民族文化为谋求持续发展而发生的对于自身及其他民族文化的传统与现代、继承与发展等纵横交错的交互作用中显得错综复杂。现代信息技术对于各民族文化发展及交互关系的渗透与影响使文化交往行为变得复杂。具体说来，信息技术的广泛应用改变了世界范围内各民族文化交往的方式，任何人都可以相对自由地通过网络发布自己的思想和观点，在没有地域、肤色、社会地位、宗教信仰、社会差别等情况下自由地进行交流。各民族文化正是在这种全新的信息传递过程中发生着潜移默化的变化。就如托夫勒（Toffler）所说："要想将某一特定的信息限制在国界之内或将其拒之于外已经变得更加困难了"，"讯息可以穿越严密防守的疆界。"① 覆盖全世界的网络空间成为不同文化的集散地，不同民族国家文化交往主体都可以随时进入该平台自由地交流与碰撞，打破地域界限的网络的文化交往确实增加了异质文化沟通与共享的机会。但是，正是这种信息无国界的传播对于发展中国家和民族文化产生了强烈的冲击，自由畅通的网络渠道使以美国为首的西方发达国家更为便利地，乃至变本加厉、肆无忌惮地对相对弱势的国家和民族不遗余力地进行文化渗透，文化同质现象和文化帝国主义在网络世界横行。甚至在长期被文化控制的思维习惯影响下，各网络主体进而陷入一种习以为常、麻痹的状态。可见，在信息技术视阈下世界范围内的文化交往在自由平等掩盖下暗流涌动，面对复杂的情况应予以清醒的认识并合理把握。

互联网进入我国是在1994年5月，由于政府积极启动"政府上网工程"，鼓励企业上网并推动中文输入及中文显示软件的开发，有效地推动了国内互联网的发展，互联网用户数量连年快速递增。然而，一方面，由于网络去中心性的特点使用户的发展和使用很难被严格地限制和操控，加上信息管理上缺乏规范，使网络传播处于一种无序的状态。另一方面，正如尼葛洛庞帝（Negroponte）宣称的"真正的个人化的时代已经来临"，网络空间赋予网络主体巨大的能动性，可以自由定制高度个人化的信息。在网络的文化交往中，"文化主体（交流者）是文化活动的选择者，是文化客体（文化载体）的修正者，是文化观念的表达者，是文化过程的控制者，也是文化交流的发动者和文化本身的创造者"②。在这里，人的精神和意识的作用空前增大，更多人投入创造性的智能活动中，网络主体能力得到充分发

---

① ［美］阿尔温·托夫勒：《权利的转移》，刘江等译，中共中央党校出版社1991年版，第32页。

② 刘伟胜：《文化霸权概论》，河北人民出版社2002年版，第25页。

挥，从而进入一个群体创造的时代。正是在这样的前提下，网络的文化交往行为不断复杂化。

以网络舆论为例。广义的网络舆论具有两层含义：一是以各大门户网站新闻频道和传统新闻媒体网站为主体的网络新闻媒体反映出来的舆论倾向，即网络新闻舆论，属于主流舆论；二是借助论坛、虚拟社区、即时通信工具等平台而呈现出来的网民对社会上的人、事，或某种现象的看法，即网民意见舆论，属于草根舆论。本文所述的网络舆论更多地指的是网民意见舆论，即网民以网络为平台，借助论坛、新闻跟帖评论、即时通信工具、博客、视频博客（Vlog）、虚拟社区、社交网站、短视频平台、网络直播等网络传播工具，针对某些公共事务或社会热点问题所表达的态度或意见的总和。网络舆论的主体是民众，他们能够在网上就更广泛的题目发表更多元的意见。"社会心理学研究表明，人在匿名状态下容易摆脱角色关系的束缚，容易个性化。"① 证据显示，"群体极化倾向在网上发生的比例是现实生活中面对面时的两倍多"②。另外，网络舆论的把关人相对缺位。虽然论坛有"管理者"和"版主"承担把关人的角色，但是缺少权威性和强制力，效果甚微，没有实质的过滤筛选功能。论坛管理者有权删除敏感性的帖子，版主可以封锁ID，但是权利一旦使用过当，容易引起网民反感，导致网民流失。现实矛盾几乎都能成为网络舆论热点。而网络舆论正以不可小觑的力量影响着现实社会的发展。如果不加以良好的引导就会出现网络舆论暴力、网络群体性事件、人肉搜索等网络负面行为，若被一些别有用心的人利用，就会对社会造成极坏的影响。2011年，"郭美美事件"在网络上发酵，中国红十字会至今仍深受影响，红会及政府的慈善体系几乎被"郭美美事件"摧毁。而事实上，"郭美美事件"其实是网络推手及网络"水军"公司一手策划的。为了获得更多营销利益，"立二拆四"的尔玛公司大量使用不正

---

① 王文宏主编：《网络文化多棱镜——奇异的赛博空间》，北京邮电大学出版社2009年版，第26页。

② ［美］凯斯·桑斯坦：《网络共和国：网络社会中的民主问题》，黄维明译，上海人民出版社2003年版，第47—51页。

当手段对事件进行炒作。"秦火火"还编造了一些"公务员被强迫向红会捐款"这样的谣言，发泄不满，并使自己出名，从中受益。网络上的仇官仇富心理被一己私利所煽动，一些莫须有的网络谣言、一批低素质的网络"水军"，在极短的时间内竟可以摧毁几代人辛苦建立的信誉。2013年8月20日，"秦火火""立二拆四"等人因涉嫌犯罪被依法刑事拘留，牵出了他们背后的非法利益链，也使他们策划的一系列炒作事件和网络谣言浮出水面，如编造雷锋生活奢侈，捏造张海迪有日本国籍等。这些谣言极具耸人听闻和博人眼球之效，借助微博的传播力，被添油加醋地进行裂变式传播，引发诸多道德争议和网络信任危机，产生了恶劣的社会影响。他们为了私利，编造传播耸人听闻的谣言，煽动社会情绪，严重败坏了社会风气，污染了网络环境，造成恶劣影响，必将受到法律的严惩。2013年8月10日，在中央电视台新址举行的"网络名人社会责任论坛"，就承担社会责任，传播正能量，共守"七条底线"达成共识。这"七条底线"分别是：法律法规底线、社会主义制度底线、国家利益底线、公民合法权益底线、社会公共秩序底线、道德风尚底线和信息真实性底线。2013年9月9日，最高人民法院、最高人民检察院发布《关于办理利用信息网络实施诽谤等刑事案件适用法律若干问题的解释》，明确了网络诽谤、寻衅滋事、敲诈勒索、非法经营的适用条件。根据司法解释，网络空间被定性为公共空间，严重扰乱网络秩序者将涉嫌寻衅滋事罪。而网上诽谤的信息被浏览5000次或转发500次以上，将涉嫌诽谤罪。引发群体性事件、损害国家形象、严重危害国家利益等7种情况，公安机关可以直接介入。可见，我国已经开始重视网络舆论的监督和管理，加快立法速度，规范网民的网络行为，使之有法可依。所有互联网站和网民都必须遵守我国关于互联网的法律法规，这是维护网络的文化交往健康和谐环境的基本保障。任何在网络编造或传播谣言者，若是触犯了法律，就要受到法律的制裁。互联网站要依法办网，网民要依法上网，共同遵守"七条底线"，为我国建设一个健康文明的网络的文化交往空间贡献力量，打造一个网络文明的时代。

二 当代中国网络的文化交往的困境

改革开放 40 年来，我国的经济、政治和文化体制实现了全面的转轨，工业社会所需要的制度结构已基本建立起来。伴随着社会的全面转型，我国文化交往方式发生了一系列可喜的变化，这些变化集中表现为：在观念上，人们的解放观念和自主意识日渐增强；在手段上，逐步从落后、单一化转变为先进、多样化；在范围上，由地域性和区域性的文化交往日益走向世界文化交往和文化全球化。伴随着我国的网络化和信息化，我国网络的文化交往得到极大的发展，我国精神交往更加健康化和丰富化。尽管我国网络的文化交往取得了一定的成绩，但是面对信息时代的挑战，仍有许多不合时宜的方面和环节。目前尚存的这些主要问题和困境仍是阻碍网络的文化交往和谐发展的主要因素。因此，进一步澄清这些问题，找出原因之所在，是当务之急。

（一）网络的文化交往与现实的文化交往的冲突

在网络信息技术时代，人们所面对的是一个网络的文化交往与现实的文化交往共存的世界，网络的文化交往是现实的文化交往在电子意义上的延续。在这样的世界中，人类面临着虚拟与现实这一对二重性矛盾，尤其是围绕着网络的文化交往，存在着虚实之间的相互否定、相互排斥、相互冲突的多重矛盾难题。网络的文化交往与现实的文化交往之间的冲突主要表现在以下三个方面。

1. 网络的文化交往对现实的文化交往的排斥

很多人加入网络的文化交往的初衷就是逃避现实生活中的不如意与不愉快。网络的虚拟、匿名、符号化和超越时空的特性使人们可以在脱离现实社会群体之外，获得保持和发展自身独特旨趣的虚拟时空。莱恩格尔德（Howard Rheingold）在倡导网络社区时曾指出："人们在网络社区中可以像现实生活中一样行事，并可以摆脱身体的束缚。虽然你无法去吻别人，他人亦无法揍你的鼻子，但很多事情仍可以发生。"① 网络社区的人际互动具有自我选择性、自由性、群聚性等特征，赋予了每个人充分的话语权。每个成员都可以自由选择自己的身份、立场与显身方式，在社区中不同的意见能真正做到相互尊重与互不干涉。拥有同样的兴趣爱好的人会聚集在同一个网络社区，通过群内同质化的群体认同，产生群体极化现象，常常导致对现实的文化交往的排斥。"网络虚拟自我大多是网外自我被压抑部分的反映，或是想象自我的虚拟呈现。人们通过虚拟生活使自我得到充分的显现，从更多的层面满足了体验自我的强烈欲望。"② 网络的文化交往是对在现实社会中受到压制的个人欲望的释放，更能彰显网络主体的独立性。凯文·罗宾斯（Kevin Robins）说："人们一直像沉重的履带牵引机一样生活，现在新的技术将把人们变成轻盈的蝴蝶。自由就是脱离现实空间……通过人与计算机系统的互动进入一个独立的微世界。"③

网络的文化交往虽然是从现实发展来的，但是它一经诞生，就具有了自己独立的生命。为了维护自己的独立性，也为了抗议来自现实的干预，网络文化采取排斥的态度对待现实的文化交往。美国学者巴洛在《网络独立宣言》中的观点就是极好的体现："工业世界的政府们，你们这些令人生厌的铁血巨人们，我来自网络世界——一个崭新的心灵家园。作为未来的代言人，我代表未来，要求过去的你们别管我们。在我们这里，你们并不受欢迎。在我们聚集的地方，你们没有主权。"④ 他满怀激情地宣称，网络是一个独立的世界，而不是传统社会功能的延伸。网络的文化交往对现实的文化交往排斥是有其原因的，因为在网络世界中有着自身独特的运行逻辑、权力机构和价值观念，且与现实的文化交往不太一致，而现实的文化交往往往又喜欢将自己的观念强加于网络的文化交往。在这种情况下，网络的文化交往

① Howard Rheingold, *The Virtual Community*: *Finding Connection in a Computerized World*, London: Secker & Warburg, 1994, p. 3.
② 郑元景：《虚拟生存研究》，社会科学文献出版社 2012 年版，第 95 页。
③ Andrew Calcutta, *White Noise*: *An A-Z of the Contradictions in Cyber Culture*, Macmillan Press, 1999, p. 21.
④ 高鸿钧主编：《清华法治论衡》第四辑，清华大学出版社 2004 年版，第 509 页。

对于现实的文化交往就必然产生排斥的态度，其实这是出于保护自己的被迫反应。

网络的文化交往以符号的方式呈现，会导致真实与虚拟的混沌和复合。过于沉浸于网络的文化交往的网民会把网络世界当成现实生活，作为逃避现实的避风港。事实上，网络的文化交往并不能为人提供全方位需要的满足，交往实践有效性的程度及其衡量标准最终还是需要在现实世界中加以验证和确认。因此，也不能过分夸大网络的文化交往的作用，不能过分强调对于现实的文化交往的排斥。

2. 网络的文化交往对现实的文化交往的侵蚀

在网络环境下，人越来越依赖网络的文化交往；可以说，人对于网络技术的依赖是信息社会中主体对于物化劳动即对工具依赖的新形式，是从工业社会对"有形"的物的依赖走向信息时代对"虚拟物"的依赖。长期过分崇拜网络技术，将造成人的体力、智力等一些基本能力的下降，也就是说，人们创造了网络，但是网络却违背了人的意愿，反而成为统治和支配人类的异己力量。有学者指出："人们发展了科学技术，创造了信息，缔结了整个信息时代。而在这个新兴时代里，一些人对信息以及信息技术的依赖远远超过了预期，全然不觉自身已慢慢陷入了这张自己编织的信息网中，更没有意识到在主宰信息过程中，最终被主宰的恰恰是一些人自己。伴随而来的越来越严重的道德滑坡、道德冷漠、信仰危机和人格丧失，标志着一些人对信息技术的盲从与过分依赖而使人迷失了自我。"[1] 当人类文明的步伐迈向信息网络时代的时候，网络的文化交往成为人获得基础资源必不可少的渠道，人的价值和个性却被淹没在数字化的海洋中，人之主体屈服于技术客体。中国台湾学者叶启正将其称为"虚拟与真实的混沌化"，他指出："网际网路的出现，加剧了拟像更加大量地漂浮在人的世界里，同时强化了社会中早已成形的欲望体系和消费体系。这样的发展结果，使得传统'拟像'与'真实'间相对明确的区隔变得更为模糊、暧昧，严重的话，最后终将导致两者合而为一。这样的混

---

① 郑永廷、银红玉：《试论人的信息异化及其扬弃》，《教学与研究》2005 年第 6 期。

沌化基本上乃使'真实'为'拟像'所消融，而不是相反的情形。于是，'人为的'反客为主，做起'自然'的主人。当'自然'成为'人为'的一部分，'拟像'就取代了传统的'真实'的地位，主导着人的世界。"①

　　网络的文化交往正在改变着人们的生活方式、价值观念、思维方式乃至兴趣爱好和娱乐等日常生活领域的方方面面。在"无网不胜""一网打尽天下"的喧哗中，人们尽情享受着网络带来的交往便利、信息丰富，难免会沉溺其中，把现实与虚拟搞混，把事物的虚拟代替物当成事物本身。正如迈克尔·海姆（Michael Heim）所说："虚拟世界可以威胁人为经验的完整性。……我们需要学会时不时地抑制虚拟实在。无限多样的世界呼唤心智健全，呼唤与现实的联系，呼唤形而上学的基础。"② 这一将虚拟性与实在性相混同、将网络的文化交往与现实的文化交往相混同的情况可能会产生认知层面和理性层面的混乱，这就不可避免地产生了虚拟性与实在性之间的价值冲突。长期存在于虚拟时空之中，会使人产生一种类似于真实存在的感受，当有些人不能区别就会沉溺于此不能自拔，失去自我。人因为沉湎于由符号所构成的网络的文化交往而远离真实世界，"假作真时真亦假"，造成对虚拟与现实的混淆、错位，为此丧失了对最基本的事实和道德判断能力，失去真实的自我和人性。被符号世界异化的人会把虚拟的一切照搬到现实生活中，对一切现实事物无动于衷、漠不关心，乃至麻木，成为以自我为中心的"数字化人"：注意力不能集中和维持，感知觉能力降低，记忆力减退，逻辑思维活动迟钝；情绪低落消极悲观，缺乏对生活的兴趣和动机，丧失自尊和自信。回到现实生活中的痛苦情绪和自我否定的消极体验，会促使其再次回到网络中，逃避在现实中应承担的社会责任与义务。不光人格会发生畸形，还会危害身体健康。由于长时间上网，睡眠不规律，大脑神经中枢持续处于高度

---

　　① 叶启政：《虚拟与真实的浑沌化——网路世界的实作理路》，《社会学研究》1998年第3期。

　　② ［美］迈克尔·海姆：《从界面到网络空间——虚拟实在的形而上学》，金吾伦、刘钢译，上海科技教育出版社2000年版，第135—136页。

兴奋状态。引起体内一系列复杂的生物化学变化，导致自主神经功能紊乱、内分泌失调、免疫功能降低，从而诱发种种疾患，如胃肠神经症、紧张性头疼。此外，长时间敲击键盘可引起腕关节综合征；长时间注视电脑屏幕可导致视力下降、怕光、暗适应能力降低，长时间僵坐在电脑前可出现腰背肌肉劳损、脊椎疼痛变形等。

3. 现实的文化交往对网络的文化交往的控制

现实的文化交往与网络的文化交往既能相互促进，也能相互制约。一方面，现实世界的运行越来越倚重网络时空，越来越受到网络时空发展的制约；另一方面，网络时空的发展更依赖于现实社会经济发展状况、信息技术水平及其普及程度。另外，网络世界的运作也总受到现实社会政治的制约和干涉。如莱斯格（Lessig）所说："你也许会认为因特网是一个完全自由的通信系统——本科勒索定义的每一个层都是自由的，但事实并非如此。因特网的特别之处在于自由与控制的混合方式。因特网的物理层基本上都是受控的，网络赖以运转的计算机和网线或是政府的财产，或是私人的财产。与之类似，目前在因特网的内容层上，许多东西都是受控的。"① 在网络中，人的肉体被技术化搁置了，已经信息化的主体性、理性得到更充分的发挥，似乎应当取得更广泛的自由。然而，网络的文化交往的自由仍然受到现实种种条件的制约。

网络诈骗、网络侵权、网络色情等各种网络社会问题蔓延开来，对现实世界造成一定的威胁。埃瑟·戴森指出："传统意义上的政府对它束手无策，它确实需要一种内在的控制机制——尽管崇尚自由的网民对此大喊大叫。"② 所以，必须借助一切现实条件，运用技术、法律和道德等手段对网络的文化交往进行控制。当代信息网络技术蓬勃发展，但仍不完善。技术不完善引起的网络问题可以通过技术进步来解决。但是网络技术不是万能的，通过法律去遏制网络犯罪活动也

---

① ［美］劳伦斯·莱斯格：《思想的未来：网络时代公共知识领域的警世喻言》，李旭译，中信出版社 2004 年版，第 25 页。

② ［美］埃瑟·戴森：《2.0 版：数字化时代的生活设计》，胡泳、范海燕译，海南出版社 1998 年版，第 18 页。

是困难重重。网络行为主体的匿名行为导致传统法律难以介入进行监管。法律制定相对滞后，在现实社会行之有效的控制手段在网络社会的执行效果大打折扣。"……法律在本质上是反应性的。法律或法规很少能预见问题或可能的不平等，而是对已经出现的问题进行反应，通常，反应的方式又是极其缓慢的……法律体系反应太慢，根本无法解决各种由于技术进步引起的侵犯隐私的问题。"① 即使在发达国家，网络犯罪案件被发现且能破获的也不到1%。在这种情况下，必须加强对网络道德的建设，"道德往往超出法律的约束范围，尤其是当法律解释不当或滞后于技术发展的步伐时更是如此"②。应充分发挥伦理道德对网络主体行为的约束作用，培养高素质的网络主体。

（二）网络的文化交往与传统的文化交往的碰撞

传统文化就是文明演化而汇集成的一种反映民族特质和风貌的民族文化，是民族历史上各种思想文化、观念形态的总体表征。网络的文化交往快速发展的威力对中国传统的文化交往形成冲击。中华民族数千年文明历程积淀下来的博大精深的传统文化受到一种新型的文化形式——网络文化的挑战，这两种文化在网上交汇，难免会迸发出激烈的火花。

1. 网络的文化交往对传统的文化传播方式的冲击

由中国新闻出版研究院组织实施的第十七次全国国民阅读调查显示，"2019年我国成年国民包括书报刊和数字出版物在内的各种媒介的综合阅读率为81.1%，较2018年的80.8%提升了0.3个百分点，数字化阅读方式（网络在线阅读、手机阅读、电子阅读器阅读、Pad阅读等）的接触率为79.3%，较2018年的76.2%上升了3.1个百分点。报告认为，数字化阅读的发展，提升了国民综合阅读率和数字化阅读方式接触率，整体阅读人群持续增加，但也带来了纸质阅读率增长放缓的新趋势。调查发现，超过半数成年国民倾向于数字化阅读方

---

① 黄寿松：《网络时代社会冲突与个人道德自律》，《学术论坛》2001年第2期。
② 黄寿松：《网络时代社会冲突与个人道德自律》，《学术论坛》2001年第2期。

式，倾向纸质阅读的读者比例下降，而倾向手机阅读的读者比例上升明显"①。可见，数字出版对传统出版有所冲击。网络的文化交往大大改变了传统的文化传播方式，也改变了人们的阅读习惯。网络是继报刊、广播、电视之后的第四大传媒，它的运用是人类文化传播的又一次飞跃。互联网的便捷和低廉的成本造成了其在与传统媒体的争夺战中的绝对优势。大众对于传统的媒体——电视、广播、报纸、书籍属于单向度的被动接收者，时间受限制且保障成本相对较高。但是网络媒体可以让读者根据自身喜好挑选订制，时间比较灵活，还带搜索和链接功能，有着传统媒体无法比拟的优势。亚马逊 Kindle、科大迅飞智能办公本、小米多看电纸书、掌阅 iReader 等各种电子阅读器层出不穷、不断升级，纷纷瓜分传统图书市场，一个阅读器的存储量大到可以放上千本书，下载电子书的费用远远低于购买一本实体书的价格，且携带方便，而且现在的设计已经能够模仿实体书的纸质与阅读感受。在手机和 iPad 阅读方面，当当云阅读、微信读书、移动图书馆、Kindle 阅读、咪咕阅读、掌阅、多看、藏书馆等一批看书软件支持多种格式文件，还能人声朗读，方便随时记笔记做注释。针对城市生活节奏快、时间碎片化、信息日新月异的特点，一批听书软件，如喜马拉雅、讯飞有声、得到、企鹅 FM、懒人听书、氧气听书、荔枝FM 也应运而生，带来了短平快的浅阅读体验。以现代信息技术为支撑的网络的文化交往直接使文化传播进入数字化时代，消除了传统文化在传播和交流中的时空障碍，对传统的文化传播方式和速度造成了严重的冲击。

2. 网络的文化交往与传统的文化交往的语言冲突

语言是一切民族存在的根基，没有语言就不会有历史、文化以及随之衍生的一切东西。汉语的语言和文字承载着中国文化自身演化的历史，在此基础上建立的传统文化才得以繁荣。网络的文化交往的发展导致了一批异类文化的兴起并已经开始影响中华文字的独

---

① 《第十七次全国国民阅读调查：2019 年成年国民人均纸质书阅读量 4.65 本》，中国青年网，http://new.youth.cn/sh/202004/t20200420 - 12295201.htm，2020 年 4 月 20 日。

特魅力。年轻群体为彰显个性成了"火星文"的追捧者和传播者，出现了其专用软件和输入法，并逐渐向现实社会中渗透。该文字从字面上根本无法理解，由符号、繁体字、日文、韩文、冷僻字等非正规化的文字符号和怪异的文法组成，与日常用语有明显的不同。因地球人看不懂这种文字，所以被称为"火星文"，主要通过"orz6转换器"将中文生成火星文。比如：Orz＝跪拜（五体投地）、↓4I（O）＝吓死偶（吓死我）、偶喷反（男朋友）、劳工（老公）、荔口耐（很可爱）、你傃谁（你是谁）等。另外，各种兴起的网络流行语也进入了我们的日常生活，诸如："我是来打酱油的""我和我的小伙伴都惊呆了""神马都是浮云""扎心了，老铁！""惊不惊喜，意不意外""你的良心不会痛吗""皮皮虾，我们走"等等，这些平平无奇的语言受到大众的喜爱并达到举国皆知的程度。中国汉字文化的独特语言文字体系已经被解构，成为娱乐化的产物，没有任何文化内涵可言，可能会造成中华民族整体汉字运用水平的下降。上海的高考作文就禁用网络词汇，例如"给力""伤不起"等网络语言将视为错别字处理。网络语言一般是传统词汇变形，在使用上的随意性和非规范性会引起日常用语的混乱，直接冲击着中国传统汉语语言的规范，势必会造成汉语语言生态危机。

3. 网络的文化交往与传统的文化交往的价值观念冲突

传统文化是历经几千年长期的历史锤炼才形成的一种集体智慧结晶，而网络的文化交往从产生之初就抓住了人们的眼球，致使传统的价值观念纷纷受到网络文化的冲击。网络的文化交往与传统的文化交往的冲突内核是价值观念。网络文化传播中的功利主义、物质主义、利己主义用奢华享乐的电影情节使人陶醉向往，急功近利的个人成功奋斗案例让人迷惑崇拜，一系列奢侈名牌产品使人彻底被征服。将眼中的一切事物都与物质挂钩，强调急功近利、好逸恶劳、贪图享乐，"宁愿在宝马车上哭，不愿在自行车上笑"，渴望成功、金钱和权力，却不再踏踏实实、勤勤恳恳，不再满足于厚积薄发，幻想着一夜成名、一夜致富。比如，2006 年 9 月，一个叫"雅阁女"的女网民就称月薪低于三千元是下等人。金钱至上的价值观在中国大行其道，年轻人在网上叫嚣着自己的财富。上海一男子在博客里炫耀自己狂买名牌的奢侈生活，还用大叠百元人民币来点烟。他张贴照片炫耀自己的奢侈生活，毫不掩饰地鄙视穷人。2020 年 1 月 17 日，网名"露小宝 LL"的女子发微博炫耀自己与同伴在周一闭馆日开奔驰游览故宫的图片。该女子在闭馆日仍能进入故宫，并且违反禁止机动车驶入的规定开着大奔进行游览，此事在网上引发热议。各种"富二代"炫富已经不是什么新鲜话题，传统的价值观在年轻一代的身上土崩瓦解。网络个人主义凸显，少数网民自以为在网络享有高度的自由，可以毫无顾忌。同时还会并发网络虚无主义，具体表现为道德虚无主义和人生虚无主义。道德虚无主义者认为在网络中不受道德的约束，不讲道德，不讲诚信、不讲文明、不讲礼仪的现象随处可见。人生虚无主义者表现为怀疑现实生活的意义，对现实的情感、生活、交往产生怀疑、错乱，甚至厌恶，无法区分现实和虚拟。总之，网络的文化交往问题大多源于错误的网络文化价值观对传统价值观的背离。

4. 网络的文化交往对传统的文化交往的伦理道德冲击

中国自古以来就是文明古国礼仪之邦。从古至今，"孔曰成仁，孟曰取义"的思想占据着我国主流价值观。我国重伦理，如"君君臣臣父父子子"；讲道德，如"仁义礼智信""百善孝为先"；提倡尊老爱幼，如"温良恭俭让"；等等。过于依赖网络的文化交往时，人容易变得冷漠和自私，正常的人际交往会产生障碍，人与人之间关系冷漠的问题显露无遗。在这个漠视传统的国度里，文化和精华只会被时间消磨掉，慢慢失去光彩。网络的文化交往追求平等和公正，反对权威，没有长者，没有规矩。每个人作为平等的参与者出现，享有同样的话语权，各种思想自由地随意碰撞。而传统的文化交往中强调等级制度、长幼有序、尊卑等级和纲常礼数，重在保障尊者、长者的权威，形成一种对身份、地位和权力的崇拜，具有不平等性。网络的文化交往强调个性和自我，否定了传统文化交往的尊卑关系。网络技术为个人个性的发挥和价值的张扬创造了条件。而中国传统文化历来推崇集体利益、国家利益高于个人利益、"舍小家顾大家""修身齐家治国平天下""先天下之忧而忧，后天下之乐而乐""穷则独善其身，达则兼济天下"等，强调先有"国"，后有"家"，最后才到"个人"，强调不同个体之间的共性、整体性和民族性，是一种共性文化。

5. 网络的文化交往对传统文艺的冲击

网络文学的出现对传统文学理论和批评是一个严峻的挑战，它是21世纪文学研究的热门课题。"网络文学，现在一般泛指以互联网为主要表现平台和传播媒介的文学作品、类文学文本及含有部分文学成分的网络艺术品。"① 其中以各种网络原创小说、游戏小说与剧本、散文与游记、博客文章等为常见，深受网民喜爱。实时回复、实时评论和投票是网络文学的重要特征。网络文学大约自20世纪90年代末兴起，几乎与互联网的普及同步，虽然至今只有短短10多年的时间，但内容已经十分丰富了。仅就小说而言，就有青春、校园、悬疑、侦探、历史等多种形式。网络文学的形成大大丰富和拓展了传统文学的表现形式与传播途径，同时两者相互包容渗透。例如不少传统文学作品，如《水浒传》《围城》等通过电子化成为网络文学的组成部分；而一些受追捧、关注度较高的网络文学作品如《亮剑》《昆仑》等也通过正规出版进入了传统文学领域。网络文学同其他艺术和电脑技术渗透和结合，在语言媒介为主体的基础上配上背景音乐、图片，加上美观的字体、符号、艺术的排版和构图，大大增强了艺术魅力和说服力。超文本技术使网络文学的艺术形象呈现立体叠合，为读者提供了无限的想象空间。网络世界为每个人提供了文本发表的平等机会、才华展示和能量释放的足够空间，人人都可能成为网络文学的作家，许多人从未意识到的文学天赋和创作潜能为网络所激发。网络文学具体分为三种形态：一是传统文学作品经过电子扫描技术或人工输入等方式进入网络。二是直接在网络上诞生的文学作品。三是通过计算机创作或有关计算机软件生成的文学作品，如《背叛》。1997年，美籍华人朱威廉在上海创立了"榕树下"网站，标志着网络原创网站进入专业化时代。在这之后，"天涯""清韵""幻剑数盟""诗江湖"

---

① 陶侃：《我们都是网中人——网络文化与人的发展》，北京交通大学出版社2013年版，第125页。

"起点中文网""红袖添香""乐趣园"等数不胜数的网络文学网站如雨后春笋般出现。同时，也出现了大批网络作家，如痞子蔡、安妮宝贝、南派三叔、唐家三少等。更重要的是传统的大众文化商业运作模式开始影响网络文学。网络文学网站出现了网络签约作家，网络流行的作品被出版，然后制作影视剧、开发游戏。同时，传统文学也开始正视网络文学，这不仅表现为网络文学的不断出版，也表现为中国作家协会这样的传统组织开始吸收有影响力的网络作家。而一些知名作家也开始和著名的文学网站签约。有评论形容图书市场将由"读图时代"进入"读网时代"。网络文学的优势有：更新速度快、传播范围广、阅读人数庞大、创作不受传统和现实的约束。传统文学作品欣赏以单向被动接受为主，需要读者具有一定的文学素养和艺术想象力，对作者和作品不能直接反馈意见产生影响。而网络文学作品的欣赏却是双向互动的，作者与读者之间直接在线沟通。作者可以一边创作，一边解说作品，回答读者提问。读者可以参与到网络作品的创作中，选择自己喜欢的故事情节和人物结局。网络文学缺乏学术性、专业性和精辟的网络文艺批评。任何网民都可随时随地发表网络文艺评论，可以是长篇大论，可以是一句话、一个词，也可以是一幅图、一个标点符号。不经任何编辑地张贴，随感式、谩骂式的批评较为常见，学院式、学理式的文艺批评的声音几乎没有。除了网络文学，还有网络电影、网络游戏、网络音乐、网络绘画等其他网络艺术会对传统文艺产生或多或少的冲击。

（三）中国网络的文化交往与西方网络的文化交往的摩擦

网络的文化交往产生了双重效应，它一方面推动了跨文化交流、互动和体验，使人类文化出现前所未有的整合现象，使中国文化与世界接轨，中国在接触世界上其他优秀丰富文化的同时也让世界了解中国文化。另一方面又使西方发达国家凭借其强势的"网络文化帝国主义"作风对中国等其他发展中国家实行文化霸权。

网络的文化交往使人们置身于彼此之间，超越了国家、民族、地域和文化界限。不同国家、不同地区、不同民族的文化再也不是封闭的，互联网正从地球的一个角落到另一个角落同步传播全球化的文化。文学、影视作品、音乐、绘画等在各个国家都有相似的版本。网络的文化交往使文化互动达到了一种前所未有的境界，带动了不同文化间的互动与交流，也为发展中国家带来了不同的跨文化体验，这种互动与交流带来的是多种文化的异质性冲击。西方世界在文化上的强势话语权借助网络的文化交往对非西方世界产生冲击和碰撞。美国当代著名政治学家亨廷顿（Huntington）以其《文明冲突论》闻名于世，他认为 21 世纪国际政治角力的核心单位不再是国家，而是文明；不同文明间的冲突，即文化方面的分歧。全球信息化时代不仅加剧了这种冲突，而且使它获得了新的表现形式。各国、各地区、各民族由于经济发展不平衡、社会制度差异、地理位置和气候环境不同形成了各具特色的语言、风俗习惯、宗教信仰、价值观念，因此在文化构成的内涵上存在着程度不一的对立和差异。不同形态的文化在交流过程中发生的文化失范和冲突是不可避免的。一方面，不同民族文化之间产生交流乃至融合，通约性和互补性增强。另一方面，发展中国家在国际文化竞争格局中可能处于劣势地位，其民族文化安全会受到威胁。当今人类面临的一个重大的现实问题就是如何解决网络的文化交往过程中国家与国家之间、地区与地区之间、民族与民族之间可能存在的各种文化对立与摩擦。

诚如美国未来学家阿尔文·托夫勒（Alvin Toffler）所言：谁掌握了信息，控制了网络，谁就将拥有整个世界。网络的文化交往的开放性和自由性，使发展中国家抵御外来文化的难度大大增加，强大的西方传媒可以凭借其实力轻而易举地进入任何一个国家和地区，并产生广泛的影响，使落后国家的本土文化在文化交流和竞争中处于弱势和不利地位。20 世纪 30 年代，葛兰西（Gramsci）在《狱中札记》中提出"文化霸权"（culture hegemony）理论，指一种非暴力的文化意识形态的控制手段，即意识形态领导权。20 世纪 60 年代，法兰克福学派分析了美国与第三世界国家的文化关系后，提出"文化帝国主义"现象。美国学者佩查斯在《20 世纪末的文化帝国主义》中也描述了"文化帝国主义"的现象，指出"西方统治阶级对人民的文化生活的系统的渗透和控制，以达到重塑被压迫人民的价值观、行为方式、社会制度和身份，使之服从帝国主义阶级的利益的目的"①。文化帝国主义的实质就是发达国家在文化和意识形态上对不发达国家进行渗透和控制。当今，西方文化帝国主义渗透和控制的手段更加隐蔽。"第四媒体"国际互联网的出现加快了文化传播的速度，拓宽了文化传播的范围。网络的文化交往为西方文化强势输出提供了便利，网络文化霸权问题日益凸显。网络文化霸权就是西方国家借助互联网把意识形态、文化价值观输入发展中国家并得到该国广泛认同，最终实现文化殖民。托夫勒在《权利的转移》中说："世界已经离开了暴力和金钱控制的时代，而未来世界政治的魔方将控制在拥有信息强权人的手里，他们会使用手中掌握的网络控制权、信息发布权，利用英语这种强大的文化语言优势，达到暴力、金钱无法征服的目的。"②实际上，网络文化霸权在很长一段时间内只能是西方网络文化霸权，尤其是美国所倡导的网络文化霸权。2017 年 4 月 8 日，习近平总书记与美国总统特朗普举行了中美元首第二场正式会晤，习近平强调双方要利用好执法及网络安全对话机制，共同推动和建设和平、安全、开放、合作、有序的网络空间。多年来，以美国为代表的一些西方国家一直指责中国发动网络攻击，2013 年 6 月 5 日 "棱镜门" 的曝光彻底揭露了事情的真相，在全球范围内实施最大网络攻击的就是 "贼喊捉贼" 的美国。

美国是全球化的中心，它不仅主宰着当代信息技术的进步，同时还利用高科技手段和发达的大众传媒传播美式文化和价值观念。一是美国利用覆盖全球的广播、卫星电视和互联网等形成主导全球的信息传播体系，为其文化输出创造了有利条件，成为推行其文化霸权的加速器。美国总统奥巴马上台后斥巨资建设宽带、智慧电网，美国微软、谷歌等公司向全世界营销 "云计算" 服务都是美国极力维持其

---

① ［英］汤林森：《文化帝国主义》，冯建三译，上海人民出版社 1999 年版，第 4—5 页。

② ［美］阿尔温·托夫勒：《权力的转移》，中共中央党校出版社 1992 年版，第 105 页。

网络信息优势的表现。二是美国自互联网诞生之日起就将其牢牢掌控。全球互联网 13 台根服务器都由美国政府授权的 ICANN（互联网名称与数字地址分配机构）统一管理，并拒绝放权。美国几乎主宰着从硬件到软件、从根服务器到域名管理互联网产业链中的所有环节。美国具有在互联网上的科技优势，牢牢垄断信息技术及应用，扼住别国命脉。信息技术革命从一开始就掌握在美国手中，信息技术理念、应用、标准等也都在美国主导下制定。三是由于英语是全球计算机的基础语言和通用语言，美国具有语言优势。网络技术始于美国，技术构架都是以英语为基础的，加上英语在世界文化交流中的传统地位，使英语成为网络中的主导语言。"今天网络语言是西方的语言，网络规则是西方的规则。"[1] 在国际互联网中，英语信息占 90% 左右。国际互联网的标准如 ICP/IP 等网络协议，也是以英语作为计算机技术和互联网络的标准语言。英语是网络的文化交往中的"语言霸权"，不可避免地使英语国家的思维方式、意识形态等传输到非英语国家。美国对外极力标榜互联网自由，并鼓吹其他国家开放网络。2010 年初美国前国务卿希拉里宣布美国将把"不受限制的互联网访问作为外交政策的首要任务"，并拿谷歌事件大做文章，批评指责中国互联网不自由、受限制。[2] 美国表面上鼓吹推动网络信息自由，但真实目的却是利用互联网进行政治干预，最终维持并巩固美国的全球霸权地位。"2009 年 5 月，微软公司就按照美国政府的授意，切断了古巴、伊朗、叙利亚、苏丹和朝鲜五国的 MSN 即时通信服务端口。在 2009 年伊朗大选前后，美国通过推特（Twitter），分化、挑拨保守派和改革派民众，变换模式渗透煽动，导致伊朗发生了大规模的流血冲突。"[3] 越来越多的国际事件证明，美国将互联网作为实现政治目的的有效工具。2011 年 2 月 15 日，希拉里在乔治·华盛顿大学发表题

① 李素霞：《交往手段革命与交往方式变迁》，人民出版社 2005 年版，第 218 页。
② 吴定平：《撕下美国"互联网自由"的虚伪面具》，腾讯网，https：//news. qq. com/a/20110412/001123. htm，2011 年 4 月 12 日。
③ 吴定平：《撕下美国"互联网自由"的虚伪面具》，腾讯网，https：//news. qq. com/a/20110412/001123. htm，2011 年 4 月 12 日。

为"互联网的是与非：网络世界的选择与挑战"的讲话，在讲话中
她进一步阐述了"互联网自由"理念，明确表示美国将采取"外交
与技术手段相互配合的方式推进互联网自由"，提出美国今后推动互
联网自由的一系列措施，包括设立领导机构，加大资金投入，加大对
社交媒体的利用等。① 美国所谓的互联网自由是其推广本国价值观、
进行意识形态渗透的新手段，短期内有利于传播美国价值观，塑造有
利的公共舆论，长期来看更可干涉他国的内政外交。

网络信息、网络技术、网络语言等的控制权掌握在以美国为代表
的西方发达国家手中，他们把自己的文化塑造为互联网上的主导文
化，并封锁和控制其他国家、地区和民族的文化。"进入交互网络，
从某种意义上，就是进入了美国文化的万花筒。"② 互联网把西方国
家的享乐主义、消费主义、个人中心主义等价值观念和生活方式传入
我国。人们在接触中无意识地对这种生活方式产生向往、膜拜和效
仿。当这种感性欣赏转变为理性追求时，人们的世界观、人生观和价
值观就会逐渐扭曲和错位，甚至有可能消解我们本身的民族文化
身份。

三　当代中国网络的文化交往困境的原因

尽管我国网络的文化交往已经取得了不小的成绩，然而面对国内
外复杂情况的挑战，仍有许多不适应的方面，与网络的文化交往和谐
还存在很大的距离。目前尚存的这些主要问题，仍是阻碍我国社会进
步、优秀文化传播和人的整体优化与发展的主要因素。因此，进一步
找出这些问题的原因之所在，是实现网络的文化交往和谐发展的一项
重大任务。当代中国网络的文化交往问题产生的原因包括以下四个
方面。

---

① 李岩：《美国推销"互联网自由"的谋划》，《瞭望》2011 年第 10 期。
② 易丹：《我在美国信息高速公路上》，兵器工业出版社 1997 年版，第 294 页。

（一）网络自身的弊端

当今世界范围内各种文化和价值观相互激荡，相互交锋、交流、交融，人们思想活动的独立性、选择性、多变性、差异性显著增强。网络的文化交往既可以承载和传播健康、文明和有价值的信息，也可以承载和传播不健康、不文明和有害的信息。网络的虚拟性特征既给人以创造性，又产生虚假性；其交互性特征既可以传播信息文明，又可以产生信息垃圾；其开放性特征既给人带来广阔自由，又带来自律失范。互联网的特性是网络的文化交往困境产生的前提。

1. 网络信息的泛滥与污染

习近平同志指出："当今时代，社会思想观念和价值取向日趋活跃，主流的和非主流的同时并存，先进的和落后的相互交织，社会思潮纷纭激荡。我说过，思想舆论领域大致有红色、黑色、灰色'三个地带'。红色地带是我们的主阵地，一定要守住；黑色地带主要是负面的东西，要敢于亮剑，大大压缩其地盘；灰色地带要大张旗鼓争取，使其转化为红色地带。"[1] 网络信息的泛滥与污染压缩了文化正常传承的成长空间。网络信息被黄色文化、黑色文化和灰色文化"三色污染"。网络信息庞杂、良莠不齐会对人们的思想和心理健康产生负面作用。表面上，人们对信息的选择权扩大了，实际上，大量信息让他们无所适从，垃圾信息更会分散人们的注意力。网络时代人们容易陷入浮躁和极端的情绪中，随着信息的扩散而起伏不定，容易产生价值取向紊乱或交往行为失范。网络传播吸引眼球的关键是速度、时效和标新立异，与需要一定时间来酝酿发酵的既有文化传承背道而驰。各门户网站、网络社区、微博等由于价值取向、竞争压力、编辑素质等因素不可避免地在网络信息的海量化和匿名性状态中埋下了信息泛滥和污染的隐患。信息生产者和传播者数以亿计、面目各异，他们面对巨大的竞争压力，往往会尽量压缩新闻的调查和思考的时间、空间，读者更是养成了获取新闻快餐的阅读习惯，长期浸染于网络上

---

① 《习近平谈治国理政》第 2 卷，外文出版社 2017 年版，第 328 页。

匆忙的制作和海量的传播，逐渐弱化了独立思考、辨别和欣赏能力。

2. 去中心化的无政府主义倾向

去中心化的无政府主义倾向对主流文化和意识形态产生了一定的冲击。主流文化一直是贯穿社会发展的时代精神。而网络的文化交往过度标榜自由与个性，甚至认为主流文化是对人性的压抑，使网络文化缺乏重心和主流格局。

因此，网络的文化交往会出现去中心化的现象，使主流的轮廓变得模糊不清，不利于文化整体性的发展方向。特别是民族的边界性在时代的潮流中变得不再是划分群体的操刀手，而这种弱化的总体趋势会带来两个极端。第一是民族文化的反扑。在地域上、时间跨度上，民族间的交往和融合促使人们在生活层面已无太大差异，而文化的、意识形态的东西成了最后一道防线。这种反扑体现在既符合社会关系不断丰富化的向往，又不能摆脱纯粹民族主义的牵绊的矛盾。第二是不同文化、文明间的冲突成为世界问题的主要导因。文化是连锁反应，也是最能将民众聚集起来或划分开来的力量。在世界和平的大环境下，各种文化、文明间的争斗将是打破经济理性的有力重拳。网络世界的景观将加速、加剧这一切的进行，这必然会弱化中华民族优秀文化传统的发扬。

3. 网络传播的开放性与无序性

网络传播的开放性和无序性导致舆论导向控制乏力。国家往往通过控制报刊、广播、电视等传统媒体，将舆论导向牢牢掌握在自己手中。而网络的文化交往的无序化、自由化的特性，使之必然要摆脱各种合理的、不合理的控制。全球网络的开放程度亦是存在争议的问题之一，谈论控制更是无太大意义，或者说只存在局部的意义罢了。如果一定要说控制的话，那么控制选择在入口端比较有力。而作为新型媒体，网络舆论的控制则难度较大，因为必须在网络中寻找接入点。网络的文化交往为民意的表达与公众的参与提供了非常有效的技术手段，来自民间的不同声音越来越多，政府在了解社情民意的同时，也面临着越来越难以统一声音的尴尬。这就要求政府在引导舆论上要采取更科学的方式，否则很难让公众在社会意识和舆论传播方面对政府形成认同，也很难提高政府的威信。

4. 网络角色的虚拟性和隐蔽性

网络角色的虚拟性和隐蔽性赋予了每个网络角色"隐身""重构"等特殊能力。这些特殊能力只存在于网络世界中，而传统社会的约束变得无所适从。这就导致道德上的贫困，一方面是难以建立被多数人认同的新的道德标准；另一方面，传统道德受到极大的打击。众所周知，道德标准的改变是极为让人无所适从的。但这并不代表在程序上、操作上的困难程度，可能只是人的行为盲目追求自由，或者行为失范的一瞬间，道德标准就被改变并被接受了。在群体的无意识性的演化中，产生多种不和谐的偏差，如享乐主义、拜金主义、纯粹的实用主义等。道德的代言人——自律与他律，也成了可有可无的选择。

5. 网络文化的商业驱动与物欲刺激

网络文化的商业驱动与物欲刺激助长了"消费至上""娱乐至死"倾向。网络文化与其他传统大众传播媒介一样，为了获得更大的经济利益或起码的生存保障，必然会去寻求商业目的，为了基本的生存和更好的发展，各个网站会在诸多方面采取相应的手段，这样无疑会给网络的文化交往添上浓重的商业气息。众多互联网事件均是一些商业网站为了点击率和广告收入，而组织炒作团队刻意策划，精心制造的。这些网站通过煽动无知的网民对某个网络主体或事件进行批判或赞美，从而达到其商业目的。2013 年 8 月 12 日，一条长微博让最美女胖子及伟佳走红网络。实际上发微博者的真实身份是某传媒公司，为了宣传及伟佳要参加的《超级减肥王》节目，假装求网友支招追美女，欺骗了网友的感情。曝光率、点击率、浏览量等带来的商业利益促成了网络时代的"眼球"经济。缤纷的形象、华丽的包装、耸人听闻的字眼竭力刺激着人们的欲望。"败家""血拼""奢侈消费""海淘""团购"等享乐主义和消费至上的理念成为网友之间争相炫耀的话题。同时，网络发展到今天，随着新闻、言论、广告、娱乐混为一体，新闻与广告之间的界限、新闻与娱乐之间的界限、新闻与言论之间的界限逐渐淡化，网络上各种信息的内容及形式的无边界和娱乐化，也使公众最终失去了对网络新闻和言论的诚实性、准确性、平衡性等基本素质的信任。每年 11 月 11 日"光棍节"就是将网络娱乐与网络消费结合的完美例子。该节日源于日期里的四个阿拉伯数字 1 形似四根光滑的棍子，而"光棍"在中文有"单身"的意思，所以称为单身一族的另类节日。光棍节产生于校园，经过网络媒体的传播逐渐形成一种特殊的光棍文化。为了"脱光"（摆脱单身）或庆祝单身，各大网络电商以此为由进行打折促销，将单身族的节日演变成购物节。事实上，购物与单身并无直接关系，只不过是借着光棍节的娱乐噱头吸引更多人的关注，不管单身与否只要掏钱就行。2019 年，天猫"双十一"再创历史纪录，交易额突破 2000 亿元，耗时约 14 小时 21 分，较 2018 年用时减少 8 小时 7 分，使其成为全球最大的网络购物节。"6·18 购物节""双十二""三八女王节""天猫 99 大促"等一大堆名号、噱头的购物节狂轰滥炸，旨在刺激消费，掏空顾客的钱包。

6. 网络群体的各自聚集

网络群体的各自聚集加剧了社会断裂或分层倾向。网络群体的产生是人们全面获取、交流、证实信息的需要，也是人们有效表达以及信息认同的需要，共同的兴趣爱好以及信息需求的相互印证，培育了这一群体的生产土壤。网络群体希望通过话语的相对集中，或者聚集在有公信力的话语权威下，表达某些特定的要求和愿望，借此对社会产生更大的影响和作用，这是多样化社会中利益多元和分众表达的一种新样式。网络本来是容纳各种思想的自由交流的社区，但如今正演变为分属各利益集团的思想领地。网上聊天室和论坛不是把持不同政见的各类网民吸引进来，就共同关心的问题进行政治协商，而是把思想、政见、价值观和爱好基本相同的个人吸引到一起加深其原有的价值观和偏见。个别媒体还会根据自己的政治和经济利益，通过组织研讨会、策划专家论坛，来制造新闻热点，操纵公众的眼球。

7. 网络宣传主客体的分散性

网络宣传主客体的分散性有利于西方意识形态的乘虚而入。在网络的文化交往中，宣传主体和宣传客体的分散性、随意性、开放性弱化了我国思想教育和引导的影响力和覆盖面。网络技术起源于美国，英语又是计算机的官方语言，西方发达国家已经抢先占领网络技术和网络语言的先天优势，披着大众文化的外衣散播西方价值观以达到对发展中国家意识形态渗透和文化侵略的目的。当前，国外一些敌对势力或出资创办网站，或幕后策划操纵，或专门雇用国内网络写手，借"民主问题""人权问题"等攻击中国的政治体制，在社区论坛上张贴攻击中国的文章和假消息，打击中国人民的爱国热情，诋毁中国形象，捏造谣言，散播不良信息，玷污中国英雄人物和领导人的名誉。自新冠肺炎疫情在武汉暴发，美国就一直拿李文亮事件不断做文章，大肆攻击中国政府，有美国议员甚至提案要求把中国驻美使馆的一个路段改名为"李文亮广场"。2020 年 5 月 31 日，李文亮之妻不得不发文驳斥。我国网民结构呈现低龄化，网民主体是 30 岁以下的年轻人。一味回避只会让青年群体暴露在西方传媒猛烈的攻击下，单纯堵截也只会把他们推向西方敌对势力，所以必须占领网络阵地，才能与西方敌对势力争夺年轻一代。

（二）网络主体的失范

探究网络的文化交往困境产生的原因，归根结底应当从网络主体展开分析。导致或引发网络的文化交往困境的主体方面的原因主要在于认知偏差、规范意识淡薄或缺位、自律松懈、特定心理动机驱使四个方面。

1. 认知偏差

网络主体的认知偏差主要表现在对网络虚拟性的误解。互联网给人们提供了一个虚拟的世界，网络主体以"假面"存在进行文化交往。有些人过度地渲染了这种特殊的活动样态和身份指称的虚拟特征，忽视了虚拟的实质也是一种真实的存在，而将网络的文化交往活动过程和主体身份的真实性统统予以虚化和遮蔽。受此影响，他们不去关注网络的文化交往实践的后果和网络主体所应承担的行为责任。在一般的网络的文化交往活动中，人们都没有必要告知他人自己的真实身份。网络的文化交往的基本运行规则在大多数时候也没有明确要求人们提供真实的身份资料。所以，网络的文化交往的虚拟性为人们提供开展文化交往活动自由的同时，也可能会引发网络主体的"身份虚化"，进而产生一种"去责任化"的效果。总之，对网络的文化交往虚拟性的误读会淡化甚至去除网络主体的主体意识和责任意识。

2. 规范意识淡漠或缺位

"失范"（anomie）这一概念在标准的社会学思想史中，最早是由法国社会学家爱米尔·涂尔干（Emile Durkheim）提出来的。涂尔干在分析"失范"的原因时指出："集体意识"的衰落以及个体意识的丧失，是"失范"的原因所在。一方面是社会陷入"道德真空状态"（the moral vacuum），导致"社会的缺位"（the absence of society）；另一方面，是社会成员失去社会引力，成为不被控制的"非社会存在"（the absence of society）。这对于分析网络主体失范不乏借鉴意义。网络主体并没有像现实社会按照不同的年龄阶段，针对不同的群体展开文化交往。相反，人们对网络的文化交往规范的认知，以及对网络角色的扮演等诸多方面都存在很大程度的先天不足。更何况，网络社会所接纳的是拥有不同年龄、身份、职业、民族、国家和地区以及价值观的人群。在人们几乎是同时介入这个奇妙的网络世界的时候，他们甚至来不及想到规范和规则方面的事情。人们不得不遵从网络相应的技术规范，但对于展开网络的文化交往活动时应遵循的社会规范还不明确。尽管现实社会生活中既有的设计规范在很大程度上都适用于网络主体在文化交往中的行为活动，但置身于网络空间的人们，却在认识层面缺乏对必要的行为规范与行为准则的认同和接纳，未能有效地认同现实交往中的既有规范，从而导致规范缺位的结果。"传统交往中应遵循的'真诚''守信''责任'等价值标准并未在网上获得普遍的认同，相反，随意交往、自得其乐、为我所用、不计后果等观念在网上大为流行。"① 人们在网络世界的活动场域得到了延伸和转换，相较于现实社会交往，展开网络的文化交往时的规范意识会变得淡漠，甚至缺位。人们对于一些规范制度没有给予积极的认同，对于应该遵守的法律法规、规则制度缺少关注和了解，如此一来，网络主体

---

① 陈英敏：《未成年人"触网"的利弊及其对策》，《青少年导刊》2003 年第 1 期。

遵从规范的可能性就必定会大大降低。

3. 自律松懈

网络的文化交往为各种文化价值观念的存在提供了可能；同时，不同的文化价值观念又都可以借助这一公共平台传播信息和沟通交流，并超越地理空间的界限、信息技术的瓶颈和意识形态的管制，来进行交流、交锋和交融。因此，网络主体在价值观念的选择上，也会面临极大的自主性空间，价值取向的多元化和去中心化必将成为一种无从逆转的趋势。在网络社会和各种网络社区中，一种新的共同体意识被凸显出来，这种共同体意识未必是地域空间或者实际利益上的关联，而是意见表达上的同质或相近。去中心化的网络结构、精神虚拟的存在形式、匿名的网络主体再加上某种反叛心理的作用，容易使人们的行为过于自由和走向极端。由于受到对网络社会虚拟性的偏差解读，网络自由的绝对化理解等因素的影响，人们容易放松对自己网络的文化交往活动的考察和制约。自我约束的放松有时表现为轻微的失范，甚至表现为极度的放纵。有的人错误理解了"网络自由"的概念，这不仅影响到他们对于自身网络的文化交往活动的自我约束和自我调节，使他们疏于这样去做，而且还会使他们反感和抵触任何控制，认为那些控制是对网络自由的干预和限制。

自律作为自我约束和自我控制的手段、社会控制的力量来源，在网络的文化交往中随时都可能出现缺位，根本没有在场或者没有有效在场。无论哪种情况，随着人们网络的文化交往随意性的增加，其自身行为活动的危害性也会被漠视和低估。一些网络黑客超越控制的自由行为或者是反控制的游离行为，在很大程度上就是自律松懈所致。他们凭借一定的技术手段，摆脱某些限制和监管，作出一些超出相应社会规范要求的行为活动，有时甚至可能还借助于自己所掌握的技术手段，逃避某种监控和打击。殊不知，任何自由都无法彻底超越社会运行所内蕴的秩序与规范的边界。尽管他们能够在技术层面获得某种暂时的豁免，但在文化层面，其所欠付的社会责任和所应承受的灵魂拷问，却会永久地积淀下来。

4. 特定心理动机驱使

网络主体在一些情况下会受利益驱动、技术炫耀、探究猎奇、自我宣泄、与他人趋同以及恶意反叛等特定心理动机的驱使，而作出一些出格、反社会的行为。

互联网络是一个平台，机构和个人都可以借此展开一些经营性活动，获取经济上的回报。在追逐利益的动机下，网络主体的行为会发生较为严重的变异。有些人为了钱财不惜铤而走险，在网上从事一些非法的活动，比如提供非法服务或进行非法交易等；有的人则是把现实生活中的违法犯罪手段移植到互联网上，从事诸如诈骗、盗窃、恶意破坏之类的非法活动；一些人会在网上建立各种不同类型的机构，并以机构的名义从事一些经营性或服务性活动，在物质利益和经济回报的诱惑与驱动下，他们的功利性价值取向会被强烈地激发出来，从而在其经营和运作的过程中，作出违法之举；一些纯粹虚拟的网络机构不仅自身发布虚假或违规的网络广告，从事违法的经营活动，提供非正当的服务，而且还允许其他不良网页的挂靠和存在，有时甚至还为其提供必要的技术支持和其他各种服务，其目的无非是借助这些不良信息的发布和非法服务的提供吸引更多的眼球，维持自身的运营，并达到盈利的目的。

技术炫耀也是网络主体的一大心理动机。在技术至上的观念下，有较高计算机技术的网络主体过于看重技术层面的超越与突破，对自己的失范行为缺乏自省和自控。为了炫耀自己的高技术，印证自己的高水平，获得高于他人的优越感，而在不断的技术尝试和突破中寻求打破任何规则，在技术自负的心态下藐视一切阻拦，获取技术超越的快感。

新奇的互联网诱惑着人们不断探索多姿多彩的网络空间、海量鲜活的信息资源。受到好奇心的驱使，很多人会流连忘返，导致迷失自我，行为脱序，或为了满足好奇心，而凭借技术手段作出非法入侵的行为。少数网民通过对网络新奇事物和未知事物的不懈探索，体验到冒险的快乐。

有些人为了释放紧张情绪，而到网上进行自我宣泄，忽略了自身行为会对他人产生的负面影响，或作出一些不负责的行为举止。虽然他们自己的情绪得到了释放，但是产生的信息垃圾和负面影响，会让健康的网络的文化交往环境受到污染，其他网络主体的权益也可能无辜地遭遇侵害。

有些人受到周围人的影响，产生了趋同效应。在特定的网络环境中，为了与他人保持一致，就会效仿他人的言行举止，调整自身行为选择。这种趋同型的网络主体失范，会让人们在不知不觉中淡化对失范举动的警觉，模糊基本的是非界限。

还有人为了报复现实生活限制、发泄对现实的不满，作出一些偏激的网络行为。向往自由是人类的天性。当这种天性在现实生活中受到约束时，人们就会从网络的文化交往中寻求本性的回归。更有甚者会进行恶意的反叛，无限制地释放自己恶的冲动。在互联网上经常可以看到的一些恶作剧行为、攻击行为、破坏行为和犯罪行为，其中一些是这种心理动机使然。

（三）网络"把关人"的困境

"把关人"（gatekeeper）理论最早是由美国社会心理学家、传播学四大奠基人之一库尔特·卢因在其于1947年发表的《群体生活中的渠道》一文中提出的。他在研究群体传播时指出，信息的流动是在一些含有"门区"的渠道里进行的，在这些渠道中存在着"把关人"（又译为"守门人"），只有符合群体规范或"把关人"价值标准的信息才能进入传播渠道。到了20世纪50年代，传播学家怀特将这一理论应用于新闻研究。他认为，媒体的新闻报道活动不是"有闻必录"，而是对众多的新闻素材进行取舍选择和加工的过程，只有少数的新闻才能通过这个关口传达给受众。网络时代面临"把关人"的角色淡化、把关的可行性降低、把关权的分化等问题的挑战，增加了"把关人"任务的难度。虽然在网络的文化交往中，人们可以自由发布信息任意交往，但最终仍会进入某一个站点，这就为网络"把关人"的存在提供了可能。而且维护良好的网络生态环境更需要"把关人"发挥作用，这就是"把关人"存在的必要性。学者马龙从宏观和微观的两个方面提出了网络"把关人"的问题，微观层面的把关是指各个网站对各自站点内容的把关，宏观层面的把关是指政府及相关部门对整个网络传播环境的把关。① 网络"把关人"的困境是我国网络的文化交往困境产生的外部原因。

1. 网络规范建构不力和规范作用缺位

在网络社会发育尚不成熟的今天，不仅存在规范缺位的情况，而且还存在相当程度的规范不起作用和难以有效发挥作用的情况。现在，人们的生活重心呈现出由现实社会转移到网络社会的趋势。为了维护网络主体的权益和利益，保障网络的文化交往良好的运行秩序，对网络主体设立一些规范和规则成为一件必不可少的事情。然而就目前的情况来看，网络规范本身并未真正成型，人们对网络规范的了解和认识也远未达成一致，而且又缺乏普遍、积极的认同。

网络规范规则本身缺位，自身呈现不在场的状态，既表现在网络的文化交往行为和网络社会运行之中，又反映在人们的观念和意识层面。互联网的发展在一开始就是技术理性占主导，人们只是把它看作一个工具，而没有充分预见到它在未来会形成一个独特的网络世界，需要充分体现人文色彩和社会属性。互联网这一社会文化平台的出现，引发了人们活动场域的延伸和转换，还带来了一个全新的问题：网络社会应当建构怎样的社会规范？人们的网络的文化交往行为又应当遵从什么样的尺度和标准加以展开？从理论上进行推演，应对和解决上述问题的现实途径无非有以下三个：一是借用和移植现实社会的既有规范规则，用以指导和约束人们的网络行为；二是针对网络社会和人们网络的文化交往活动的特点和特定需要，重新建构一些更具适应性和有效性的规则规范，以期更好地满足网络社会运行和调控人们网络的文化交往活动的需要；三是在借用和移植现实社会规范的同时，进行必要的新规范的建构。对照这三个路径，我们发现目前的状况是不仅既有规范在借用和移植方面存在一定程度的欠缺，而且新规范在其建构方面也鲜有造就。

正是由于网络空间的社会规范尚处于较为欠缺的状态，所以置身

---

① 彭兰：《网络传播概论》，中国人民大学出版社 2001 年版，第 336—339 页。

其中的各类网络主体也就自然放松了对各种规范和规则的关注，由此产生了认同缺位的情况，影响网络规范发挥作用。其中甚至蕴含恶性循环的迹象，即网络规范越是缺位，就越不容易引起人们的重视，也就越难以促成人们对于网络规范的积极认同，越难以使网络规范正常发挥作用。这种因规范建构不力而导致的规范缺位的客观事实，与网络主体的规范意识淡漠之间存在着一定的内在关联。网络规范缺位和认同不力，使道德和法律等社会基本规范的权威性在网络社会的运行中大大衰减，在调控人们网络的文化交往活动时所能发挥的影响力也受到相当程度的折损。甚至可以说，互联网的发展和网络社会的发育所呈现的基本态势，实际上是一种比较复杂的多因素混合体，即边介入，边行动，边运作，边规范。人们一方面在承受规矩缺位和调控不力的阵痛，另一方面又在积极地探究规矩的建构和作用发挥问题。我们所要努力做到的是在网络主体失范而网络社会失序的背景下，寻求对人们网络的文化交往行为的规制和网络社会秩序状态的维持。

2. 监督管理乏力

互联网相关监管机构没有很好地发挥其职能作用，各类社会力量也很少起到外部监督作用。网络的文化交往中"公共牧场的悲哀"会成为常见现象，即人人都在享受网络的文化交往带来的便利，却没人关心网络环境是否安全与健康。我国负责行使互联网监管职能的部门有网络信息安全监察部门、电信部门、互联网信息办公室等。但是这些部门都尚未配备足够的管理人员，建构相应的监管机制，难免不能很好地行使其职责。其在面对网络突发事件时很难第一时间作出反应，无法有效减少对现实社会造成的危害。网络运营商和网络服务商并未对网友进行引导和监管。一些网站平台为了自身运营甚至允许虚假信息的发布。有的网络服务商不仅不去履行必要的管理职责，反而还对职能部门的监管表现出不予配合的姿态；有的服务商为了减少对服务器资源的占用，故意声称是服务器出了问题，把存留的电子数据删除，不按照固定的期限存留数据信息，这也造成追查困难和取证不力的被动局面；有的服务商只关心业务的拓展，较少过问管理之事；不少网站的论坛、聊天室和直播间都充斥着喧嚣、嘈杂和粗俗的气息；如此等等，不一而足。2020 年 5 月 16 日，工业和信息化部点名尚有 16 款 App 包括"知乎日报""当当""好医生""e 代驾""WiFi 管家"等未完成相应整改，所涉问题包括：私自收集个人信息、私自共享给第三方、超范围收集个人信息、不给权限不允许使用、强制用户使用定向推送功能、账号注销难等。

网络主体失范的责任追究和惩戒也存在较为乏力的情况。责任追偿和事后惩戒的不兑现反而会使规则的作用受到限制。也就是说，一些网络犯罪行为未及时遭受有效打击，人们可能也就不会太讶异于其他一些后果和危害相对轻微、较为普遍地存在却又行踪隐蔽的网络失范行为，在某种程度上，这些行为似乎已被人们所默许。在网络讨论区里，不仅传统的"把关人"不复存在，就连出版管理预防制和追惩制也难以奏效。其中最大的困难在于，发表违法言论的人的真实身份无法查清。虽说有些论坛要求使用者登记注册，但从这种形同虚设的管理环节中并不能够获知论坛用户的真实信息，人们所提供的有关姓名、地址、年龄、性别、职业等方面的信息，往往会与真实的情况相去甚远。因此，在网络社会运行中对网络监督和制约的乏力影响了那些源自现实生活中的调控方式和作用效果。一些社会规范未必能够在调控网络的文化交往行为时，真正被认同、接纳并发挥作用，他们对社会的整合功能急剧下降，甚至走向消解。而且不论是网络个体还是网络群体，也都未能及时有效地建构起适应网络社会运行要求的新的行为模式。

3. 网络文化管理的缺失

第六届世界互联网大会发布了《中国互联网发展报告 2019》。"报告显示，截至 2019 年 6 月，中国网民规模为 8.54 亿人，互联网普及率达 61.2%，网站数量 518 万个。随着网络直播、网络音乐、网络教育等互联网应用进一步蓬勃发展，高质量、个性化的内容不断涌现，短视频、视频博客（Vlog）等新型娱乐呈现形式不断推出，越来越多的群众得以共享优质的教育文化资源。网络直播、网络音乐、网络视频等应用的用户规模半年增长均超过 3000 万人，在线教育用户规模达 2.32 亿人，半年增长率为 15.5%，极大满足了人民群众的教育文化娱乐需求。"① 今天，大家都有了展现自己的能力，而且也都忙于发表言论，写博客，发微博，晒图，上传视频、音频等，不是在为他人的作品点赞，就是秀自己。但是大多数人的作品无人问津，顶多是几个亲朋好友相互捧场，互相赞美。大家都在迅速上传自己的帖子，每个人的帖子又都迅速地被别人的帖子压到下面。一个帖子如果写得好，刚传上去时会引起网友观看、评论和赞美，但是一天过后，这个帖子就已经被新发的帖子排挤到后面，偶尔会有几个人观看，但已经很少有人写评论了，而一周之后，这个帖子基本就没人看了。只有少数水平极高的帖子会被"置顶"或放在首页。很多人的网络作品的生命，只存在于刚刚发布的那几个小时里，有的甚至只有几十分钟。在这个人人都是"作家"的年代，很难看到精彩的网络文化作品。虽然有无数的文章、博客、评论、照片和视频等，但是其中大多数都是没有经过训练的网友的即兴之作，水平实在不敢恭维。互联网技术解决了信息传播的技术问题，任何人都可以非常容易地发表言论，但是网络技术不能解决网络作品中的文化水平问题。打开一些人的博客，里面都是絮絮叨叨的生活琐事，既无思想、无趣味，也无文采。打开视频网站，网友的自拍中除了一些突发事件能够引起人们的兴趣，更多的是日常生活的猫狗花草，甚至是一些无聊的偷拍，而且摄影水平不敢恭维。有的以吸引眼球为目标，不怕争议、不怕挨骂，甚至不怕官司，惹的麻烦越多，作者越出名，点击率就越高，商业价值也就越高。网络主播、视频博主为了博关注度、吸引流量，有的故意炒作触及底线，有的行为怪异扰乱秩序，有的以身试法铤而走险。2018年年初，自称"国内高空挑战第一人"的吴咏宁开始在网络直播平台上上传极限运动视频，在传播量、点赞率和金钱打赏的刺激下，他挑战的高度一次比一次高，动作难度一次比一次大，结果在11月一场网络直播攀爬活动中失手坠楼，失去了年仅26岁的生命，引发社会对"带血直播"的关注与谴责。网络中有信口开河、真假

---

① 《中国互联网发展报告2019：中国网民规模达8.54亿》，新京报网，http://dy.163.com/article/ERVNR6FP0512D3VJ.html，2019年10月20日。

难辨的新闻，貌似专家式的各种评论，各种相反的言论满天飞，不知道信息发布者是谁，也不知道该听谁的。人们越来越难判断这些消息的真实性，很难判断它们的价值。网络文化作品越来越多，但是真正有价值的却越来越少。

iiMedia Research（艾媒咨询）数据显示，2019 年中国在线直播行业用户规模达 5.04 亿人，2020 年用户规模预计达 5.26 亿人。伴随资本涌入、平台造星、网民狂欢，网络表演市场一路高歌猛进，促进我国网络文化繁荣、丰富群众业余生活、刺激文化消费的同时，较低的入行门槛使一些没有优秀才艺、优质内容产出的草根主播依靠猎奇、色情、低俗、暴力等谋取关注，造成网络直播乱象丛生。在现实社会中的主要文化领域从业者，如记者、编辑、学者、评论家等，都要经过长期的专业学习和训练，还要经过实际工作的磨炼获得丰富的经验才能成为合格的文化工作者。这些人成为文化的"把关人"，他们在保证文化作品质量的同时要对作品的真实性、正确性和艺术性负责。而网络的文化交往的极端自由让网友们可以轻易绕过这些"把关人"，不用负责地、随意地发表作品。这种极端自由严重地降低了网络文化作品的水平，使网络文化作品成了文化大杂烩。人们常说网络是网民的狂欢，"每个人都在拼命地展示自己"①。但是，这种狂欢有极大的破坏性，它摆脱了现实社会中的一切束缚，无所敬畏、颠覆权威、蔑视一切，打破神圣与粗俗、崇高与卑下、明智与愚蠢的界限。网络这种无休无止的颠覆活动打破了传统的文化机制，会对文化造成极大的伤害。每个网络文化的创造者也是网络文化的欣赏者，没有了网络文化"把关人"把关，每个人在发表网络作品的同时，欣赏的更多是假冒伪劣、粗俗不堪的网络作品。恶搞视频之类的娱乐文化将会不断侵蚀、颠覆高雅文化，颠覆人类文化长期积淀的精髓。

4. 正面教育滞后

从最早开始接触电脑和互联网，"技术"和"操作技能"等概念

———————

① ［美］安德鲁·基恩：《网民的狂欢——关于互联网利弊的反思》，丁德良译，南海出版社 2010 年版，第 29 页。

就随着教育培训过程的展开而扎根于人们的头脑中了。人们更多地关心技术的长进，却容易忽略"网络社会规范""网络伦理道德"等基本概念的引入，缺少对网络的文化交往活动的文化关怀。除了要关心如何使用互联网，更重要的是如何妥当使用互联网。正面教育滞后导致人们文明的网络的文化交往行为无从得到培养，会在一定程度上延长网络的文化交往和谐发展的进程。"网络中的消极内容容易导致某些人在'网络'的虚拟世界里经不起考验和诱惑，忘掉了自己的社会角色、社会地位、社会责任，随意地在网上散布虚假的无聊信息，或对他人进行侮辱诽谤人身攻击，或非法窃取和滥用信息、侵犯知识产权，甚至散布反动言论、扩大反面影响、制造不安定因素，等等。"[①] 因此，及时有效地对所有网络主体施以网络社会规范方面的正面引导和教育，使其在思想认识上获得必要的清醒和警觉，就应当成为电脑和网络知识与技能教育和培训之外，所需追加的一项基本的教育培训内容。

当前，一些消极的网络亚文化观念如黑客精神、网络恶搞、"三俗"文化等的出现与缺乏正面引导和正面教育滞后有关。不同的文化价值观念在网络的文化交往中交锋，对原来主流价值观的主导地位产生消解。人们在观念和意识层面出现空白，在网络的文化交往中变得无所适从。刻意制造流行、热烈追求时尚、渴望新潮前卫的快餐式的精神文化活动及娱乐休闲行为，如同喧嚣海面的波涛，持续不断地推搡、涌动和交叠着，激起层层的浪花，在片刻的闪现过后，迅速灰飞烟灭，踪影全无。另外，在全球网络化、文化全球化迅猛发展的时代，中西方文化的交流与碰撞加剧，传统的文化价值观念的主导地位受到很多亚文化观念的冲击与挑战。这些都需要在网络社会规范等方面进行必要的正面引导和教育。

5. 现实社会负面影响

由于网络和现实两大社会场域存在着天然的联系和紧密的相互作

---

① 苏振芳主编：《网络文化研究——互联网与青年社会化》，社会科学文献出版社2007年版，第385页。

用，所以在分析我国网络的文化交往困境的原因时也不能忽视现实社会外部环境中的一些社会因素可能产生的负面影响。网络主体失范的产生固然与网络空间的出现，及其所营造出的网络的文化交往的缤纷世相有关，但同时，它与消极的现实社会文化环境也有密切的关系。在当代中国现实社会生活中，文学作品、影视作品、休闲娱乐等散播着一些有失偏颇的文化价值理念，刺激、熏染和教唆着人们的眼球和大脑。麦克卢汉说："电视上所有怪诞的暴力都提醒我们，现实世界中的暴力是由于寻求失落人格而引起的。""媒介暴力"尤其是"电视暴力"，"它对纯真的头脑暗示暴力"①。今天的传统媒体报刊、广播、电视等，非但没有尽责净化社会文化环境，反而在某些方面、在一定程度上起到消极作用。这种导向上的偏失会使人们混淆基本的是非美丑界限。各种不良的社会文化因素在不经意间充当了网络的文化交往失谐的外在助长因素。

（四）西方文化强势扩张与我国文化弱势图存的现实

国学大师季羡林曾指出："文化一旦产生，立即向外扩散。"②今天，表面上世界各国信息自由而频繁地进行着无国界的交流和互动，但是互联网80%以上的信息都是由以美国为代表的西方发达国家所发布的，并以国际通用语言英语为信息载体。实际上，西方文化信息覆盖着全球，并成为世界各国主要的信息来源。以美国为代表的少数西方国家掌控着互联网的主导地位，在很大程度上控制并支配着世界文化交往空间，进而使世界网络的文化交往呈现单向流动的现实境况。网络的文化交往实践中渗透着文化势力的强与弱、交往的被动与主动、技术的先进与落后等现实状况，带来了我国网络的文化交往实践呈现中西方文化强势扩张和我国文化弱势图存的格局。

---

① ［美］保罗·莱文森：《数字麦克卢汉——信息化新纪元指南》，何道宽译，社会科学文献出版社2001年版，第83页。

② 季羡林：《文化是"天下为公"的》，《世界知识》2001年第2期。

1. 文化势力的强与弱

"哪一个社会形态具有优势，其相应的文化就强势，反之就弱势。"① 例如，近代以工业文明为特征的资本主义文化与以农业文明为特征的封建文化的交往互动中，资本主义文化就处于强势，而封建文化则处于弱势。季羡林曾说："中国几千年的历史告诉我们一个非常可贵的经验，在我国国力兴旺，文化昌明，经济繁荣，科技进步时，比如汉唐兴盛时期，我们就大胆吸收外来文化，从而促进我们文化的发展和生产力的提高。到见到外国来的东西就害怕，这也不敢吸收，那也不敢接受，这往往是国力衰微，文化低落的时代。"② 网络的文化交往实践实际上不仅仅是不同民族国家之间的文化互动，在一定程度上还伴随着各民族国家国力的较量与竞争。以美国为代表的西方发达国家强势文化的态势日益凸显，而相形之下，其他发展中国家的文化表现则较为弱势。在强势文化与弱势文化的网络交往实践中，强势文化往往比较容易同化弱势文化，并且或多或少地影响着弱势文化的发展。正如马克思所指出的，资本主义全球化"使未开化和半开化的国家从属于文明的国家，使农民的民族从属于资产阶级的民族，使东方从属于西方"③。在全球化信息化日益推进的今天，西方文化的单向流动导致发展中国家文化被动地文化趋同。文化势力的强与弱成为决定文化流向的关键。强势文化常常处于世界文化舞台的中心和主流地位，而对其他弱势文化形式进行一定程度的渗透和改造，在网络的文化交往实践中处于主导地位。强势文化对弱势文化冲击的情况下，弱势文化往往以被动接受为主要表现形态。网络的文化交往中虽然文化势力有强弱之分，但每个文化都有自己独特的存在价值和发展轨迹，是人类的共同财富。与西方发达国家相比，许多发展中国家由于实力欠缺，而表现出对西方科学技术、经济成果和文化成就的向往，不自觉地对西方

① 杨玲：《文化交往论》，博士学位论文，华中科技大学，2010 年。
② 陆玉林：《东亚的转生——东亚哲学与 21 世纪导论》，华东师范大学出版社 2001 年版，第 11 页。
③ 《马克思恩格斯选集》第 1 卷，人民出版社 1995 年版，第 277 页。

文化表现出更多的宽容和认同，人们自觉自愿地模仿西方的生活方式，接受西方的价值观念，这在很大程度上显示出了弱势文化对强势文化的响应和臣服。2020 年 1 月 25 日，湖北省原作家协会主席方方在网上发布《方方日记》，开始描写疫情下的武汉，文章多是描写武汉抗疫不足之处，侧重表达封城带来的巨大心灵创伤。由于居家隔离，文章中很多内容都是她听说而来。方方对于负面消息不去证实，就直接引用抒发；对于正面消息则视而不见、置若罔闻。正是因为其对于武汉疫情的负面表达成功迎合了西方口味，4 月 8 日在近千万武汉人民迎来了解封的时刻，方方的《方方日记》改名为《武汉日记》被翻译成英文和德文，两周内由美国哈珀柯林斯出版社发行，上架美国亚马逊预售，同时也在德国销售。对一些别有用心的国家来说，这是送去了可以多维度炒作的半成品；对于一些美国政要来说，可以在其中加入各种调料，而最终还要贴上中国作家的标签。德国政治家赫尔穆特·施密特（Helmut Schmidt）也提出，"应当在全球泛滥的伪文化的压力面前捍卫自己的文化特征。"① 事实上，正常的网络的文化交往并不可怕，而且极其必要。在网络的文化交往过程中，要清醒地认识到西方文化的强势地位、文化主导和支配地位，对我国的弱势地位和被动处境要有客观的判断。关键是我们要认清网络的文化交往实践中强势扩张和弱势图存的残酷现实，时刻保持清醒的民族意识和立场，在网络的文化交往中提高网络主体自我意识，在文化交往中保持和发展本民族文化。

2. 网络的文化交往的被动与主动

在国际网络交往过程中，西方的文化霸权日益突出。以美国为代表的西方国家利用网络这一特殊工具来实现其国家利益。它的目的不仅在于攻占他国的领土或控制其经济，还在于制服和控制人的头脑，以在世界范围内处于霸权地位。美国为了维护其网络文化霸权和文化统治地位，借助互联网向其他国家或地区大肆推行美式生活方式和消

---

① ［德］赫尔穆特·施密特：《全球化与道德重建》，柴方国译，社会科学文献出版社 2001 年版，第 62 页。

费观，将其美式价值观念套上"普世价值"的光环积极向外渗透。
美国在网络的文化交往中一直处于积极向外扩张的主动地位，而我国
则处于被动接收的态势。究其原因，有以下几点。

首先，美国文化中心论是美国文化积极向外扩张的认识论根源。
埃及经济学家萨米尔·阿明（Samir Amin）在《全球化时代的资本主
义：对当代社会的管理》（*Capitalism in the Age of Globalization: The
Management of Contemporary Society*）中认为："当代资本主义最显著的
特征之一是生产过程的全球化。发达国家是全球化的中心，拥有资
本、生产技术、营销网络并攫取绝大部分利润，其他国家则只是充当
全球化生产的劳动力。因此，全球化将资本主义逻辑无情地扩张到世
界的每一个角落。第三世界国家追求工业化并不能阻止全球化进程，
只是加速自己被中心的金融、技术、文化和军事力量所统治。"① 美
国自认为是全世界文化的混合体，代表了全人类的共同利益，所以认
为自己的文化模式是最好的模式，认为自己的价值观是"普世价
值"，自己的文明是人类唯一先进文明的代表，并用自己的标准去衡
量他国文化，完全不顾文化差异性，对他国文化妄加批判和攻击。这
种文化中心论是全球殖民化后逐步形成的优越心理，是对文明、文化
和历史的误解。2020 年 1 月 3 日，中国第一时间向世界卫生组织通报
了不明原因肺炎情况，也向美国等国家进行了通报，并不定期地向世
界卫生组织和有关国家通报防控和研究的进展。中国科学家以创纪录
的速度分离出病毒，进行基因测序，并立即同世界卫生组织、世界各
国分享。世界卫生组织指出，中国为世界留出了宝贵的窗口期，各国
必须立即行动起来，否则后患无穷。可惜绝大多数西方国家不以为
然，将封城、戴口罩、隔离、保持社交距离等正确防疫做法视为专制
和独裁，指责中国没有人权、搞"集中营"。"意大利传染病权威、
米兰萨科医院的主管吉斯蒙多（Maria Rita Gismondo）甚至称'意大
利卫生条件尖端、公民生活习惯良好、居民收入高'，因此不会发生

---

① 陶东风、金元浦：《文化研究》第一辑，天津社会科学出版社 2000 年版，第
213 页。

中国式的疫情。"① 他认为新冠肺炎是"黄种人的病"。现在西方疫情的严重程度远远超过了东方，这与他们高高在上的狂妄自大、傲慢和无知有着重大关系。

其次，救世主式的狂妄心理和"他国威胁论"是美国积极主动向世界推广其价值观念和社会制度的内在根源。美国文化起源于基督教，基督教教义宣扬的是一种"救世主精神"，这容易使美国人产生一种自命不凡的使命感。他们发动战争是"为上帝而战"，干涉他国内政是"基督教的使命"，称霸全球是"上帝的旨意"和"西方文明的赐福"。在美国历届统治者们看来，美国文化优越，进行征服只是为了拯救那些不发达地区的人民，为他们送去文明，是一项神圣的使命。"美国的价值观使美国人自以为有义务向全世界推广这些价值观"②，他们的意识形态将其价值观念绝对化，自认为是世界上最完美的价值观，要让全人类共享，有向全世界推广的权利和义不容辞的义务，把一些与美国保持不同制度和意识形态的国家设定为自己的敌人，并采取了一系列措施进行打击和遏制。当今，美国通过网络传播自己的民主价值观念，使这些国家在价值观上与美国保持一致，从而确保美国自身的安全。美国新冠肺炎疫情大面积暴发之后，一些美国政客不抓紧应对本国疫情，反而在新冠病毒起源问题上一直揪着中国不放，恬不知耻地要求中国赔偿。因为本国疫情严重，在中国疫情得到很好控制之后又怀疑中国的数据造假。事实上，中国在当国内疫情稍有控制、有了喘息之机时，便向世界各国伸出援手，派遣医疗专家、支援物资等。可在西方媒体的抹黑诬陷下，这种做法反倒成了恶意，他们指责中国"口罩外交"，塑造"中国人拯救世界"的国际形象。这种西方国家集体式的反水，就是缘于他们的强盗文明逻辑和冷战思维本质没有变。

最后，资本主义与社会主义的对立是西方文化积极主动向我国渗

---

① 《法新社：曾经指责中国隐瞒疫情的国家，如今嘴里都是苦涩的味道》，南方日报前沿，2020 年 4 月 2 日。

② ［美］亨利·基辛格：《大外交》，顾淑馨、林添贵译，海南出版社 1997 年版，第 2 页。

透的阶级根源。资本主义与社会主义的对立由来已久，代表不同阶级利益的政治信念和社会制度相冲突，资本主义国家视社会主义国家为长期的对手。我国与世界各国文化交往密切，西方敌对势力趁机渗透和加剧破坏。资本主义国家在实现其全球霸权目标的同时，尤为加紧实施对我国等社会主义国家的"和平演变"，采取各种手段对他国的优秀文化进行贬低和丑化，使网络的文化交往文化的双向流动变成了单向的输出。美国一直不敢对中国掉以轻心，一直将中国视为继苏联后的另一对手。美国不仅从政治、经济、军事上对中国采取遏制的态度，而且实行包括和平演变在内的文化侵略。资本主义和社会主义是不可调和的矛盾统一体，美国对中国的种种演变行径是二者矛盾的体现。

3. 网络技术的先进与落后

以美国为首的西方文化利用其信息技术优势，加强了文化输出的网络力量。美国凭借其广播、电视、报刊、网络等发达的传播媒介，形成了以美国为中心的全球信息传播体系。当然，互联网信息资源控制权也掌握在美国手中。

首先，网络技术优势。美国是计算机与互联网的创始者，利用其天然的先发优势，成为全球尖端科技标准的主要制定者。从光纤到芯片，从路由器到操作系统，几乎和网络相关的软硬件设备都是美国标准，达到了一种对信息革命技术的垄断。若想加入国际互联网，第一步就是无条件地接受这些标准。技术垄断就有可能导致技术强制。如果世界软件霸主美国微软公司和世界硬件霸主美国 Intel 公司开始新一轮升级浪潮，中国就不得不被迫跟进。另外，中国网络技术开发也被动地陷入与美国标准兼容的地步。

其次，网络语言优势。在未来世界的文化之战中，谁的语言文字在互联网占主导地位，谁的文化就会在网络上获得更大的覆盖率，在文化之争中就占据统领地位。英语是计算机语言，所有的计算机软件都是基于英语编写的，它已经成为一种霸权语言，影响了非英语信息的传播范围。汉语的使用人数占世界第一，英语占第二位，但英文网站、英语信息占了 90% 以上。截至 2020 年 1 月，全球网站已达 5.8

个亿，而中文内容只占 1.6%。"计算机技术所固有的语言'基因'特质将会演化或'生长'成特有的社会文化'病症'和'癌疾'。"① 在人们上网的时候，已潜移默化地接受了英语国家，尤其是美国的价值观念和意识形态。这样一来，便会阻碍文化的多元化发展和妨碍语言的多样化。

再次，越境信息流优势。越境信息流（Transborder Data Flow，TDF）是指点对点、点对面的跨越国家政治疆界的数字化电子数据和信息的传输，其本质就是信息在世界范围内不受限制的传递和交流。越境数据流向由信息资源数量和信息技术程度决定。一般是由信息资源丰富地区流向信息资源匮乏地区、信息技术发达地区流向信息技术落后地区。现阶段越境信息流向是从西方发达国家到发展中国家。"据 1997 年《计算机世界报》发布的统计结果，国际互联网的越境信息流中 85% 以上是由美国输出的，我国仅占 0.05%。"② 严重失衡的越境信息流将对我国民族特色文化形成冲击。正如法国著名社会学家让 - 弗朗索瓦·利奥塔尔（Jean-Francois Lyotard）所论述的一样："民族国家曾经为了控制领土而开战，后来又为了控制原材料和廉价劳动力而开战，所以，可以想象它们在将来会为了控制信息而开战。"③ 借助互联网越境信息的输出，西方国家的社会价值观和社会意识形态会对我国传统文化产生强大的冲击波。

最后，域名优势。域名（Domain Name）由一串用点分隔的名字组成，简单说是互联网地址中的一项，方便记忆与保存。由于互联网起源于美国，它掌握了制定".com"等顶级域名的标准，只此一项就带来了巨大的超额利润。中国互联网络信息中心（CNNIC）2020年 4 月发布第 45 次《中国互联网络发展状况统计报告》显示，"截至2019 年 12 月，我国域名总数为 5094 万个，其中'.CN'域名数量为2243 万个，较 2018 年底增长 5.6%，占我国域名总数的 44.0%；

---

① 陆俊：《重建巴比塔——文化视野中的网络》，北京出版社 1998 年版，第 268 页。
② 甘敏思：《网络对高等德育的影响及对策》，《教育探索》2010 年第 9 期。
③ ［美］让 - 弗朗索瓦·利奥塔尔：《后现代状态：关于知识的报告》，车槿山译，生活·读书·新知三联书店 1997 年版，第 3—4 页。

'中国'域名数量为 170 万个，占我国域名总数的 3.3%。"① 每当访问".com"网站时，就要通过美国国际顶级域名服务器解析域名。这样不仅会留下大量私人信息，并需缴纳一定的费用。如今，美国牢牢掌控中国".com"顶级域名解析权。若是提高域名服务费或封锁网站的域名解析，将会造成我国互联网瘫痪。更为可怕的是，美国 NSI 开始面向全球推出中文域名服务。凡是注册中文域名者，每年都要向美国交纳一笔注册费。美国在垄断英语顶级域名后，又开始把手伸向代表中国主权的中文域名服务。

综上所述，无论是网络技术的先天优势、网络语言英语的垄断地位、互联网越境信息流的失衡，还是域名霸权，均使具有先发优势的以美国为代表的西方发达国家借助网络的文化交往拥有了推广其价值观的新平台。

---

① 《第 45 次〈中国互联网络发展状况统计报告〉（全文）》，中国网信网，http：//www. cac. gov. cn/2020 – 04/27/c_ 1589535470378587. htm，2020 年 4 月 28 日。

第四章 网络的文化交往的 基本原则与价值

从历史的角度看，人类交往是一种借助技术手段不断突破和超越现实世界局限性，并在此期间不断扩展自己的认识能力和交往范围的过程及其结果。文化交往则是一种不断扩大人类生活世界的边界从而为人类开创出更广阔的思维空间和认识领域的过程。网络的文化交往使人类相当部分的文化交往活动从过去以物质和能量为基础的活动平台，转移到以计算机网络为基础的新平台，也就是从以往的现实空间转移到网络空间。无论是网络的文化交往的基本原则，还是价值都是网络的文化交往和谐发展的关键。

一 网络的文化交往的基本原则

原则是指人们在既定目标和特定条件下，观察和处理问题时必须遵循的准则和标准。网络的文化交往的原则是指开展网络的文化交往活动必须遵循的准则。恩格斯指出："原则不是研究的出发点，而是它的最终结果；这些原则不是被应用于自然界和人类历史，而是从它们中抽象出来的；不是自然界和人类去适应原则，而是原则只有在符合自然界和历史的情况下才是正确的。"[①] 网络的文化交往的基本原则是在网络的文化交往实践中形成的，必须接受网络的文化交往实践的检验。网络是一种没有国界限制的现代技术，但是文化是有国界

_____

① 《马列著作选读（哲学）》，人民出版社 1988 年版，第 79—80 页。

的。任何文化只要转化成数字形态就在形式上加盟了网络文化，各国人民只要上网就可以进行无国界限制的网络的文化交往。所以就形成了网络的文化交往特有的四项基本原则。

（一）差异与认同的统一

差异性是网络的文化交往的前提条件，没有差异性的文化不可能发生网络交往，因为相同的东西不需要交换。正如马克思所说："一种东西要成为交换对象，具有交换价值，就必须是每个人不通过交换就不能得到的，必须不是以这种最初的形式即作为共同财富的形式而出现的。稀有性就这一点来说是交换价值的要素。"① 虽然马克思这里说的是商品交换，但是对于网络的文化交往具有同样的意义。网络的文化交往的差异性包含以下几个方面：第一，民族性的差异。任何一种文化都是民族历史连续发展的产物，深深地打上了本民族文化的烙印。任何网络文化都不意味着民族身份的消失，也不能脱离民族文化的印记。美国著名人类学家弗朗兹·博阿斯认为："任何一个民族的文化只能理解为历史的产物，其特性决定于各民族的社会环境和地理环境。"② 博阿斯在这里指出，社会环境和地理环境是决定民族文化差异的重要原因。各民族人民面对千姿百态的自然地理条件，产生了不同的生产方式和生活方式，形成了不同的关于世界的认识和观念，造就了不同的文化。人们只能是在前人创造的文化基础上进行新的创造，先前的文化会制约后来文化的创造和发展，从而使民族文化持续延伸着本民族的特色。任何历史阶段的社会环境既是历史发展的产物，也是文化孕育的结果。斯宾格勒在《西方的没落》中为我们描述到："我看到的是一组伟大文化组成的戏剧，其中每一种文化都以原始的力量从它的土生土壤中勃兴起来，都在它的整个生活期中坚实地和那土生土壤联系着；每一种文化都把自己的影像印在它的材

---

① 《马克思恩格斯全集》第46卷上册，人民出版社1979年版，第124页。
② 夏建中：《文化人类学理论学派：文化研究的历史》，中国人民大学出版社1997年版，第73页。

料，即它的人类身上；每一种文化各有自己的观念，自己的情绪，自己的生活、愿望和感情，自己的死亡。这里是丰富多彩，闪耀着光辉，充盈着运动的……世界上不只有一种雕刻，一种绘画，一种数字，一种物理学，而是有很多种。"① 第二，现实社会条件的差异。网络文化是对现实经济、政治活动的一种反映，不能不受到经济和政治活动的制约。面对经济利益有别、政治利益有异的全球环境，网络文化难免出现差异，使网络的文化交往呈现多样化。美国著名文化人类学家基辛格（Kissinger）曾说："文化的歧异多端是一项极其重要的人类资源。一旦失去了文化的差异，出现了一个一致的世界文化——虽然若干政治整合的问题得以解决——就可能会剥夺了人类一切智慧和理想的源泉，以及充满分歧与选择的各种可能性。演化性适应的重要秘诀之一就是多样性……去除了人类的多样性可能到最后会付出持续的意想不到的代价。"② 第三，网络技术的差异。目前，网络文化主要表现为西方发达国家的文化，特别是美国文化，这是因为网络文化最先产生于美国，现阶段的网络技术也是美国最发达。根据最近的联合国人权发展报告，工业化国家只占了世界人口的15%，却占了整个互联网用户的88%；尽管美国只占了世界人口的4.7%，却拥有世界接近50%的互联网用户；美国9700万家庭中拥有两条或多条电话线的比比皆是，然而超过80%的世界人口还未拥有电话。美国等西方国家利用其在互联网上信息传播中的支配地位对他国进行文化渗透，其优势是不言而喻的。然而西方社会的发展模式和社会规范并不适用于其他国家，并非实现社会发展的唯一道路和模式，西方社会的价值观念也不是唯一的真理。随着各国网络技术的发展，各国之间的技术差异会逐渐缩小，而文化的差异会日益凸显，正是这种差异性为各民族之间网络的文化交往提供了广阔的空间。

如果说差异性是网络的文化交往的前提，那么认同性就是网络的

---

① ［德］奥斯瓦尔德·斯宾格勒：《西方的没落》上卷，齐世荣等译，商务印书馆1963年版，第39页。

② ［美］基辛等：《当代文化人类学概要》，北晨译，浙江人民出版社1986年版，第283页。

文化交往的基础。作为中国社会学和人类学主要奠基人之一的费孝通曾说过："首先要认识自己的文化，理解所接触到的多种文化，才有条件在这个已经在形成中的多元文化的世界里确定自己的位置，经过自主的适应，和其他文化一起，取长补短，共同建立一个共同认可的基本秩序和一套各种文化能和平共处，各舒所长，联手发展的共处原则。各美其美，美人之美，美美与共，天下大同。"① 亨廷顿也同样认识到以一种文明去取代另一种文明是不可行的，"其他国家的领导人有时企图摈弃本国的文化遗产，使自己国家的认同从一种文明转向另一种文明。然而，迄今为止，他们非但没有成功，反而使自己的国家成为精神分裂的无所适从的国家"②。认同不同文化的存在，尊重和承认世界文化的多样性，是全球化过程的必然结果。因此，网络的文化交往认同性的条件有：首先，网络技术的资源共享性。比尔·盖茨在《未来之路》中曾说："信息高速公路将打破国界，并有可能推动一种世界文化的发展，或至少推动一种文化活动、文化价值观的共享。"③ 网络为人类提供了一个资源共享的虚拟空间，不同文化群体之间的交流日益增多，不同的文化形态之间互相学习、互相吸引、互相创造。其次，网络文化的包容性。网络文化作为一种新的文化，作为一种人类共同的精神财富，产生的基础就是对多元文化的包容，对差异性文化的欣赏。在全球范围内，人们可以方便快捷地讨论共同感兴趣的话题，这大大增加了彼此的文化认同感。网络专用语言系统也为文化交流的趋同提供了基础。最后，构建和谐网络世界。2012 年11 月，中共十八大明确提出要倡导"人类命运共同体"意识。习近平总书记指出："没有哪个国家能够独自应对人类面临的各种挑战，也没有哪个国家能够退回到自我封闭的孤岛。"④ 这是中国坦诚面对

　　① 费孝通：《反思·对话·文化自觉》，《北京大学学报》（哲学社会科学版）1997 年第 3 期。

　　② ［美］萨缪尔·亨廷顿：《文明的冲突与世界秩序的重建》，周琪等译，新华出版社 2010 年版，第 12 页。

　　③ ［美］维微克·拉纳戴夫：《未来之路》，雷嬿恒译，北京出版社 1996 年版，第 327 页。

　　④ 《党的十九大报告辅导读本》，人民出版社 2017 年版，第 57 页。

全球文化的差异性和认同性，超越国家视野而确立的全球化文化意识，是正确对待多元文化共存的科学态度。我们应该在开放的网络文化环境、多元的网络文化中交流，开展不同文明之间的对话，本着和谐共处的精神，进一步扩大共识、超越异同，构建和谐网络世界，使世界文化朝着健康的方向发展。陆俊在《重建巴比塔——文化视野中的网络》中提出了这样的期许："在没有上帝的世界，任何人也不能够承担上帝的责任和扮演上帝的角色。网络文化的创造是全球网络公民共同的事业。我们想看到的网络文化是那种给所有人带来幸福和自由的文化。因此，符合人性的网络文化是真正值得追求的文化。"①

网络的文化交往的差异性是建立在认同性之上的差异性，是包含着认同性的差异性；反之，网络文化的认同性是建立在差异性之上的认同性，是包含着差异性的认同性，没有差异性就无所谓认同性。总之，没有差异性，网络的文化交往则无须互换和交流；没有认同性，网络的文化交往则无法交往和互换。

（二）冲突与融合的统一

肯尼斯·玻尔丁（Kenneth Polding）认为，网络的文化交往的"冲突可以定义为一种竞争状态，在这种状态中，各方都意识到未来地位的潜在矛盾，都希望占据与其他集团的愿望互不相容的位置"②。网络的文化交往冲突的实质就是文化在网络交往过程中争夺生存权或拓展空间的斗争。网络技术给人们提供的是一个开放和自由的空间，在这个空间中，集合了所有进入该空间的不同国家和民族的文化。从某种意义上说，网络技术提供给人们的是一种多元文化自由交往的世界，而其中的文化则聚集了各种民族语言、文化传统、价值体系、法律法规、意识形态等，它们共存于由网络技术搭建的数字化交往平台之中。对于这一数字化交往平台的网络主体来说，不仅在其中可以了

---

① 陆俊：《重建巴比塔——文化视野中的网络》，北京出版社 1998 年版，第 280 页。
② ［日］星野昭吉：《全球政治学——全球化进程中的变动、冲突、治理与和平》，刘小林等译，新华出版社 2000 年版，第 247 页。

解其他国家的文化，而且可以和其他国家的主体相互交往，使网络主体认同全球化。但是，由于不同文化主体总是接受特定的民族文化、形成特定的民族性格、成为特定民族文化的体现者，因而其也只是作为某种特定的文化而存在的。当其作为特定的文化存在进入交往世界的时候，就会发生与作为其他民族文化存在主体的交往，并发生文化上的互动和融合。可见，在网络社会出现之前或出现之初，人是作为特定民族文化的主体而存在的，而一旦其进入网络社会，人就成为一种全球性的虚拟的文化存在，并由此形成了这两种角色之间的冲突。在网络时代，网络主体所受到的控制和制约相对较少，这样一来，每一个个体在全球化过程中都将面临着对多种文化的自由选择。主体在进行选择的时候，就可能会对其他民族的文化表现出浓厚的兴趣，而拒绝认同、选择与自己密切相关的现实文化，从而加剧了主体所面临的文化冲突。另外，各国的网络文化都因打上了本土文化的烙印而具有特殊性，各国特有的网络文化便不可能完全适用于其他地域，不会被其他国家的人们所完全认同。如果不同文化背景中的人们通过网络进行沟通，而又将各自特殊的文化背景作为判断行为对错的标准，就可能导致跨地域或跨文化沟通的矛盾和冲突。这种植根于文化特殊性、地方性或本土性的网络文化摩擦或冲突将在网络世界中长期存在。正是在这种网络的文化交往的冲突和碰撞下，各民族才能够直观深入地了解到各自文化的异同，清醒地认识到各自文化体系的优势与不足，这既包含了各民族文化的自我认识，也包含了对其他民族文化的认识。于是，各民族文化遭遇网络的文化交往冲突时，以什么样的状态去应对就成为关键。因此，各民族文化势必通过相互间进一步深入的沟通与理解来认识自身和他者，从而继续完善自我。

　　"网络上文化的多元性也许给人们带来的是两方面前景：一方面是文化间的冲突加剧；另一方面是人们重新生活在一个和谐的'世界文化'范围内。"[①] 而这种差异和冲突只有在不断的网络的文化交往之中才能了解，才可能寻求逐渐消除的解决方式。信息高速公路的建

---

① 陆俊：《重建巴比塔——文化视野中的网络》，北京出版社1998年版，第79页。

设把世界各地更加紧密地连接在一起，大大增加了各民族之间的相互了解，增强了文化与文化之间的对话。习近平同志指出："坚持交流互鉴，建设一个开放包容的世界。人类文明多样性是世界的基本特征，交流互鉴是文明发展的本质要求。人类只有肤色语言之别，文明只有姹紫嫣红之别，但绝无高低优劣之分。文明之间要对话，不要排斥；要交流，不要取代。人类历史就是一幅不同文明交流、互鉴、融合的宏伟画卷。美人之美，美美与共。不同文明要取长补短、共同进步，让文明交流互鉴成为推动人类社会进步的动力、维护世界和平的纽带。"① 在全球性的网络的文化交往活动中，必须融合来自不同文化背景的网络文化，以便为不同国家的人们进行全球性的网络的文化交往提供一种公认的文化规范系统。虽然各民族在不同的发展情境中形成了各具特色的文化，但透过各民族精彩纷呈的文化表层仍能找到文化深处的共鸣：人类在长期实践中形成的各种价值尺度，如真善美、假恶丑等标准对各民族都具有普适性；不同地域、不同民族、不同信仰共同的文化追求，都是以真善美等崇高价值理想、完善的道德和美好的情感体验为核心，以人的全面发展为终极目标的，具体表现为对人性的尊严、价值的维护和追求。因此，在网络跨文化交流的过程中，在多元文化平等对话的基础上，全球不同地域、不同民族、不同信仰的文化能相互融合，达成共识。网络多元文化之间的对话必定是以各国特质文化为前提的，是各国多元文化的统一，符合中国传统哲学所提倡的"和而不同""求同存异"，也就是要在尊重和理解各民族文化以及各自价值取向、文化观念、宗教信仰的基础上，努力谋求不同文化形态在人类终极关怀等全球性问题上的共识。此外，网络文化原本就是具有开放性、平等性、选择性和多元性的现代性文化，因此，新形势下各国各地区之间应加强文化交流，让每一种个性化的民族文化和区域文化都能有在网络世界展示魅力的机会。

在网络的文化交往中借鉴和吸收西方先进的政治文化、精神文

① 中共中央宣传部：《习近平新时代中国特色社会主义思想学习纲要》，学习出版社、人民出版社 2019 年版，第 220 页。

化、制度文化的精华，对我国的思想道德建设乃至整个精神文明建设具有重大意义。西方文化是西方资本主义社会政治经济制度的反映，其并非尽善尽美，掺杂着不少拜金主义、个人主义、享乐主义等消极和负面的东西。只有其中的科学和合理成分才值得我们去借鉴吸收，要以马克思主义为指导进行扬弃的吸收。中华民族是历史悠久的民族，中国传统文化源远流长。要充分认识到中国传统文化的当代价值，予以维护和继承。积极吸收世界优秀文化的相关成果，充分发挥我国优秀传统文化的作用，是建设中国特色社会主义网络文化的必由之路。因此，网络的文化交往是冲突和融合的统一。

（三）需求与供给的统一

术语"需求"与"供给"一般被用于经济领域商品在市场的交易中。市场是指某种商品或劳务的一群买者与卖者组成的群体。商品的供给和需求之间存在着一定的比例关系，其基础是生产某种商品的社会劳动量必须与社会对这种商品的需求量相适应。供求关系就是供给和需求的对立统一。供求规律就是市场上商品的供给与需求的相互关系及其同商品价格的关系的规律，是供求关系变化的基本法则。在经济学中，形成有效需求必须同时具备两个条件：一是消费者有购买意愿；二是消费者在现行价格条件下具有的支付能力。需求是购买欲望和支付能力的统一，缺少任何一个条件都不是有效需求。需求量是买者愿意而且能购买的一种物品量。从经济学的角度讲，供给的形成必须同时具备两个条件：一是供给者有出售的愿望；二是生产经营者有供应能力。供给是供给欲望与供给能力的统一。供给量是卖者愿意而且能够出售的一种物品量。供给和需求定律：商品价格会自动调整，使供给量等于需求量，趋于均衡。供求量、价格相等，两者缺一不可。

网络世界实际上就是提供了一个可供文化交易或消费的平台，网络的文化交往就是网络文化的需求者和供给者相互作用的过程。需求与供给是网络的文化交往的基本存在原则。与现实市场不同，由于网络的开放性，人们随时随地进行信息交换已成为可能，网络文化"买家"不用考虑自身的购买能力，只要能上网就可以参与到网络的文化交往中。因此，网络文化的需求者可以随意"购买"和"消费"自己喜爱的文化产品，与网络文化的供给者进行文化交流与互动。网络文化的供给者有"出售"或输出自身文化的愿望，而且有供应的能力。在网络的文化交往中，网络文化的需求者和供给者二者缺一不可。正是一方被供给，一方被需求才形成了双向互动的良好关系，网络的文化交往才能持续运行。随着计算机网络技术的发展和广泛应用，人类进入信息社会，网络文化需求者获取文化信息和文化供给者获知需求信息的成本大为降低，需求与供给之间可以进行直接的信息交换。"网络将使文化从'诸神的狂欢'变为'众人的狂欢'，从'精英的独白'变成'万人的合唱'。"①

语言是文化的镜像，承载着民族思想的载体，是民族集体智慧的结晶。网络语言即网上交际所用的语言，也是网络的文化交往的缩影。网络语言的产生和使用也体现着需求和供给的统一。网络语言作为网络流行的一种语言形式，它以文字、数字、字母和符号为主要载体，存在于具有共享性和开放性的网络聊天室、网络社会、网络直播间、网络视频中，是网民们约定俗成的表达方式。网络语言弥补了口头表达的缺陷，实现了语言与符号、语言与语音、不同语言之间以及不同语法手段之间的沟通。网络语言能够最直接、最敏感、最迅速地反映人类社会生活的变化，沉淀着人类文化，折射着时代的特色。第一，弥补网络文化交际的自身缺陷。网络的文化交往有着自身无法克服的缺陷，人与人之间交往的表情、声音、姿势、情感等非交际手段的缺失，影响了信息传播的准确性。因此，网络语言就运用现代汉语的修辞手段，让间接的网络的文化交往形象变得生动有趣。网络语言中的表情语言的创造就是为弥补这一缺失，用键盘上的字母、标点和其他符号组合创造出许多全新的象形文字，把体态语搬到了网络语言来模拟现实交际。比如：O（∩_∩）O（笑脸），（⊙o⊙）（哦），～～～～（>_<）～～～～（哭泣），（～ ￣~）～zZ（睡觉）等。同时还有拟声词、谐音、象声词等的使用，为网络的文化交往营

① 陆俊：《重建巴比塔——文化视野中的网络》，北京出版社 1998 年版，第 84 页。

造一个轻松随意的交流氛围，给网络的文化交往注入了活力和情趣，如"哈哈""嘻嘻""咔咔"（笑声），"555"（哭声），"9494"（就是就是），"5201314"（我爱你一生一世），"7456"（气死我了），等等。第二，适应网络便捷的需要。在互联网时代，为了寻求省时省力的沟通方式，越来越多的人使用网络进行即时交流。在网络空间人们需要借助敲击键盘才能表达自己的思想和情感，为了提高文字的输入速度，为了让信息更快地传播出去，尽可能使网络语言文字的输入与表达同步，就需要创造出比现实语言更缩略精简的语言。借助对一部分汉语和英语词汇进行改造，创造出中英文缩略语、数字代码谐意语等。在网络文化交流过程中，缩写缩短网络言语交际的时间跨度，并对这种语言达成共识，如"88"（再见、拜拜），"3Q"（谢谢、thank you），GF（女友，girlfriend 的缩写），SOHO（在家办公，small office home officer 的缩写），IC（我知道了，I see），等等。第三，满足张扬个性、引起他人注意的需要。网络提供给每个人一个张扬个性、释放自我的独特空间。在虚拟而广阔的网络世界，人们希望彰显自己的能力，从数以万计的网民中脱颖而出，吸引更多人的注意和关注。正因为有着强烈的自我表现欲和反抗欲，大众尤其是年轻人便会乐此不疲地去创造、设计、推广和使用网络语言，如"稀饭"（喜欢），"口耐"（可爱），"滴"（的、地），"木有""米有"（没有），"虾米"（什么），"介个"（这个），"内什么"（那什么），"果酱"（过奖），等等。网络语言的出现和兴盛与现代人的生产和思维状态息息相关。语言是一种社会现象，产生于自由空间的网络语言具有强大的生命力，已出现向现实世界渗透的势头。

　　网络文化的标志性符号——网络语言正是为了满足人们网络的文化交往的各种需求而"兴起"的，它克服了网络的文化交往自身的缺失，提供了快捷的文化信息的传播形式，满足人们不囿陈规、标新立异的心理需求。它产生之后非但没有因为需求的被满足而消失，反而产生了更旺盛的需求，网络语言的幽默诙谐、生动风趣引发了极大的认同，启发人们去创造，不断地追求新奇，这是网络语言永葆新鲜活力的生长点。需求是供给的不竭动力，有什么样的需求，就会有什么样的供给。新的需求满足于新的供给，同时这种新的供给带来了新的需求。网络语言作为网络的文化交往的缩影，正充分说明了这一点。网络文化供给者会竭尽全力满足需求者的一切要求。总之，网络的文化交往是需求和供给的统一。

（四）较量与制衡的统一

在网络的文化交往实践中，各民族文化间的对话与互动实际上呈现的是各民族文化形式之间的比较态势，在这个过程中必然存在各民族文化力量关系的对比，所以不同文化主体双方或多方在网络的文化交往中相互理解和相互认知是无法摆脱文化势差、力量强弱等的交互作用的。尤其是在信息时代，各民族文化间的相互交往受其文化力量强弱不平衡的制约和影响的程度越来越明显，这种力量差异的现实存在导致强势网络文化与弱势网络文化实际上是一种相互较量和相互制衡的对立统一关系。

一方面，从力量对比来看，强势网络文化对弱势网络文化的冲击使他们之间呈现出较量的态势。英国著名历史学家汤因比（Toynbee）曾指出："一个文化因素，在它本土的社会体内本来是无害或是有利的，但是在它闯进另一个社会体中，却很容易产生意外的、极大的破坏作用。"[1] 强势网络文化常常因为自身处于世界网络文化舞台的中心和主流地位，而表现出对其他文化形式一定程度的渗透和改造的态势，在网络的文化交往实践中通常处于强势主导地位，不同文化间的交流活动在这种强弱力量的对比和较量中呈现一定程度的偏差，往往以强势网络文化对弱势网络文化冲击和弱势网络文化被动接受为主要表现形态。弱势网络文化在网络的文化交往中处于被动的地位，那么，如何在强势网络文化渗透中保存自己，如何在与强势网络文化的较量中壮大自己等一系列问题都成了弱势网络文化在网络的文化交往实践中不得不面对的艰难抉择。《第三次浪潮》的作者阿尔文·托夫

---

[1] 丛晓峰：《霸权语境中的强势文化建构》，《济南大学学报》（社会科学版）2002年第4期。

勒指出，没有经过整理的信息不是我们的朋友，甚至是我们的敌人，当然更不是财富和资源。网络的文化交往从诞生到兴盛是西方科学文化技术的产物，互联网用户最多的是西方发达国家，其普及程度令绝大多数发展中国家望尘莫及，事实上他们已经占领了信息传播的制高点。以美国为首的西方国家毫不避讳地利用网络技术对世界其他国家的文化进行侵蚀。1994 年 8 月 1 日，美国《新闻周刊》载文指出："什么样的人是新殖民主义者？他们手中拿的是计算机而不是枪支……他们并不大肆声张，也不使用枪炮，便在发展中国家扩展了势力。这种势力要比任何武器所能达到的影响大得多和阴险得多。"如果说以前本民族文化有地域作为边界的话，那么网络则无情地摧毁了这道防线，只要加入了信息高速公路系统，就得被迫接受源源不断的信息流，除非与网络世界隔绝，但是那样的话又会成为落伍者、边缘人和局外人，被时代所淘汰。前美国总统国家安全事务顾问布热津斯基在《大失控与大混乱》一书中提出，"削弱民族国家主权，增强美国文化作为世界各国'榜样'的文化和意识形态的力量，是美国维持其霸权地位所必须实施的战略。"前美国商务部高级官员戴维·罗特科普夫曾说："如果世界趋向一种共同的语言，它应该是英语；如果世界趋向共同的电信、安全和质量标准，那么它们应该是美国标准；如果世界正在由电视、广播和音乐联系在一起，节目应该是美国的；如果世界共同的价值观正在形成，它们应该是符合美国人民意愿的价值观。"[1] 不仅如此，美国中央情报局对华制定了《十条诫令》，旨在促使中国出现像苏联解体那样的意识形态战争，其中第二条："一定要尽一切可能，做好宣传工作，包括电影、书籍、电视、无线电波……和新式的宗教传布。只要他们向往我们的衣、食、住、行、娱乐和教育的方式，就是成功的一半。"第九条："我们要利用所有的资源，甚至于举手投足，一言一笑，都足以破坏他们的传统价值观。我们要利用一切来毁灭他们的道德人心。摧毁他们的自尊自信的

---

[1]　王晓德：《美国文化与外交》，世界知识出版社 2000 年版，第 541 页。

钥匙：就是尽量打击他们刻苦耐劳的精神。"① 不光是我国，对于美国的文化中心主义，欧洲的学者和政治家也极为反感。哈贝马斯呼吁，欧洲应该"保持住一种特有的、如今却面临重重危机的文化和生活方式"，认为欧洲战后社会复苏最重要的结果只有一个，那就是"确立了丰富多彩的生活方式"②。美国等西方国家一些心怀叵测的文化战略家利用网络大肆宣传网络的全球性和一体化，弱化其他国家的民族意识，消减他国人民的民族认同感，意在逐步消解有差异的民族身份。德国政治家赫尔穆特·施密特（Helmut Schmidt）也提出，"应当在全球泛滥的伪文化的压力面前捍卫自己的文化特征。"③ 中国文化正面临网络殖民主义的威胁，以美国为代表的强势文化利用网络带来的一切便利，到处去宣传自己的意识形态和文化风格，试图说服别人放弃自己的文化信仰而去接受他们的文化理念。西方文化在中国被植入，造成文化混乱，消解了本民族的自尊心、自豪感和民族认同感。这是一种新式的征服工具，网络将使文化交流变得更为频繁和快捷，必须改变当今世界范围内的西方中心主义观念和现实。

另一方面，强势网络文化与弱势网络文化之间的较量使他们之间的相互制衡成为主题，这正构成了不同民族文化间交互作用的网络的文化交往实践发生的可能。具体说来，正是不同网络文化间这种力量差异的存在，各民族间的网络文化才能呈现出相互交流与互动的动态发展态势。强势网络文化与弱势网络文化的较量与制衡是网络的文化交往发展进程的永恒主题，二者之间的矛盾运动使局面不会永远停滞在强势或弱势的一方，而是会随着二者的交互作用而不断地推进和深入。原先拥有强势劲头的网络文化可能会丧失自己原有的优势地位而变得相对弱势，而曾经相对弱势的网络文化形式则会在与强势网络文化的碰撞与冲击中激发出强大活力，并因此在世界网络文化舞台上占

---

① 《看美中情局〈十条诫命〉如何对付中国人》，人民网，http：//www. people. cn/GB/guandian/35534/3041790. html，2004 年 12 月 8 日。

② 哈贝马斯、曹卫东：《欧洲是否需要一部宪法?》，《读书》2002 年第 5 期。

③ ［德］赫尔穆特·施密特：《全球化与道德重建》，柴方国译，社会科学文献出版社 2001 年版，第 62 页。

有一席之地。早在 2001 年，江泽民同志就在"运用法律手段保障和促进信息网络健康发展"座谈会上强调指出："对信息网络化问题，我们的基本方针是：积极发展，加强管理，趋利避害，为我所用，努力在全球信息网络化的发展中占据主动地位。"① 只有充分利用互联网，积极迎接挑战，中国才能在网络的文化交往中占据主动地位。长期以来，以 CNN、BBC 为代表的西方某些媒体借新闻自由之名，对广大发展中国家进行肆无忌惮的污蔑和诋毁，为了达到不可告人的目的，他们栽赃陷害、颠倒黑白、混淆是非、无中生有……真是无所不用其极。在 2008 年 3 月 14 日西藏拉萨发生打砸抢烧暴力事件后，部分西方媒体对此事件进行了歪曲报道。民间爱国力量自发建立了专门网站，旨在收集、整理并发布西方主流媒体作恶的证据，并且呼吁广大网民搜集任何西方媒体作恶的证据，从而集合更强大的力量用铁的事实来打破西方的话语霸权。这就是我国制衡强势网络文化的例子。另外，我国也积极利用网络技术大力弘扬中华民族文化，使更多的人感受到中华文明的无穷魅力。2003 年，中国国家博物馆官方网站正式运行，并以中文、英文、日文、韩文、法文、德文、意大利文共七种文字形式出现，这是中华文明与世界文明对话的重要窗口，展示了我国历史文化艺术和社会发展的光辉成就。2006 年 1 月 12 日，百度宣布"国学频道"（guoxue. baidu. com）正式发布，这是一个国学典籍在线阅读以及搜索服务的平台，开创了弘扬国学的新窗口。利用网络的文化交往的发展契机，可以使更多人了解中华民族文化的伟大与优秀。2004 年 9 月 15 日，由中华民族文化促进会主办的"文化高峰论坛"签署了《甲申文化宣言》，其中提出："我们主张每个国家、民族都有权利和义务保存和发展自己的传统文化；都有权利自主选择接受、不完全接受或在某些具体领域完全不接受外来文化因素；同时也有权对人类共同面临的文化问题发表自己的意见。我们为世界上许多古老民族、经济次发达地区的文化命运深感忧虑。国家不论大小、历史不论长短、国力不论强弱，在文化交往和交流方面均享有平等权

---

① 《江泽民文选》第 3 卷，人民出版社 2006 年版，第 300 页。

利。""我们呼吁包括中国政府在内的各国政府推行积极有效的文化政策：捍卫世界文明的多样性，理解和尊重异质文明；保护各国、各民族的文化传统；实现公平的多种文化形态的表达与传播。推行公民教育，特别是未成年人的文化、道德教育，以及激励国家、民族和地区间的文化交流。"① 世界互联网大会（World Internet Conference，WIC）至今已在浙江省乌镇举办了6届。大会围绕"携手共建网络空间命运共同体"展开，旨在搭建中国与世界互联互通的国际平台和国际互联网共享共治的中国平台。这是中国举办的规模最大、层次最高的互联网大会，也是世界互联网领域的高峰会议。习近平出席大会开幕式并发表讲话，就共同构建网络空间命运共同体提出五点主张，其中第二点谈道："打造网上文化交流共享平台，促进交流互鉴。文化因交流而多彩，文明因互鉴而丰富。互联网是传播人类优秀文化、弘扬正能量的重要载体。中国愿通过互联网架设国际交流桥梁，推动世界优秀文化交流互鉴，推动各国人民情感交流、心灵沟通。我们愿同各国一道，发挥互联网传播平台优势，让各国人民了解中华优秀文化，让中国人民了解各国优秀文化，共同推动网络文化繁荣发展，丰富人们精神世界，促进人类文明进步。"②

毋庸置疑，不同文化间的网络交往实践面对的是一个变化着的、充斥着诸多不平等因素和不平衡关系的局面。在网络的文化交往不对称的今天，处于弱势的民族文化尤其应该注意自己处在网络的文化交往实践中的主体地位和意识问题，要自觉主动地运用本民族特殊的文化元素或文化模式去经营，填补强势网络文化体系中的空白，以此来增强各民族不同网络文化之间的相互认识和理解。在这样一个多元文化并存的时代，各种文化之间必然会在网络的文化交往实践中彼此较量，甚至制衡，以实现并存和共同发展。

---

① 包丽敏：《甲申文化宣言：哪里来？哪里去？》，《中国青年报》2004年9月8日第3版。

② 《习近平就共同构建网络空间命运共同体提出5点主张》，人民网，http：//it. people. com. cn/n1/2015/1216/c1009－27936324. html，2015年12月16日。

二　网络的文化交往的价值

　　网络的文化交往的价值问题是网络的文化交往对人的发展和社会进步的效用和意义的追问。认识和理解网络的文化交往价值的内涵和价值形态，对于认识网络的文化交往的地位，充分发挥网络的文化交往的效用具有特殊意义。马克思对价值概念有过多次精辟的论述，特别是评德国教授阿·瓦格纳（O. Wagner）的《政治经济学教科书》第一卷，马克思针对阿·瓦格纳将价值和使用价值混为一谈的做法，从哲学的高度指出："'价值'这个普遍的概念是从人们对待满足他们需要的外界物的关系中产生的，因而，这也是'价值'的种概念，而价值的其他一切形态，如化学元素的原子价，只不过是这个概念的属概念"，"实际上是表示物为人而存在。"[①] 这一论述表明，价值是指客体属性对主体需要的满足关系。因而，价值并不是反映某种独立存在的实体范畴，也不是反映某一独立存在物状况的样式范畴，而是反映人与外界事物关系的一个关系范畴，即客体属性对主体需要的满足关系。"通常，人们将价值定义为某物能够满足主体的需要的属性"[②]，是人们所利用的并表现为对人的需要的关系的物的属性，表示物具有对人有用或令人愉快等属性。根据马克思关于价值的科学论断，我们认为，网络的文化交往的价值是指对网络主体需要的满足关系，也就是说，网络的文化交往对网络主体的作用与意义。这里的网络的文化交往价值的主体包括网络交往情境中的网络个体和网络群体；其价值客体包含网络的文化交往的内容以及网络媒介等，它们是网络的文化交往价值产生的重要基础。网络的文化交往价值按主体可分为网络个体价值和网络社会价值。网络个体价值是指网络的文化交往对网络个体所表现出来的价值；网络社会价值是指网络的文化交往

---

　　① 《马克思恩格斯全集》第 19 卷，人民出版社 1963 年版，第 406 页。

　　② 任平：《走向交往实践的唯物主义——马克思交往实践观的历史视域与当代意义》，人民出版社 2003 年版，第 206—207 页。

对社会经济、政治、文化和生态等方面所表现出来的价值。从两者关系来看，它们是辩证统一的，网络的文化交往的个体价值是社会价值的基础，社会价值则是个体价值的验证和延伸，两者相互联系、相互促进、共同发展。

（一）网络个体价值

网络个体价值是指网络的文化交往对网络个体需要的满足关系，是对个体的内在价值。在网络环境中，人的主体性意识空前膨胀，这就对网络的文化交往满足网络个体的生存和发展需要提出了更高的要求。网络世界具有虚拟性、开放性、交互性、及时性、丰富性等特点，导致网络的文化交往是丰富多彩的，对网络个体的发展具有极其重要的作用和影响，其价值主要体现在以下四个方面。

1. 拓展网络个体的文化交往方式

"不同的媒介赋予了不同的时间和空间。不同的轮子决定了人所能拥有的不同的时间和空间，决定着人与人交往的方式。"① 交往方式是人在生产、生活交往活动中所形成的人与人、人与社会之间关系方式的总和。人的文化交往方式受到交往工具和通信手段的制约，交往工具的变革可以看作文化交往方式变革的历史性标志。借助于网络技术及其文化，人的文化交往方式迎来了新的变革，电子邮件、网络聊天、网络搜索和浏览、公共网络交流平台等各种新型文化交往方式炙手可热。首先，拓展了新的文化交往时空。在传统文化交往方式下，文化交往往往局限于有限的实际生活。而网络个体却可以跨越千山万水，突破地域空间的限制，让整个地球成为一个小小的村落，真正实现"我们的朋友遍天下"。相对于传统的文化交往方式，网络的文化交往以全新的内涵，深刻改变了网络个体之间各种交往关系。其次，提高了人的文化交往能力和水平。文化交往活动的成本在很大程度上决定着人类历史的进程和人类认识世界的能力。网络的文化交往

---

① 吴伯凡：《孤独的狂欢：数字时代的交往》，中国人民大学出版社 1998 年版，第 315 页。

促使文化交往成本迅速降低，极大地提高了网络个体的交往能力和水平。最后，促进人类文化的交流与融合。网络的文化交往打破了国家和民族地域的界限，不同的风俗习惯、历史传统、价值观念、生活方式在网上交汇、碰撞、竞争，不仅为本民族文化的世界化提供了一个广阔的舞台，而且为人类文化的多元融合提供了契机，推动了人类文化价值的变革与整合。

2. 满足网络个体的精神需求

人们不仅需要物质生活的满足，也需要精神生活的充实。网络的文化交往为满足网络个体的精神需要，为其丰富和提升精神世界提供了重要方式。网络的文化交往可以通过弘扬优秀文化，倡导高尚精神，丰富精神生活，愉悦身心，陶冶性情，使网络个体获得知识和情感的充实，满足自我实现和价值认同的精神需求。在网络世界中实现某种需求和愿望的过程，可使人体验到满足、快乐、幸福和成就感，并获得一种极大的精神享受。网络的文化交往在满足网络个体精神需求方面显示了强大的功能。首先是网络的文化交往方式的多样性和丰富性满足了网络个体多方面的精神需求。网络的文化交往可以通过网络媒体将文字、图片、音频、视频等多种形式集于一体并开展丰富多彩的活动，丰富了网络个体的精神生活，满足网络个体多方面的精神需求，有助于提高个人生活质量。其次是网络的文化交往的虚拟性、开放性、交互性等属性满足了网络个体更深层次的精神需求。网络的文化交往可以通过网络虚拟手段使网络个体进入高度仿真的模拟情境，获得深刻的心灵体验。在线即时互动交流等方式可以增进网络个体之间的交流和学习，使其获得更丰富的信息资源。最后是网络的文化交往释放了网络个体在现实世界的压力。弗洛伊德在对变态心理学的研究中发现，一些人潜意识即心理空间的愿望在现实社会中得不到满足，是其产生心理疾病的原因之一。网络的文化交往的出现，协调了网络个体的心理空间和现实空间，在现实社会中得不到满足的心理空间，也就是受到压抑的心理欲求，可以在网络的文化交往中得到一定程度的释放，网络个体的心理在某种程度得到平衡，避免出现一些心理疾病或反社会行为。

3. 提高网络个体的主体性

马克思指出："当物按人的方式同人发生关系时，我才能在实践上按人的方式同物发生关系。"① 人作为自觉能动的社会存在物，总是力图使外部事物按自己的方式发生关系并成为自身客体，而在理论和实践上按自己的方式同事物发生关系再成为主体。人的主体性是人性中最集中体现人的本质的部分，是人性精华之所在。"主体性是指人在主体与客体关系中的地位、能力、作用和性质，包括自主性、自为性、能动性和创造性等，其核心是人的能动性问题。"② 在现实的文化交往中，由于主体文化交往具有局限性，造成交往个体之间地位的不平等，使交往个体的主体性难以体现。网络的文化交往为人成为自觉、自为、自主的个体创造了许多优越的条件。网络的开放性、平等性为网络个体的广泛和平等的文化交往提供了条件；网络的虚拟性为网络个体能动性的发挥创造了环境。在网络文化和虚拟技术的帮助下，网络个体的主体性在网络的文化交往中获得了前所未有的机遇和可能性。首先，网络的文化交往是以网络为载体的文化交往，它打破了地域、种族、时空等一切界限，为网络个体进行广泛的文化交往提供了条件。其次，网络的文化交往的环境是虚拟的，开展网络的文化交往实际上是一种虚拟实践，体现了虚拟性、平等性和互动性等特征，同时还具有丰富的信息，为网络个体发挥自主性、自为性、自觉性和创造性提供了条件。最后，借助网络的开放性和平等性，网络的文化交往中的主体作为独立的个体不用屈服于权威，无须看他人脸色行事，有助于提高个体的主体意识和参与意识。

4. 激发网络个体的能力发展

能力作为网络个体得以确立和发挥作用的最根本的基础，也是其主体性的一项根本内容。它包括网络个体的体力、智力、生产力、思想力等。所有作为人的本质力量的充分体现，都是人的能力

---

① 《马克思恩格斯文集》第1卷，人民出版社2009年版，第190页。
② 宋元林：《网络思想政治教育》，人民出版社2012年版，第110页。

发展的重要内容。网络的文化交往促进了文化全球化的进程，也全面促进了网络个体能力的发展。网络的文化交往的发展大大提高了网络个体的主体性，网络个体可以通过网络的文化交往提供的各种新型设施、工具、条件等，使其能力得到充分的发挥与发展。首先，网络的文化交往为网络个体能力的开发提供了条件。网络的文化交往创造了网络个体生产发展所需要的雄厚的社会物质生产生活条件，实现的文化交往是低成本、高效益的，网络个体之间的关系和个体的能力得以在网上展开。网络个体之间的文化交往突破了传统文化的局限，可以根据自我满足、自我认识、自我完善、自我发展等种种需要而与世界上任何地方的其他个体进行直接的文化交往或虚拟沟通。不同语言、不同阶级、不同意识形态、不同宗教见解等被淡化或暂时搁置，形成了网络地球村的"村民"式文化交往。其次，网络的文化交往为网络个体的能力提供了全面发展的平台。网络是一个公共文化空间，网络个体间的发展是在平等交流的基础上进行的，不管是代表强势文化的网络个体还是弱势文化的网络个体，各类主体都可以在网络的文化交往中平等地获取和交流文化资源。"个人不再被淹没在普遍性中，或作为人口统计学的一个子集，网络空间的发展所寻求的是给普通人以表达自己需要和希望的声音。"[①] 在资源共享基础上形成和发展起来的网络的文化交往，增强了网络个体权利、平等意识，以及自由和民族精神，网络个体之间彼此尊重，从而促进了网络个体能力发展。最后，网络的文化交往极大地拓展了网络个体的想象力和认知力。网络的文化交往加深了网络个体对"实在"概念的把握程度，对可能世界的探索能力和行动能力不断增强。网络的文化交往以现实和虚拟相结合的独特方式和丰富内涵，拓宽了网络个体文化交往的空间，给传统文化交往注入了新的生机和活力，网络个体的能动性被大大地激发出来。

---

① ［美］尼葛洛庞帝：《数字化生存》，胡泳、范海燕译，海南出版社 1996 年版，第191 页。

（二）网络社会价值

网络社会价值是指网络的文化交往作用于经济、政治、文化和生态等呈现出的经济、政治、文化和生态价值。网络的文化交往的社会价值可以分为经济价值、政治价值、文化价值和生态价值。

1. 网络的文化交往的经济价值

"互联网络以及它们日后的改进型，不论它现在叫什么，或者将来叫什么，都将使世界发达国家的生活模式发生变化。这一点是不容忽视的。许多人认为，自从 70 年代末低成本的计算机产生以来，所发生的变化实在是太巨大，太令人震惊，也太让人难以应付了。也许真的是这样。"① 事实确实如此，网络的文化交往席卷全球，推动着全球经济领域发生了一场巨大而深刻的革命运动，它使地球变小，市场的距离缩短，生产销售消费之间的隔膜消失，网络技术及其文化的产生和交往已经成为全球最大的龙头产业和支柱产业，并以其旺盛的生命力冲击着传统经济产业，各国对网络的文化交往的经济控制力已经成为国与国之间综合国力竞争的焦点。

首先，催生了全球的产业革命。网络技术及其文化带来的是一场世界全局性的大变革，全面改变着人类通信、商业、娱乐、休闲等方面。它既摧毁了一批传统产业，又催生了一批新产业，既对传统产业不断进行改造，又促进新兴产业与传统产业的融合，还直接催生了网络产业，带动了一场经济全球化全新的产业革命。网络的文化交往形成的网络经济逐步带动世界连成一体，既可以减少中间费用，使产品直达消费者，又拉直了以往迂回的经济模式。这就意味着现有的经济运行机制和经济管理体制都将发生根本性的变化，在现实生活中可以想象的职能和行业都将被搬到网上重新塑造，一大批现有的行业将面临改革和调整。传统行业适应数字信息化的要求，以全新的文化面貌和经营方式出现，交通运输业在线售票、银行业务网上操作、贸易公

---

① ［英］雷·海蒙德：《数字化商业》，周东等译，中国计划出版社 1998 年版，第 5 页。

司跟全球客户下订单、农民在网上即时查询农资种子等行情、服务业在网上开发各种服务项目等。同时，网络的文化交往在全球范围内催生了全新的网络产业。网络产业包括网络基础设施业、网络接入设备业、网络内容提供业和网络增值服务业。网络产业作为网络经济催生的全新高科技产业，已成为信息产业中最具活力的领域，是各国经济发展的制高点和增长点。

其次，为中国经济增长提供了新的机会。在网络的文化交往过程中，随着社会发展的孤立状态被打破，民族历史开始向世界历史转变，从而大大加速了社会发展的进程，特别为处于较低发展阶段的国家和地区提供了"赶超"甚至"跳跃"式发展的契机。就我国目前而言，大力发展信息网络，以信息化带动工业化已经成为基本的经济和社会发展战略。中国互联网络信息中心（简称"CNNIC"）发布的第45次《中国互联网络发展状况统计报告》显示，截至2020年3月，中国网民数量达到9.04亿。中国现有的9.04亿网民对网络内容的各种需求，都会直接刺激着网络经济的快速发展。根据艾瑞咨询在2018年11月发布的《2018中国网络营销微报告》显示，2018年中国网络经济规模47268.1亿元，网络广告收入4914亿元，与2017年相比，同比增长31%。移动互联网广告成为绝对主流，占网络广告比近70%。根据中国商务部发布的《中国电子商务报告（2018）》数据显示，全国电子商务交易31.63万亿元，同比增长8.5%；全国网上零售9.01万亿元，同比增长23.9%；农村网络零售1.37万亿元，同比增长30.4%；跨境电商进出口商品1347亿元，同比增长50%；电子商务就业人员4700万人，同比增长10.6%。① 近年来，我国出台多项政策鼓励电子商务发展，《电子商务"十三五"发展规划》中提出，到2020年，中国电子商务交易额超过40万亿元，网络零售总额达到10万亿元左右，相关就业者超过5000万人。电子商务正成为中国的朝阳产业，为经济发展带来新的契机，以淘宝网、天猫商城、

---

① 《图说2018中国电子商务报告》，中国日报网，http://baijiahao.baidu.com/s?id=1635208344895275428，2019年5月31日。

京东商城、当当网、苏宁易购、拼多多、凡客诚品、国美在线、唯品会、美团网、携程旅行网等为代表的中国电商正在崛起。消费者通过电子网络寻找产品，进行网上交易和在线电子支付；生产者通过电子网络越过中间商直接与消费者联系，及时了解市场需求；企业全球各地广泛进行商业贸易活动等。电子商务最终为中国经济融入全球经济，实现经济发展的国际化和一体化创造了新的条件。

最后，网络的文化交往缔造了无数商业神话。网络的文化交往推动着网络商业的飞速发展，孕育出一个又一个商业神话。老牌公司需要几十年、上百年的财富积累，在网络的文化交往背景下只要十几年，甚至两三年就能够达到。网络的文化交往突破了传统经济的发展方式和经营理念，正在创造一种全新的商业模式，催生出一批新的网络创业精英。这些网络创业神话缔造者的财富往往可以在短短几年的时间完成成千上万倍的升值，让创业者直接跨入巨富行列。美国《财富》杂志披露了美国 40 个在四十岁之前就已经拥有巨款的富豪，清一色与网络行业有关。1995 年到 2007 年的《福布斯》全球亿万富翁排行榜中，比尔·盖茨连续 13 年蝉联世界首富，他创办的微软公司在个人计算和商业计算软件、服务和互联网技术方面都是全球范围内的领导者。1984 年出生的马克·扎克伯格，是美国社交网站脸书的创办人，被人们冠以"盖茨第二"的美誉。按脸书估值 1000 亿美元计算，马克·扎克伯格拥有 240 亿美元身家，是全球最年轻的巨富，也是全球最年轻的自行创业亿万富豪。当代中国也正在崛起一批新的知识英雄，正创造着一个又一个网络创业神话：马云缔造了全球领先的企业间电子商务平台——阿里巴巴，造就了一艘电子商务航母，旗下包括淘宝网、支付宝、天猫商城、中国雅虎等，现在阿里巴巴已成为国内最大的电子商务平台，并且在未来很多年以内也没有人能超越；李彦宏创立了搜索引擎——百度，成为亚洲地区最大的中文搜索引擎，在世界上也仅次于谷歌。依托于网红主播李佳琦、薇娅的出圈，电商直播迅速走进大众视野，2019 年成为电商直播爆发元年。受疫情影响，2020 年初线上直播保持高增长态势，更是被众多品牌视为挽救销量下滑的救命稻草。2020 年 6 月 6 日，中央广播电视台主持人康辉、撒贝宁、尼格买提、朱广权和北京电视台主持人春妮合体在京东直播带货，创造 13.9 亿元新纪录。这些网络创业神话的缔造者，正是看准并抓住了网络的文化交往这一新生事物的机遇，而成为网络经济时代的弄潮儿。

2. 网络的文化交往的政治价值

网络的文化交往为我国社会主义民主政治建设提供了新的平台。网络的文化交往作为一种以计算机为基础的文化交往，为政府行为方式的转变提供了可能，电子政务的实现大大推进了公民参与政治的进程；网络的文化交往提高了大众政治生活水平，为政府和民众之间的有效沟通创造了条件；网络的文化交往搭建了监督与议政平台，为政府实现执政为民、以人为本的政治实践提供了强有力的支持和保障。

首先，网络的文化交往催生了电子政务，推动了政府行为方式的转变。中国网络的文化交往的发展为政府提供了新的运作方式，将信息技术与管理有机结合，电子政务也应运而生。电子政务是指政府利用信息通信技术，优化管理服务，重组组织结构和工作流程，采用密集性和战略性应用组织公共管理的方式，旨在向社会提供优质高效、透明规范的管理和服务。电子政务是国家实施政府职能转变，提高政府管理、公共服务和应急能力的重要举措，有利于带动整个国民经济和社会信息化的发展。目前，电子政务市场规模初显。在国家大力支持和推动下，我国电子政务取得了较大发展，市场规模持续扩大，《2018—2023 年中国电子政务行业发展前景与投资战略规划分析报告》公布的数据显示，2017 年，我国电子政务市场规模为 2722 亿元，同比增长 16%。按此趋势，电子政务未来的发展前景甚是广阔。国务院《"十三五"国家信息化规划》明确了"打破信息壁垒和孤岛，实现各部门业务系统互联互通和信息跨部门跨层级共享共用，建立公共数据资源开放共享体系和面向企业和公民的一体化公共服务体系"[1] 的电子政务建设目标，提出了统筹发展电子政务，支持善治高效的国家

①《国务院关于印发"十三五"国家信息化规划的通知》，中国政府网，http://www.gov.cn/zhengce/content/2016 - 12/27/content_ 5153411. htm，2016 年 12 月 15 日。

治理体系构建的任务，并列出了应用基础设施建设、数据资源共享开放、"互联网＋政务服务"等有限行动计划，为"十三五"我国电子政务发展指明了目标和方向。电子政务的具体内容包括：行政办公自动化无纸化、信息实时发布、信息传递网络化、远程视频会议、网络民意调查等。借助网络，政府各部门之间的信息资源共建共享，这样既可以提高办事效率和质量，又避免重复开支。政府办公的电子化、自动化和网络化可以让人民群众了解政府部门的机构设置、相关职能和办事章程，在群众的监督下增加办公的透明度。文件、档案、质量、数据等的数字化方便快速查询，即用即调。电子政务使政府工作更公开、更透明，使政务工作更有效、更精简，为企业和公民提供更好的服务，重构政府、企业、公民之间的关系，使之比以前更协调，便于企业和公民更好地参政议政。

其次，网络的文化交往给公众参与社会政治提供了新的途径。网络的文化交往成为行使知情权、参与权和监督权的新平台。人民群众就自己关心和切身利益相关的政治、经济和社会生活有了积极参与的渠道，网络问政应运而生。网络问政是指为了实现科学管理和民主决策，政府部门利用网络平台广纳民意、汇聚民智。网络民意作为一种新的民意表达方式，越来越受到政府相关部门的重视。2008 年 6 月 20 日胡锦涛同志在人民网强国论坛亲切与网友在线交流，这也是我国党和国家最高领导人首次直接与网友交流。习近平同志指出："要把网络等新媒体作为联系和服务群众的重要手段，搭好信息交流平台，通过新媒体察民情、解民忧、集民智、聚民心，走好网上群众路线。"[1] 越来越多的地方政府借助网络问政，拉近与人民群众的关系，及时了解基层的真实民意民情。人民网连续第 10 年推出"两会来了，我托书记省长捎句话"活动，2020 年两会期间共计 16 位省委书记省长以回信的形式与积极建言献策的网友互动，活动关注度高达 7000

---

① 《习近平新闻思想讲义（2018 年版）》，人民出版社、学习出版社 2018 年版，第 109 页。

万人次。① 可见，网络问政已经成为政府工作的新领域、人民群众参政议政的新形式。

最后，网络的文化交往加快了政治生活的开放进程，有助于公民行使监督职能。网络监督是政府或人民大众通过互联网对某一件事的了解、关注和研究，并提供信息或介入支持，在公开、公正、公平的条件下使事情得到圆满解决。我国政治体制改革的总目标之一就是发扬社会主义民主，调动广大人民群众的积极性。而网络的文化交往由于其在传播过程中具有匿名性、分散性、多元性等特点，不仅具有哈贝马斯"公共领域"的特征，也体现了巴赫金"广场狂欢"的特质，这使网络的文化交往的参政性讨论在公民平等参与和发展、公民直接监督、协商民主、加大互动性方面具有独特优势，不仅快速、便捷，而且廉价、有效。"一项调查显示，87.9%的网民非常关注网络监督；当遇到社会不良现象时，99.3%的网民会选择网络曝光。"② 2012 年 8 月 26 日，陕西省安监局副局长杨达才因在延安特大交通事故现场面带微笑而引发网友不满，随即被网友"人肉"发现他在不同场合佩戴的名表总数达 11 块之多，被戏称为"表叔""表哥"。该消息受到陕西省纪委的高度重视并开展调查，最后"表叔"杨达才受到了法律的制裁。2013 年 1 月 24 日，有关陕西神木"房姐"的帖子在网上热传，龚爱爱被警方证实在北京拥有 41 套住房、3 个虚假户口，最终因伪造、买卖国家机关证件罪，被判处有期徒刑三年。在此次湖北省武汉市新型冠状病毒肺炎救治过程中，武汉红十字会的官僚、低效、不作为等在人民群众的不断曝光中点燃了全民的愤慨，让武汉红十字会，甚至全国的红十字会都失去了原本的公信力。黄冈市前卫健委主任唐志红面对中央督查组的核查时，一问三不知的视频片段在网上飞传，她的服装、家庭背景、工作经历等都被网民深挖，黄冈市委第一时间给予其免职处理。一个又一个网络新闻事件引发现实社会的

① 《全国两会期间，16 位省委书记省长这样与网友在线互动》，人民网，http://media.people.com.cn/n1/2020/0528/c14677-31727826.html，2020 年 5 月 28 日。

② 国家行政学院电子政务专家委员会：《网络问政与政府"善治"》，《信息系统工程》2011 年第 5 期。

极大关注，网络监督展现出巨大的能量，全民反腐的时代已经到来。但网络监督不是捕风捉影，更不是诽谤和诬陷，应遵守现实的法律规范和道德准则，遵循传统舆论监督的规则。

3. 网络的文化交往的文化价值

文化发展的动力源于对现有文化的继承、吸收和创新。继承民族文化是文化发展的根本，吸收外来先进文化是文化发展的动力，创造新文化是文化发展的灵魂。网络的文化交往就是不同文化主体借助互联网平台进行交流与互动。它的文化价值体现在对优秀民族文化的继承，对外来先进文化的吸收，以及对新文化的创造。

首先，对优秀民族文化的继承价值。网络的文化交往对优秀民族文化的继承价值既包含优秀传统民族文化，又包含优秀现代民族文化。从历史上看，文化的继承主要是某一个地域的文化主体接受上一代的文化传统和文明精髓。优秀传统文化不仅内容丰富，而且形态多样，这对优秀民族文化的继承提出了更高的要求。但是，任何传统媒体在传播优秀民族文化方面都有很大的局限性。网络的文化交往打破了时空和地域的限制，大大扩展了传播范围，利用其多媒体技术为多种文化形态保存和传播提供了可能。网络的文化交往把优秀的民族文化纳入自己的范畴，并通过互联网进行传播，从而有效促进了传递和延续。文化主体不会原封不动、盲目简单地接受上一代的文化传统和文明精髓，而是在学习和适应的过程中进行或多或少的变革和创造，而在以往条件下这种革新是非常有限的。网络的文化交往加速了这一文化继承过程中的革新进程。

其次，对外来先进文化的吸收价值。网络的文化交往汇集了全球各民族文化，对外来先进文化的吸收价值主要包括：一是对外来先进文化的引入。文化本身存在着精华与糟粕、先进与落后、积极与消极之分，先进的文化符合时代发展的趋势，是人类文明发展的动力，落后的文化只会拖累人类前进的脚步。在网络的文化交往中引入外来文化时要分清优劣，只吸收其中先进文化的内涵。二是对外来落后文化的批判。由于网络的文化交往的开放性，各种文化形态聚集一堂，其中难免存在外来落后文化。对于落后文化不应简单屏蔽，应该趋利避害，规避其干扰和侵蚀影响，促进我国文化的健康发展。三是对外来文化的融合。网络的文化交往为本民族文化与外来文化融合创造了良好的条件和环境。在融合的过程中要坚持以本民族传统文化为基础，选择性地吸收和转化外来先进文化。

最后，新文化的创造价值。不同于一般的文化创新手段，网络的文化交往是借助信息技术以精神虚拟实践为手段进行文化创新，不仅表现在内容的丰富，还有形式的多样，如网络游戏文化、鼠标文化、网络文学文化等。实际上，网络文化本身并不创新文化，它为文化创新提供各种文化素材和原料，它的信息技术和网络特性为文化创新施肥，这都为孕育新的文化提供沃土，催生其成长。

4. 网络的文化交往的生态价值

十九大报告指出：“自然是生命之母，人与自然是生命共同体，人类必须敬畏自然、尊重自然、顺应自然、保护自然。”[①] 生态问题是当今世界面临的一个重大问题，它关乎人类的继续生存与发展，但是生态文化说到底是人的问题和人的价值选择问题，因此，探讨网络的文化交往的生态价值具有重大的现实意义。“生态”一词源于古希腊，意思是“家”或者“我们的环境”。生态就是指一切生物的生存状态，以及他们之间和它们与环境之间环环相扣的关系。它不仅指自然生态，也指社会生态（精神生态）。生态价值是指生态价值客体对生态价值主体——生态环境属性对人的需求的满足程度，其中包含两个层面：一是生态的价值，即指生态所具有的价值；二是生态性价值，即指人从事对于生态有价值的活动来满足生态的价值。网络的文化交往的生态价值属于第二个层面，是指通过网络的文化交往改变人的生态思想和行为，调节人与生态关系的效应。互联网是生态价值实现的载体，文化信息是生态价值实现的灵魂，文化交往活动是生态价值实现的途径。交往主体通过网络的文化交往活动接受生态思想，从而将其转化为自己的生态思想和行为。在现阶段，网络的文化交往的

---

① 中共中央宣传部：《习近平新时代中国特色社会主义思想学习纲要》，学习出版社、人民出版社 2019 年版，第 167 页。

生态价值主要体现在以下几个方面。

首先，培育生态意识。习近平同志提出："我们既要绿水青山，也要金山银山。宁要绿水青山，不要金山银山，而且绿水青山就是金山银山。"① 生态意识是一种反映人与自然环境和谐发展的新的价值观，是现代社会人类文明的重要标志。生态意识在处理人与自然、人与社会、人与自身关系方面起着基础性作用，它将自然、社会和人作为一个复合生态系统，强调其整体运动规律和对人的综合价值效应，要求把人对自然的改造限制在地球生态条件所允许的限度内，反对片面地强调人对自然的统治，反对无节制地追求物质享乐的盲目倾向。当前，人类面临人口、环境、资源三大生态危机，其原因固然是多方面和复杂的，但从根本原因上来说是人类生态意识的缺失。网络的文化交往可以利用文字、声音、图片、视频于一身，同步交互、异步交互于一体的优势，通过多角度、多层次对生态本质特征的揭示，宣传破坏生态环境给人类带来的重大影响，从而培养网民形成生态意识和生态思想。

其次，明晰生态责任。生态责任是指人类保护生态环境、促进生态协调发展所应担负的责任。长期以来，人们只知道向自然索取，而不清楚生态责任为何，不知道是否要承担责任，更不知道应承担哪些责任，这就导致了生态环境被破坏。习近平总书记指出："只有实行最严格的制度、最严密的法治，才能为生态文明建设提供可靠保障。"② 网络的文化交往通过对网民进行环境保护知识和相关法律的宣传教育，使网民懂得生态问题与每个人密切相关，宣传生态思想、保护生态环境、促进生态的良性发展是每个网民义不容辞的责任，从而增强网民的生态责任。同时，通过培养网民的道德良心和道德信念，使生态责任感深入网民的心灵并与道德责任感融合在一起，形成热爱自然、保护自然的崇高道德情操，最终为自觉参与生态文明建设

---

① 中共中央宣传部：《习近平总书记系列重要讲话读本（2016 年版）》，人民出版社 2016 年版，第 230 页。

② 《习近平谈治国理政》，外文出版社 2014 年版，第 210 页。

提供不竭的精神动力。

最后，促进生态文化发展。习近平总书记指出："推动形成绿色发展方式和生活方式，是发展观的一场深刻革命。"① 生态文化就是要根本转变人的价值观念，从人类中心主义价值取向过渡到人与自然和谐发展的价值取向，从人统治自然的文化过渡到人与自然和谐共生的文化。这就要求我们用生态学的基本观点去观察现实事物，解释现实社会，处理现实问题，建立科学的生态思维理论。生态文化一旦形成，就将长期发挥作用。因此，生态文化与生态发展有着十分密切的关系，从一定意义上来说，生态文化怎样，生态发展就会怎样，或者说有什么样的生态文化就有什么样的生态发展。在中华文化瑰宝中，生态文化占有一席之地，如佛教、道教历来主张"天人合一""万物一体""天人不二"，强调的正是要处理好人与自然相互渗透、相互依存的和谐关系。但是，长期以来，生态文化一直被忽视，一些优秀的传统生态文化甚至遭到批判和否定，应该说，今天所面临的生态危机，实际上是生态文化缺失所造成的。生态文化发展包含其多样性发展和质的提升两个方面。网络的文化交往对生态文化发展具有特别重要的意义，它通过对生态文化的作用及其意义进行多层面、多形式的宣传引导，使广大网民认识到生态文化在生态保护和发展中的地位和作用，从而激发广大网民参与生态文化建设的热情，共同创造出适应时代发展需要的生态文化。

（三）网络价值实现

网络价值实现具体可以分为网络个体价值实现和网络社会价值实现。

1. 网络个体价值实现

网络的文化交往的个体价值与社会价值是相通的，它们都产生于网络的文化交往主客体关系及其运动这一实践活动之中。但是，网络的文化交往的个体价值是社会价值的基础，是社会价值得以实现的途

---

① 《习近平谈治国理政》第2卷，外文出版社2017年版，第395页。

径和手段，换句话说，没有网络的文化交往的个体价值的实现，网络的文化交往的社会价值就难以实现，因此，应该更加关注网络个体价值的实现问题。网络的文化交往的个体价值主要从两个方面实现。

（1）不断扩大网络个体之间的交往。网络个体凭借网络的开放性和交互性可以自由地进行文化交往。交往对象更加广泛，一对一、一对多、多对多可以同时进行；文化视野更加开阔，传统文化、现代文化、大众文化、外来文化等同时交汇。网络个体间交往互动的过程，实际上就是交流思想、沟通观念、道德同化的过程，网络个体在这个过程中实现了自身社会化，发挥了自身主体性。所以说，扩大网络个体之间的交往有助于网络个体价值的实现，"人与人在心理、情感、信息等方面得到交流、受到启发，从而不断丰富自己、充实自己、发展完善自己，逐渐摆脱个体的、地域的和民族的狭隘性，在不断交往中逐步形成丰富而全面的社会关系"[1]。为扩大网络个体之间交往，可从以下几个方面着手。首先，扩大网络交流。引导网络个体在网络社区、网络论坛、博客、微博、微信、直播、短视频等开展健康向上的文化交流活动，以扩大他们的交往范围和内容。其次，扩大网络合作。在国内与国外各类网络群体内部之间、各类网络群体之间、网络群体和网络个体之间、网络个体与网络个体之间开辟文化合作的新渠道和新平台，有利于网络个体适应社会化和信息技术综合化的需要。最后，扩大网络服务。建立各类文化服务网站，以便网络个体广泛交换文化产品和思想成果，实现自身价值。豆瓣网就是其中的典型代表，它为人们提供以技术和产品为核心、生活和文化为内容的创新网络服务。在豆瓣上，任何人都可以自由发表有关书籍、电影、音乐的评论。可以搜索别人的推荐，所有的内容、分类、筛选、排序都由用户产生和决定，甚至在豆瓣主页出现的内容也取决于你的选择。豆瓣表面上看是一个思想评论（书评、影评、乐评）网站，但实际上它提供了书目推荐和以共同兴趣交友等多种服务功能，更像一个集博客、交友、小组、收藏于一体的新型社区网络。借独特的使用模式、

---

[1] 郑永廷：《人的现代化理论与实践》，人民出版社 2006 年版，第 237 页。

持续的创新和对用户的尊重，豆瓣被公认为中国极具影响力的 Web 2.0 网站和行业中深具良好口碑和发展潜力的创新企业。

（2）积极开展虚拟实践活动。网络的文化交往的本质是人的精神虚拟存在方式，虚拟实践指的是网络主体对网络客体有意识、有目的地开展的网络实践活动。这有利于提高网络个体的自主性。开展虚拟实践活动具体可以从以下几个方面着手。一是建构不同层次的网络虚拟平台。融合计算机技术与网络技术，模拟逼真的交往场景，设计各种人物形象，让网络个体有身临其境的感受。二是开发网络虚拟产品。虚拟产品具体有网络游戏、网络软件、电子书、网络视频等。根据网络个体的能力、社会关系和主体性来开发可以发挥其自主意识、平等意识、权利意识和创新意识的虚拟产品。全面提升网络个体的自主能动性，形成独立个性，开发他们的巨大潜能。三是把握好网络虚拟实践活动的渐进性和有效性。要结合虚拟技术的层次性和网络个体的发展需要，不能片面追求高技术。虚拟实践的重点在于提高网络个体的创新能力。将虚拟实践与现实实践结合，考量网络个体的现实需要和社会背景，并以此作为评价虚拟实践效果的标准。

2. 网络社会价值实现

马克思曾指出："社会生活在本质上是实践的。"① 所以说，"价值问题本质上是人类社会历史实践活动中的问题"②。网络的文化交往的社会价值也是产生于网络的文化交往主客体关系及其运动这一实践活动中的。网络社会价值实现分别从经济、政治、文化、生态四个方面展开。

（1）网络的文化交往的经济价值产生的根源在于价值主体和价值客体，而在价值主客体关系中，价值主体又起着主导作用。因此，网络的文化交往的经济价值的实现途径有：首先，培育网民的现代经济观。要利用互联网传播速度快、传播范围广的特点，对网民加强现代经济观的宣传教育，帮助网民重点确立新发展理念。十九大报告指

---

① 《马克思恩格斯选集》第 1 卷，人民出版社 1995 年版，第 60 页。
② 冯平：《重建价值哲学》，《哲学研究》2002 年第 5 期。

出："发展是解决我国一切问题的基础和关键，发展必须是科学发展，必须坚定不移贯彻创新、协调、绿色、开放、共享的发展理念。"[①]一是确立协调发展、绿色生态的现代经济观。要以习近平新时代中国特色社会主义思想为指导，坚持经济的可持续发展，不要让上一代人吃下一代人的饭。因此，要适时适度地调整产业结构，大力发展网络经济、绿色经济、循环经济。同时，要注意经济与政治、文化、社会、生态发展的协调以及经济领域内各行业及其产业的协调发展。二是确立以自主创新为主导的现代经济观。经济的发展往往与体制机制的创新，与经济理论、技术的创新连在一起，没有这些创新，也就没有今天的现代经济，因此，始终要把创新作为经济发展的原动力。三是确立开放共享的现代经济观。随着全球经济的一体化和信息化，任何经济的发展都紧紧地与全球经济联系在一起，任何想摆脱世界经济束缚的努力都是徒劳的。只有实行开放、加强合作，才能促进经济的快速发展。其次，建立经济文化发展的网络平台。当前世界经济发展的一个重要标志就是：经济的文化化和文化的经济化，两者都是经济与文化的融合，其实质是把经济和文化有机结合起来。这里所说的经济文化从狭义上来说，是指具有经济属性的文化；从广义上来说，既包括促进经济发展的文化，也包括具有文化内涵或文化因子的经济。建立经济文化发展的网络平台，目的在于促进经济文化的发展。网络的文化交往主要是通过培育先进的网络文化，建立经济文化发展的网络平台，也就是利用网络平台将先进文化与经济结合起来。可以将以下两个方面结合起来考虑：一方面，建立经济文化传播的网络平台。随着近些年我国文化软实力的快速提升，文化与经济的结合更加紧密，形成了一种新的文化形态——经济文化，应该有选择地将经济文化搬上网。另一方面，建立经济文化创新的网络平台。经济文化发展的关键是创新，而经济文化的创新依赖于交往对象的积极参与。通过专业队伍和广大网民的良性互动，共同促进经济文化的创新与发展。

[①] 习近平：《决胜全面建成小康社会 夺取新时代中国特色社会主义伟大胜利——在中国共产党第十九次全国代表大会上的报告》，人民出版社 2017 年版，第 21 页。

最后，提高网络主体的经济素养。实现网络的文化交往的经济价值，网络的文化交往主体起着关键和决定性作用。从现实来看，网络的文化交往的经济价值体现得还不够，一个重要的原因就在于网络主体还缺乏对基本经济理论、基本经济规律的了解，缺乏对国内外经济发展大势的把握。在全球经济信息化、经济一体化和经济多极化的今天，网络的文化交往对象应通过参加培训和自学，特别是通过服务经济建设的活动，努力提高对网络的文化交往经济价值的认识，努力掌握经济建设的基本理论和基本规律，正确分析和把握国内外经济形势和动态，把网络的文化交往与经济建设有机结合起来。

（2）网络的文化交往政治价值的产生与经济价值一样，最根本、最关键的是价值主体和价值客体，而价值主体和价值客体必定通过一定的价值中介和价值活动才能联系起来，形成主客体关系。因此，网络的文化交往政治价值的实现路径有以下几条。首先，培养国际政治视野。在国际关系越来越紧密的今天，各国经济社会发展更容易受到全球政治局势的影响和制约。政治制度、政治关系，乃至社会稳定、民族认同都与国际政治息息相关。这就需要网络主体具有国际政治视野，能够在国际大势中明辨是非、把握方向。应注重从以下几个方面着手。①宣传世界各国优秀政治文明成果。一方面可以提升网民的政治视野和素养，另一方面可以为我国政治文明发展提供有益借鉴。②国际意识形态渗透与反渗透的教育。马克思曾说："批判的武器当然不能代替武器的批判，物质力量只能用物质力量来摧毁；但是理论一经掌握群众，也会变成物质力量。"[1] 当今世界意识形态斗争无时不在，且形势复杂多变。了解国际意识形态渗透的新情况才能实行有效的反渗透，向外输出中华民族优秀文化。③宣传国际政治发展趋势。21 世纪以来，国际政治呈现多极化、民主化、人性化的趋势。只有知己知彼，才能更好实现网络文化交往的政治价值。其次，构建先进政治文化的网络传播体系。实现网络的文化交往的政治价值主要是通过培育先进的网络政治文化。政治文化的传播是政治价值实现的基

---

① 《马克思恩格斯选集》第 1 卷，人民出版社 1995 年版，第 9 页。

础。具体措施有：①建立网络传播的内容体系。应以社会主义核心价值观为核心，以我国传统的优秀政治文化和世界各民族的优秀政治文化为补充，把符合时代趋势的政治文化网络化。此外，还要吸收世界各民族优秀的政治文化，才能更好地发展我国政治文化。②建立政治文化网络传播平台。建立起不同的网络传播平台，实现立体式传播。网络空间具有高度的自由性和自主性，任何强制手段在网络政治文化传播中都会失控。应以各类网站为依托，并整合利用传统大众媒体，制作现有报刊、广播、电视等的网络版，潜移默化地把先进政治文化观融入网络的文化交往中。最后，建立政治主体的网络互动平台。政治主体的互动，既包括党和政府与人民群众的纵向互动，又包括人民群众之间的横向互动。前者的广度和深度是实现网络的文化交往政治价值的关键所在。为群众提供一个畅通和便捷的网络平台参与民主政治活动是十分必要的，要重点建立好两大参与平台：①各级党和政府与普通群众的交互平台；②各级人大代表和政协委员与普通群众的交互平台。这两大平台可以让普通群众直接参与政治活动的梦想成为现实，也为党和政府及时了解底层人民疾苦开辟了渠道。

（3）网络的文化交往的文化价值的实现途径有：首先，培育网民积极向上的文化价值观。网络的文化交往的文化价值是通过对网络主体能动性的调动和发挥，以及网民的自觉行动来实现的。①民族性与世界性相统一的价值观。网络的文化交往为不同民族、不同文化体系之间的交流提供了快捷的载体和广阔的空间。②继承性与创新性相统一的价值观。网络的文化交往是在传统文化与现代文化、现实文化与网络文化、外来文化与本土文化的双向作用下发展起来的，它本身继承和发展了传统文化、现实文化和外来文化的优秀成果，只有把继承性与创新性有机结合起来，才能不断促进网络的文化交往文化价值的实现与发展。③技术性与人文性相统一的价值观。网络的文化交往要结合网络的技术性与文化的人文性。其次，建立先进文化的网络服务体系。网络的文化交往最重要的文化价值在于孕育先进的网络文化。①建立起先进文化的网络传播平台。外来文化的吸收、主流文化的主导和新文化的产生都靠文化传播实现。文化传播是文化价值实现的基础。②建立起先进文化的网络参与平台。广大网民是网络文化传播与创造的主体，先进的精神文化、制度文化、物质文化需要靠网民去传播与创造，要根据网民的实际需要，为其参与先进文化的传播和创造提供多样化的网络工具和丰富的网络信息资源，从而实现网络的文化交往的文化价值。最后，构建先进文化的网络传播机制。可从以下几个方面着手。①建构先进文化网络传播机制。国家制定或完善相关法律，明晰网络主体的相关责任，规范协调好各个网络主体之间的关系。完善网络基础设施建设，鼓励企事业单位、研究机构、社会团体等单位参与到先进文化的网络传播中。②构建先进文化网络传播的监管机制。实施监管的前提条件是制定监管的内容和标准，明确哪些内容属于监管的对象或范围。网络文化传播是以信息技术为支撑的，要实现技术监管和人员监管相结合。③构建先进文化网络传播的保障机制。应积极探索和努力形成以国家投入为主导的多元投入机制，这是党和政府的一项长期而复杂的系统工程，需要提供多方面保障。

（4）实现网络的文化交往生态价值是一项长期而艰巨的战略任务，应以马克思主义生态思想为指导，坚持科学发展观，循序渐进，在今后相当长的时期内主要实行以下方略。首先，培育网络生态文化体系。①实现传统生态文化的网络化。挖掘传统文化中的生态文化，并将生态思想融入传统文化中。中华民族拥有深厚的文化底蕴，应借鉴发达国家在这方面的经验，通过重释传统文化挖掘传统文化中蕴涵的环境保护的文化因子。互联网具有存储功能强大和跨时空传播等巨大优势，应将传统生态文化搬上网，实现传统生态文化的网络化，为网络的文化交往生态价值的实现提供重要的文化支撑。②开发网络生态文学。生态文学是以生态环境问题为思想主题的文学，现已成为许多西方发达国家的主要文学形式之一。互联网具有虚拟性和开放性等特征，这打破了传统的撰写、编辑、出版的局限，为生态文学的繁荣发展提供了前所未有的便利条件。③发展网络生态制度文化。以互联网为媒介的生态制度文化，主要包括两个方面：一方面是指生态道德规范，另一方面是指生态环境法律。就二者关系来看，前者是基础，后者是底线，二者相互联系、相互促进，缺一不可。在我国，生态立法已引起环境学家的关注，但对生态法的研究还只是开始，尚未得到立法实践的支持。利用生态法来整合我国环境资源法是时代发展的需要，也是使生态法的观念深入人心的需要，对此应该引起足够的重视，加快生态立法进程。其次，建立生态文化的虚拟现实平台。虚拟现实平台是指利用虚拟现实技术来展示现实事物或超越现实事物的平台。虚拟现实技术是人类利用网络技术、计算机技术、多媒体技术等现代信息技术，高度逼真地模拟人在自然环境中视觉、听觉、触觉等行为的"人—机"界面技术。建立网络的文化交往虚拟现实平台的目的，就是要把生态文化的内容通过虚拟现实平台直观、形象、生动地展现给网络主体，比如通过虚拟现实技术有选择性地将历史上重大自然灾害展现出来。应建立生态环境中重大事件的虚拟现实平台，通过建立这一平台，使人们认识到破坏生态环境给人类生活和社会发展带来的危害。通过对20世纪30年代到60年代比利时马斯河谷烟雾事件、美国多诺拉烟雾事件、美国光化学污染事件、伦敦烟雾事件、日本米糠油事件等八大公害事件对自然环境严重破坏的再现，使人们警钟长鸣。最后，构建网络生态文化交往的长效机制。网络的文化交往生态价值实现的特殊性决定了其机制构建的特殊性，构建网络的文化交往的机制应把握好生态价值的几个特点。①建立网络生态文化交往的国际联合行动机制。建立这一机制，不仅是协调各国开展网络生态文化交往所必需的，而且有利于各国交流经验。②建立网络生态文化交往的政府主导机制。开展网络生态文化交往是保护生态环境、促进生态可持续发展的重要举措，政府应发挥主导作用。明确责任主体，建立起中央、地方以及各个行业开展网络生态文化交往的责任体系；正确引导社会，充分发挥高等学校、研究机构、企业组织、社会团体等在开展网络生态文化交往方面的作用。③建立网络生态文化交往的保障机制。开展网络生态文化交往需要具备良好的环境和条件，特别是需要与之相适应的资金投入、队伍保障、网络信息技术的支撑、生态道德规范和相关法律法规的支持。

第五章 实现我国网络的文化
交往的和谐发展

随着网络时代的来临，文化全球化与世界历史进程的趋势进一步加强，并呈现出多极化、多元化的发展态势，网络的文化交往中的文化冲突与文化重构直接关系到民族文化身份、民族文化建构、民族综合利益等关乎存亡的大事件，必然成为各个国家和民族瞩目的焦点问题。因此，探讨网络的文化交往和谐发展对于实现网络社会与现实社会和谐共生、人的整体优化与发展具有重要的意义。我国也要积极营造网络的文化交往和谐发展的条件，迎接信息网络化时代文化全球化的挑战，为构建社会主义和谐社会作出贡献。

一 建构网络文化价值观念

现如今，我们所需要正视和面对的网络的文化交往可能不仅仅是防范意识形态渗透的问题，而是如何在传统意识形态和文化价值观念影响有所削弱的背景条件下，建构真正具有影响力和吸引力，合乎时代进步趋势和要求的网络文化价值观念的问题。"防御"是解决问题的一种被动应付的思路，而"建构"则是积极应对的有效策略。

（一）社会主义核心价值观的网络话语方式

"社会主义核心价值观是反映社会主义基本的、长期稳定的社会关系及价值追求的价值观，是在社会主义革命、建设和改革开放历程中逐步形成和发展起来并指导社会主义健康发展的价值目标和价值观念。"① 2014 年 2 月 12 日，《人民日报》刊登了社会主义核心价值观 24 字基本内容：富强、民主、文明、和谐，自由、平等、公正、法治，爱国、敬业、诚信、友善。② 党的十九大报告指出："社会主义核心价值观是当代中国精神的集中体现，凝结着全体人民共同的价值追求。要以培养担当民族复兴大任的时代新人为着眼点，强化教育引导、实践养成、制度保障，发挥社会主义核心价值观对国民教育、精神文明创建、精神文化产品创作生产传播的引领作用，把社会主义核心价值观融入社会发展各方面，转化为人们的情感认同和行为习惯。"③ 社会主义核心价值观作为社会主义意识形态的本质体现，引领着网络的文化交往健康发展的正确方向。以社会主义核心价值观作为价值的硬核引领网络的文化交往固然极为关键，但引领的方式方法也同样重要。一方面，只有拥有坚定的马克思主义信仰，与时俱进的民族精神、时代精神，崇高的中国特色社会主义理想，才能培养高素质的现代网络主体；另一方面，还要科学地将社会道德规范阐释清晰，化解人们文化价值观上的冲突，为推动社会发展提供精神支持和思想动力。因此就必然要以网民能够理解、乐于接受的话语方式来引领网络的文化交往的走向。

1. 价值体系内外的对话方式

价值观问题一直是与人类相关的一个无法回避的问题。然而意识形态的相对滞后性却使价值观问题在自我解释时变得困难。社会主义核心价值观是中国特色社会主义理论科学性、先进性的代表，在不断丰富、发展的同时，还要求打破意识形态差异，这就需要实现价值体系内外的对话，与西方马克思主义对话，与国外先进经验对话，与优秀民族文化对话。通过不断的交流、对话，实现社会主义核心价值观的自主建设，发挥其理论的自觉、自省功能，不断为网络的文化交往注入强大力量。2020 年 4 月 30 日，新华社在其推特上发布了一则名

---

① 周运江：《浅析社会主义核心价值观的内涵》，《理论与当代》2012 年第 1 期。
② 《社会主义核心价值观基本内容》，《人民日报》2014 年 2 月 12 日第 1 版。
③ 习近平：《决胜全面建成小康社会　夺取新时代中国特色社会主义伟大胜利——在中国共产党第十九次全国代表大会上的报告》，人民出版社 2017 年版，第 42 页。

为《病毒往事》（Once upon a Virus）的视频，立刻获得了推特网友和西方主流媒体的注意。视频中，代表中国的兵马俑乐高小人不断地向世界发布新冠病毒的有效信息，而代表美国的自由女神乐高小人，则不断地予以否认。最终，自由女神乐高小人红起了脸，打起了点滴。该视频获得152余万次观看，1.5万次转发，以及2.8万次赞。我国官方媒体采用轻松幽默的动画形式梳理新冠疫情期间中美两国抗疫态度和事件过程，我国主动出击、积极应战，有效地回应了美国针对我国有关新冠疫情的种种造谣、诽谤、污蔑和抹黑。2020年5月15日，中国驻法国大使馆官方推特发布了一则漫画，画面中，正当"地球"在"世卫组织"（WHO）和"医护人员"的助力下，与"新冠病毒"掰手腕之际，一个代表美国的穿着星条旗衣服的漫画角色站出来，开始说风凉话；此后，新冠病毒就奔着他而去了。同日，该使馆又发了一张图，画面中，美国"驴象两党"（民主党和共和党）咬牙切齿地对代表中国的熊猫射箭。不过，其中部分箭却射在了对方身上。该使馆采用幽默、轻松易懂的方式，讽刺美国近期针对中国的污蔑、抹黑只不过是本国两党之争的惯用伎俩。以上范例都是成功借用世界通用的卡通、动漫形式打破意识形态差异、跨越中西方民族文化分歧，成功对外表达和宣扬我方价值立场、赢得更广泛世界人民支持的有益尝试。

2. 阵地文化的发声方式

发声方式又叫发音方法，多用于声乐。一般是指发声时喉头、口腔、鼻腔控制气流的方式和状态，即采用什么方式发出声音。阵地文化的发声方式指的是网络文化阵地建设时的话语方式，采取何种方式在网络文化平台传播社会主义核心价值观。文化阵地建设的首要任务是整合阵地资料，再把阵地资料以信息化手段进行网络储存、分享和互动，同时在网络上不断丰富、发展作为阵地资料的社会主义核心价值观。因此，在网络的文化交往过程中，就要增强阵地意识，不断开发网络技术，创新管理模式，建设高效、全面的社会主义核心价值观宣传阵地。"学习强国"就是由中共中央宣传部主管，以习近平新时代中国特色社会主义思想和党的十九大精神为主要内容，立足全体党员、面向全社会的优质平台和宣传阵地。2019 年 1 月 1 日，该学习平台在全国上线，设有"学习新思想""习近平文汇""学习文化""环球视野""学习慕课"等 17 个板块 180 多个一级栏目，内容极为丰富，聚合了大量可免费阅读的新闻、期刊、古籍、公开课、歌曲、戏曲、电影、图书等资料。上线两个月后，连续数日登顶 App 下载榜、霸屏热搜，话题阅读量近 2 亿，更是入选"2019 年中国媒体十大流行语"，一举成为党员干部群众学习的"新助手"。

3. "网络语言体系"的运用方式

语言是交往的重要媒介，是人类社会进步的产物，承载着人类文明的历史。作为最直观的方式，网络的文化交往也变成了一场网络语言的追逐赛。网络语言的产生、变化，往往是一个时期的重要标志符。网络语言是网络主体尤其是青年群体以网络生活为主题创造出的键盘语言，是网络的文化交往中的社会思潮载体，是网络时代网络主体新的言语形式。网络语言生成于网络多样价值的环境中，它的前卫性、叛逆性、简约性、直观感性化，体现了网络时代的网络主体求新求异的个性特征，及其对社会生活理解和批判的率真性情。网络语言就其实质来说，是中性的。虽然不惧瞩目的网络语言好似总是跟随着焦点事件而来，但是这颇富创造性的语言表达，正体现出网民对社会现象、热点问题的积极关切。也正因如此，网络语言应成为主流意识引导、价值观传递、思想政治教育工作的得力助手。2014 年 2 月 19 日，千龙网首次公布习近平漫画形象，以漫画的形式盘点"习近平的时间去哪了"。漫画一经发布便立即登上各大网站的头条，并在微博上被大量转载评论，在网友中得到了一致好评，如"习大大好萌""习主席辛苦了""习总日理万机"等正面回复多次出现在相关新闻里。该网站利用漫画这种网络语言形式拉近了总书记与网民的距离，打破了领导人的神秘感，收到了各界良好的反响，非常值得借鉴。比比皆是的案例，说明总结和掌握网络语言的发声原理是十分有意义的。网络主体通过这种喜闻乐见的风格表达，正是对社会主义核心价值观的语言表达提出了新的要求，构建属于自己的"语言体系"，有利于更有效地感染占网民主体的年轻网民。习近平总书记从 2014 年开始，每年发表的新年贺词都会有一两句贴近群众生活，经网络广泛传播，成为年度热词。"撸起袖子加油干""幸福都是奋斗出来的""我们都在努力奔跑，我们都是追梦人。"习近平总书记这些朴实无华、平易近人的话语，将这一年中发生的国家"大事件"和群众的"小事情"有机串联，并展望下一步工作部署，既有高度又有温度，借助网络的传播效应，拉近了领袖与群众之间的心理距离，鼓励并温暖着每一位普通的中国人，获得了大家的一致点赞。

（二）思想政治教育的文化交往网络化

作为教育的特殊领域，思想政治教育既有政治属性，又有文化属性。"它以政治取向来汲取文化资源，以政治需要来规导育人规格，以文化教化来实现政治目的。"① 思想政治教育自身具有文化属性，不仅在交往中行使文化功能，还承载着以德育人的教育使命。网络的文化交往为思想政治教育带来了新的机遇和挑战，需要正视思想政治教育文化交往的多元化，关注思想政治教育文化交往的网络化。

1. 以社会主义核心价值观引领网络的文化交往

面对光怪陆离、纷繁芜杂的网络文化现象，既要保持兼收并蓄的博大胸怀和更加开放的姿态，又要以社会主义核心价值观作为思想武器，大力推进网络思想政治教育。实践证明，意识形态是主流的社会思想状态，对于价值观的认同取决于其普及的程度。应充分利用网络平台的延展性，将社会主义核心价值观传播到社会的各个角落。一是发挥网络信息集散地的效应。网络空间作为当今人们发布和接收信息的主要场所，将思想政治教育信息渗透到网络信息传播的内容之中，通过加强网络文化建设和管理来实现对人们的教育影响。二是网络思想政治教育与现实思想政治教育相结合。网络的文化交往是现实的文化交往在网络空间的映射和延伸，网络的文化交往也会反作用于现实社会，与人们在现实生活中的思想观念和行为方式发生着相互作用。二者具有联系性与互动性。所以网络思想政治教育与现实思想政治教

---

① 沈壮海：《关注思想政治教育的文化性》，《思想理论教育》2008 年第 3 期。

育具有结合的必要性。现实生活中的新鲜事物、局部事件、个别行为等都会被网络放大而被广为传播。网络具有信息放大效应。网络的文化交往既可以反映现实生活中各种矛盾和现象，又能够集中展现出网络的新问题和新情况。因此，思想政治教育工作者可以借助网络空间及时了解和掌握人们思想中的热点、疑点和难点问题，发现思想认识中的一些误区，将网络信息放大效应聚焦现实生活的阳光面，有目的地去引导人们的思想和行为的变化。三是充分利用网络媒体灵活多样的手段。网络媒体的信息传播方式增强了人们在获取信息上的选择性，自身的兴趣和需要成为他们主动从网上获取信息内容的重要动因。引导人们主动参与和实现互动交流是保证网络思想政治教育有效性的重要条件。中华民族在五千年的历史长河中形成了以爱国主义为核心，勤劳勇敢、热爱和平、自强不息的伟大民族精神。应当将这种伟大的民族精神，通过多种不同的文化形式在网络媒体中传播。通过文字的、图像的、音频等形式立体展现，可以让人们更为生动地感受到民族精神的号召力。

2. 占领网络思想政治教育的主阵地

首先，具有对社会主义核心价值观高度认同感的网络意见领袖，可以引导网络舆论，建立起网络思想政治教育的阵地。意见领袖是指在人际关系中主动传递信息并影响他人的"活跃分子"。网络意见领袖就是在互联网上，对于舆论导向具有权威性的人。培养、塑造这样一批人才，有助于强化网络的文化交往中的主流言论。在网络舆论形成和发展过程中，通过发布对问题分析深入、有说服力的言论，在各种思想观点的对话和交锋中取得优势，积极为网络舆论发展提供良性的参照系，从而引导网络舆论的发展方向。组织网络意见领袖积极参与网络热点话题的建构，将网络意见领袖的言论或评论放在网站首页，通过论坛、贴吧、微信、微博、博客、直播、短视频等形式进行网络推广，发挥他们的自觉力量，更能引起他人的共鸣。引导网络意见领袖树立网上工作的意识，用他们的眼睛去发现日常生活中美好的事物，用他们的话去诉说生活中美好的感受，努力营造出积极向上的网络的文化交往氛围。其次，发挥网络群体在网络思想政治教育过程中的重要作用。网络群体由于志趣相投，存在比现实稳定的组织结构和组织凝聚力，因而能够在网络的文化交往中形成较强的吸引力和影响力，在网络思想政治教育过程中扮演重要角色，占领网络思想政治教育的主阵地。网络群体的建设及其教育作用的发挥与现实生活中的集体建设有着密切的关系，线上线下的集体建设若能相辅相成，就会加强思想政治教育对人们的团结和凝聚作用，有利于教育有效性的实现。最后，利用思想政治教育网站扩大理论教育的覆盖面。思想政治教育网站是当前开展网络思想政治教育工作的主要阵地，是传播马克思主义理论的红色网站。加强思想政治教育网站对于马克思主义理论的传播效果，就要充分发挥网站的媒介优势，使之成为内容系统、观点权威、材料丰富、形式多样的网络思想政治教育理论库。为了发挥思想政治教育网站信息来源权威、信息内容系统、信息查询便利和信息形式的多媒体化等优势，网站中应拥有丰富系统的马克思主义理论著作，方便人们阅读和查询；囊括了大量精辟和针对性的理论辅导材料，通过联系现实帮助人们更好地掌握理论；配备相关的影音试听材料，以多媒体技术增强思想政治教育的感染力和说服力；实现信息内容在组织上的超文本链接功能，阅读电子版的理论著作时可通过超文本链接及时找到详细材料，提高理论学习的效率，增强理论学习的全面性和综合性。

3. 创新网络思想政治教育新理念

在开放、自由的网络世界里，直接灌输的逼迫感只能使受教育者排斥，甚至达到厌恶的程度。如何将正确的理念、思想、理想树立在人的心中呢？这乍看是一个可笑的问题，既然是正确的，怎会得不到应有的认同呢？原因在于方法。直接灌输是基于网络开展思想政治教育的原则，而互动交流是利用网络进行思想政治教育的方法。在教育过程中要把原则上的鉴定与方法上的灵活相统一。网络文化是一种开放的、平等的、自治的文化，网络主体以平等的身份进行文化交往与对话。这就要求网络思想政治教育由单向灌输转化为双向互动。网络思想政治教育文化交往对话承载着思想的交流，在双向互动中达成理解的共识。这样一来，网络思想政治教育的功能性将会在隐性的、开放性的、立体的多方位策略手段中得以实现。

在具体的工作方法上，要充分利用网络的文化交往交互性强的特点，通过网络社区、博客、微博、微信、直播、短视频等方式构建双向互动的交流氛围，联系社会实际和时事热点，针对具体的问题和实践帮助人们提高认识水平和辨别能力。思想政治教育工作者要主动使用网络载体，积极参与到网络社区建设中，主动引导讨论主题等。要防止思想政治教育工作者高人一等、居高临下、单向施教的误区，在平等的基础上加强和发展双向互动的关系，努力形成一种互相学习、互相帮助、教学相长、共同提高的关系。

4. 疏通与引导多样化网络社会思潮

所谓疏通就是将网民对核心价值体系产生的误解、误读进行纠正，对已经引起的矛盾冲突进行化解，对可能出现的问题提前预警，为人们说心里话、说真话创造发声的新渠道、好氛围。所谓引导，就是对是非对错，在既定价值观基础上的指引。"疏与导相结合，是党的思想政治教育经验的科学总结，反映了思想政治教育的规律性。"[①]在网络信息环境中，人们所受到的影响更加多样化，其思想和行为发展的不确定性进一步加大，这就要求思想政治教育工作者在网络空间进一步加强思想政治教育的影响力和导向力，主动疏通引导人们思想品德的正确发展和提升。通过主动参与网络建设和管理，积极引导信息传播导向和网络行为动态，避免人们在思想形成发展过程中过分依赖自身经验以及出现盲目性。首先，积极营造正面新闻热点。由于社会负面信息具有背向性、冲突性、刺激性等特点，往往能够很快吸引广泛的注意而迅速成为网上的热门话题。这种内容上"一边倒"的信息传播容易造成信息受众对于外界环境的虚假认识和错误判断。因此，思想政治教育工作者要注重对于网上热点信息传播的调控，及时在网上发布正能量的新闻事件信息，营造积极向上的网络的文化交往环境。其次，建立正确社会思潮宣传的有效机制。将正面的社会思潮

---

① 张耀灿、郑永廷、刘书林、吴潜涛等：《现代思想政治教育学》，人民出版社 2001 年版，第 338 页。

作为培育和践行社会主义核心价值观的养料，予以肯定、支持和运用。网站上建立起相关栏目，及时快速地对国内外正确的社会思潮进行报道，提高时效性的同时，通过超文本链接、图文并茂等网络媒体优势来增强吸引力，加大影响力。对于突发事件要建立检测和快速反应的工作制度。快速展开调查研究，了解事实真相并通过网站发布事实经过，避免负面网络舆论滋生。最后，对不正确的社会思潮要进行客观公正的批评。在互联网上，经常可以看到各种自由主义思潮、个人主义思潮大行其道。在网络媒体报道中要注重对负面社会思潮的客观描述，为人民群众展现客观的事实，帮助他们认清各种思潮的本质。通过对负面社会思潮实事求是、客观公正的分析和批评，网络媒体得以逐渐树立在广大群众中的影响力，这样就会消除人们对报道立场的误解，避免人们产生先入为主的抵触情绪，消解他们对社会主义核心价值观的不良印象。

（三）传递"中国好声音"

习近平同志指出："要着力推进国际传播能力建设，创新对外宣传方式，加强话语体系建设，着力打造融通中外的新概念新范畴新表述，讲好中国故事，传播好中国声音，增强在国际上的话语权。"[①]"讲好中国故事，传播好中国声音"是党的十八大以来宣传思想工作的重要理论创新，是做好新形势下对外宣传工作的根本遵循。2014 年 3 月 5 日，中国政协委员程蔚东提交的提案是《打造大型国际媒体　提升中国传播能力》，提议创建一个能够形成重大传播影响的大型国际电视传媒，用世界语言传递"中国好声音"，用"国际故事"塑造中国好形象。[②] 他关注的是利用中国新闻文化事业的发展打造中国在世界的传播力和影响力。面对未来信息社会一体化的趋势，我们应当将网络技术运用在传播、发扬中国传统文化和中国特色社会

---

① 中共中央文献研究室：《习近平关于全面深化改革论述摘编》，中央文献出版社2014 年版，第 85 页。

② 政协委员程蔚东：《用世界语言传递"中国好声音"》，人民网，http：//opinion. people. com. cn/n/2014/0305/c1003 - 24530606. html，2014 年 3 月 5 日。

主义文化事业上，提高国家文化软实力和中华文化影响力，向世界展现真实、立体、全面的中国，让世界更加了解中国，以网络文化影响未来。先进的网络文化包括三种资源，即中国优秀传统文化、中国优质现代文化和世界各国先进文化。网络的文化交往和谐发展是通过培育先进的网络文化得以实现的，也是建构网络文化价值观念的应有之义。先进的网络文化应从中国传统文化中汲取给养，在优质的现代文化氛围中成长，大胆吸收国外先进文化，最终向世界展现中国网络文化软实力。

1. 以优秀的传统文化滋养

博大精深的中国传统文化是网络文化的重要资源，中国特色社会主义网络文化正是从这片土地中孕育出来，在继承与借鉴的交织中茁壮成长。目前，互联网上中文信息的注入速度和以中文为母语的上网者日益增加。不管上网者多么精通外语和西方文化，只要其网络用语为中文，其本人是华人或其发布对象为华人，这就注定了此网络的文化交往必须具有中国传统文化形式。中文、汉字本身具有的文化意义，以及充斥于网页中的艺术字，无形中使网络的文化交往具有了传统意蕴。为适应中文网站的搜索，各种网上中文搜索引擎相继问世，较为著名的有百度、雅虎、搜狐、新浪等，它们从制作理念到查询结果都力求适应中国人和海外华人的阅读习惯与审美需求。众多关于中国书法、古典诗词、中国画、陶瓷、武术、戏曲、儒释道宗教等内容的网站、网页的设计形式直接揭示了中国传统文化，打开相应网站，仿佛置身于古典的氛围中。"榕树下""起点中文网"等具有浓郁中国古典特色的网站已成为古典文学爱好者的聚集区，搜狐等知名网站大多辟有文学论坛和读书频道，会刊出诗词歌赋、小说戏剧、历史图片、文章典籍等。网易多款自主研发网络游戏均采用中国历史为背景，结合中医、诗词、礼教等传统文化元素，寓教于乐。各个旅游网站、各地政府网站和其他各种网站、网页不仅提供了全面、详尽的中国旅游资讯及网上服务，而且把中国人文景观和风土人情展示得淋漓尽致。

对于历史上积累下来的浩如烟海的文化信息，人类采取了各种各样的方法予以保存、管理和传承。资源共享与数据传输功能正是互联网的一大优势所在，通过网络搜寻、获取信息比传统媒介更为方便快捷。今后，需要继续推广优秀传统文化瑰宝和当地文化精品的数字化、网络化传播，推动网上图书馆、网上博物馆、网上展览馆、网上剧场建设，形成丰富多彩的网络精神家园。

2. 以优质的大众文化守护网络文化

网络文化与大众文化彼此交错，相互融合。一方面，大众文化借助网络推动全面崛起；另一方面，网络文化借助大众文化通俗明快、开放自主的特性而遍地开花。只有大众文化得到充分的净化，网络文化才可能走向通俗而不低俗、朴实而不粗鄙、真诚而不卑劣。

从前少数精英分子才能享用的网络，现在已经飞入寻常百姓家，人民大众和文化精英之间的鸿沟逐渐缩小。文化的繁荣意味着文化走出书斋，走出象牙塔，走向社会，走向大众，满足人民群众日益增长的多层次的精神需求，这是社会的一大进步，这就是文化的大众化。从大众文化和网络文化的商业运营情况来看，网络上的大众文化生产同样摆脱不了市场规律的制约，文化生产商虽然强调个性，但其所标榜的个性是能够成为商品的个性，并极尽炒作渲染之能事吸引受众的眼球，最终目的仍是追逐高额利润。从大众文化和网络文化共同的思潮来源看，兴起于20世纪五六十年代美国的后现代主义文化运动产生了全球性的广泛影响。具有"无主题、无中心、没有权威、个体自主、动态的联系、全方位、多元化、语言文字游戏"等特点的后现代主义文化，虽然具有一定的理想价值，但它反映在网络文化中却表现出种种混乱和无序：多元价值混乱、道德行为失序、无政府主义，过度追求物质消费、过度追求快乐享受、迷恋快感、享受刺激、崇拜自我等等。面对日益泛滥的貌似大众化实则品位低俗、毫无养分的网络文化垃圾，网络主体可能会陷入信息的漩涡无法自拔，成为信息污染的受害者。这就更需要文化宣传单位把提高网络文化产品质量作为关键，抵制庸俗的网络大众文化，过滤并制止含有诋毁党和政府的领导、破坏民族团结、宣传封建迷信、传播色情和教唆犯罪等内容的信息，净化大众文化在网络上的生长空间。

　　网络文化是现有文化的爆炸和重组。诸如"切克闹"（谐音英文 check it out）这一表达，现在听听看，也可以理解为"我要开始了，你们可要认真听哦"的意思；不明觉厉（"虽不明，但觉厉"的缩略形式），意为"虽然不明白（对方）在说什么、做什么，但是感觉很厉害的样子"；冷无缺（"冷漠，无理想，信仰缺失"的缩略形式）形容没有梦想、没有爱的人；喜大普奔/普大喜奔（"喜闻乐见、大快人心、普天同庆、奔走相告"的缩略形式），表示一件让大家欢乐的事情，大家要分享出去，相互告知，共同庆贺。这些诙谐简略的网络用语是大众文化中流行语的网络再造。网上学校、网上社区、网上理财、网络杂志、网络音乐、网络游戏、虚拟旅游等时尚的生活方式，都是大众文化中求知求学、社会交往、投资理财、休闲娱乐等热点领域的网络再现。以大众文化中广泛流行的文化载体——杂志为例，网络杂志添加了纸质杂志不具备的动画、音乐、声效等精彩效果，体验到前所未有的互动感受，网上阅读政治、经济与时尚类的杂志已成为都市人群的阅读新趋势。然而，一拥而上的网络杂志大多在服务性的软内容上打转，除了明星八卦、化妆服饰、汽车家居、健康饮食、娱乐体育等有限的题材外乏善可陈，且严重同质化。若要改变这一现状就必须在可看性的基础上增强可读性，毕竟横空出世的网络杂志只是改变了阅读的形式，而没有改变阅读的本质，形式的绚丽固然重要，内容的优质、原创、健康、有益更是对受众的最大吸引力所在。提升杂志内涵、拓展原创性和思想深度、打造品牌栏目，是网络杂志走向未来主流媒介的必经之路，也是作为网络大众文化真正走进人们心灵、融入人们生活的必经之路。

　　3. 向世界展现中国网络文化软实力

　　互联网把不同国家、种族和地区连接起来，使"四海之内皆兄弟"成为可能。人们在接受外来文化的同时，也将自己的文化展示给世界，在保存和发展民族文化的同时，也对世界文化的发展发挥着积极作用。网络是世界了解中国传统与现代文化的窗口，也为中国民族文化与世界文化的对话提供了一个平台。在面对世界的国际文化舞台上，用心打造一大批具有中国风格、中国气派、体现时代特征的网络文化品牌，已成为当下刻不容缓的历史任务。从美国"三片"（薯片、大片和芯片）在全世界大行其道，到法国复兴法语文化的国际地位，从以动漫、游戏、设计为代表的日本"酷文化"风靡全球，到韩国抢先申请端午节文化遗产保护并成功注册"端午节.CN"的域名，各国的实践无一不昭示着实施对外文化输出所带来的积极效果。因此，扩大文化国际影响、注重文化传播与文化交流是增强本国文化软实力的重要手段，党的十七大提出了"提高国家文化软实力"的重大命题。党的十九大报告中特别强调要"加强中外人文交流，以我为主、兼收并蓄。推进国际传播能力建设，讲好中国故事，展现真实、立体、全面的中国，提高国家文化软实力"①。

网络文化作为一个时代文化的最新展示平台，已成为世界不同文化的交流对话场所，它使不同群体的文化系统，如国家、民族的意识形态、价值取向、道德观念等的对立性和交互渗透性更加凸显，也因全球各个国家社会经济发展阶段的不平衡、社会文明的差异而更加纷繁复杂。作为文化传播重要载体之一的互联网，在国家文化软实力建设中扮演着越来越关键的角色。从传播学的角度来说，多次加深记忆式的互动，有助于人们在不知不觉中对一国的文化产生熟悉感、信任感，直至完成认同。因此，网络媒体的特征，对提高国民的文化素养，提升国家文化软实力具有建设性的意义。

当前，国际上还有一些国家的某些人群对中国存在片面的认识，一定程度的偏见还是存在的。为此，开辟网络的渠道，在这个公开、公平的平台上，展现真实的中国，促进中西方的文化交融是很有必要的。鼓励一些讲真话、尊重事实的门户网站建设，实现将真实的中国声音传递出去，为对中国感兴趣的个体、群体提供交流的机会，再反馈回来，这是一种有意识的网络的文化交往的写照。另外，将民间力量纳入网络文化宣传阵地，同时又不失去民间身份和影响力。西方人习惯认为，中国政府发言代表政府声音是宣传和灌输，缺乏真实性。

---

① 习近平：《决胜全面建成小康社会　夺取新时代中国特色社会主义伟大胜利——在中国共产党第十九次全国代表大会上的报告》，人民出版社 2017 年版，第 44 页。

在这种思维定式下，中国政府和相关机构的任何解释和声明效果都会受到影响。而民间声音正好与西方大众的接受心理相契合，他们的个人和民间身份具有更大的优势。2008 年 3 月 20 日，中国大陆青年饶谨成功注册 anti-cnn. com 网站，即现在的四月网，并以此为平台，搜集整理材料，揭露西方媒体歪曲事实的真相。在他的动员下，很多网站和网友积极响应，举报西方各媒体不实报道的邮件纷纷发来，网站的点击量迅速上升，影响越来越大。在这样一个民间个人网站面前，德国 RTL 电视台网站于 3 月 23 日在其网站上发表声明，承认对中国西藏发生的暴力事件的报道存在失实问题；《华盛顿邮报》报道更正了华邮网站上一张照片的说明文字，纠正了事件发生的地点，并刊登编者道歉声明；3 月 25 日，德国 N-TV 电视台在一份声明中承认该电视台使用的一些图片有误，并已进行了更正；3 月 25 日，BBC 悄然修改了对一张救护车照片的文字说明。2020 年 3 月 12 日，"今日俄罗斯"电视台网站发表文章称，中国和意大利抗击新型冠状病毒肺炎疫情的全国性举措促成了《纽约时报》在报道中惊人的双重标准。《纽约时报》在推特上发文称，中国将约 6000 万人封锁，似乎在控诉其是严重的侵犯人权行为；在 20 分钟后则转而对意大利政府对 6000 万意大利人采取同样的行动表示是向前迈出的大胆一步，表明了一种应该交口称赞的强烈的社群感。同样的做法，西方等于什么都好，中国等于什么都糟糕。该报这种存在偏见的报道和不平衡的观点是出于对一切事物，甚至包括新冠肺炎疫情都被用于满足他们的政治目的。

在网络世界当中一个不容回避的现实是中国与西方国家力量对比处于西强我弱的状况，中国在网络舆论宣传导向的把握上总处于守势。中国要改变被动地位，就必须同步考虑信息网络的发展和信息疆域的拓展，充分发挥各部门、各行业、各网站优势，结合"政府上网工程"，建立具有中国特色的网上宣传体系，具体包括：加快建立中文界面的网络宣传系统，创办、统筹和规划新闻、外宣、理论、文化、教育等网站，扩充网络宣传内容，提高综合社会服务功能，形成网络宣传艺术，让主流文化在中文网络上发出声音并进而占据主导地位。我们应当通过网络，充分发挥中国特色社会主义文化的感染力，展示我国社会主义建设取得的巨大成就，抨击别有用心者对我国的诋毁、攻击，澄清重大事件的是非曲直。

（四）引导网络俗文化"高端大气上档次"

"高端大气上档次"简称"高大上"，是2013年开始流行的一个网络用语，形容事物有品位、有档次。近年来，网络文化的粗鄙化、庸俗化、低俗化和媚俗化令人侧目，当一切都以娱乐为价值尺度的时候，高尚的道德、优秀的文化、和谐的社会环境都很容易遭到破坏，人的精神世界日渐失去其应有的丰富和精致。同时，网络运营商也只专注于制造热点、吸引眼球、片面追求商业利益，缺乏应有的社会责任感。除了商业动机的因素外，人们面对现代社会中精神压力所萌发的一种渴求彻底放松和宣泄的心理，也是网民对低俗趣味大力追捧的原因之一。俗文化是相对于雅文化而存在的文化形态，二者相互依存又相互补充，还可以相互转化。雅是从俗中生长、发展和提升出来的，所以说俗文化对于雅文化具有本源性的意义。只有雅俗共赏的艺术产品才最受大众所喜爱。网络是俗文化的聚集地，因为俗文化以普通受众的需要为中心，具有很强的通俗性、娱乐性和可读性，更易于被大众接受和喜爱。市场经济规律决定了网络媒体不可能拒绝网络俗文化的传播。实际上网络俗文化有着与主流文化一致的方面，其中不少内容也是歌颂真、善、美的，而且在形式上避免说教、淡化政治，更加活泼轻松，更易赢得更多网民的青睐。如果引导网络俗文化中的积极因素，规避其消极作用，就能更好地实现网络的文化交往和谐发展。

1. 引导网络俗文化"雅起来"

"一般来说，雅文化代表着一个民族文化的最高艺术成就，而俗文化则是一个时代与地域大众文化的主要表现形态，满足着大众基本文化的需求，特别是一般娱乐文化的需求。"[①] 通俗是俗文化的突出特征，更易懂易传播，具有很强的生命力。俗文化的流行是商品经济

[①]　田川流：《论俗文化的当代意义》，《艺术百家》2012年第3期。

发展的必然结果，满足了人民群众基本文化娱乐需求。网络媒介的蓬勃发展有力地推动了俗文化的流行，网络媒体也通过传播俗文化获得了巨大的经济利益。商品经济的价值规律将二者紧密地联系在一起。尼尔·波兹曼在其专著《娱乐至死》中批判道："在这里，一切公众话语都日渐以娱乐的方式出现，并成为一种文化精神。我们的政治、宗教、新闻、体育、教育和商业都心甘情愿地成为娱乐的附庸，毫无怨言，甚至无声无息，其结果是我们成了一个娱乐至死的物种。"①因此，大众媒体的宣传倾向对于掌舵网络俗文化的方向有极大的影响。网络俗文化的主流应该是积极健康的，而不是一味地迎合大众口味，变得低俗粗鄙。因势利导网络主体的文化趣味，但不能随意扭曲人们的意愿和趣味。对于网络俗文化中的消极因素，应该以雅文化为指导予以矫正和批评，不断提高网络俗文化的艺术品位。任何一种对于网络俗文化的轻易否定都是达不到预期效果的。积极发扬网络俗文化对网络主体的精神感染力，采用戏谑调侃、幽默诙谐的形式融入精神内涵，潜移默化地完成感染与教育大众的目的。发挥网络俗文化的积极作用，能够针砭主流意识形态文化难以渗透和企及的层面，表达草根群众的心声，成为主流文化的重要参照。网络文化工作者应将创造雅俗共赏的网络文化产品作为目标，这样既有较高的精神含量，又具有丰富的娱乐元素，还能获得精神与市场的双丰收。提炼加工网络俗文化，剔除其糟粕、肯定其精华，最终促进网络俗文化向积极与进步的文化形态转化，还可提升加工具有较高价值的网络俗文化作品，使其具有更高的审美含量。

当然，俗文化中难以回避低俗、庸俗的元素进入。一般的俗文化应该是体现了积极健康的社会价值取向的文化现象，但是其俗的表现形态以及与低俗的天然联系，致使其会或多或少杂糅进一些消极因素，当消极因素占主导地位时，就会滑入三俗文化。所谓三俗文化，就是文化的庸俗化、低俗化和媚俗化。转型期的中国处于社会浮躁和

---

① ［美］尼尔·波兹曼：《娱乐至死》，章艳译，广西师范大学出版社 2004 年版，第1 页。

文化缺失的尴尬，三俗文化的泛滥迎合了大众的心理需求。三俗文化并不等同于中国传统的俗文化。实际上三俗文化既无思想内涵，又无积极的社会意义，是缺乏文化内涵的伪文化典型。三俗文化通过网络媒体快速传播，成为危害网络主体身心健康，蚕食网络的文化交往和谐发展的绊脚石，必须坚决抵制和清理。十九大报告强调："倡导讲品位、讲格调、讲责任，抵制低俗、庸俗、媚俗。"① 反三俗不能光靠封杀，人的思想不能通过法律制度或行政直接干预。只能靠生产优秀的网络精神文化产品战胜三俗文化，靠优秀文化自身的感召力和凝聚力辐射网络主体，使三俗文化没有生存的空间。

2. 网络文化内容贵在创新

当前网络文化依然比较依赖于现实文化，对自身文化土壤还没有全面开发利用。网络文化横向的、纵向的发展，也被即时的、消费的风尚所限制。网络文化的横向的发展，表现为原创性、创新性；纵向的发展，则表现在专业化、整体化等方面。而对于正在起步，渐进成熟的中国网络文化来说，同质化的现象最为严重，危害最大，高水平的原创品更是难得。山寨文化就是其中的典型代表。"山寨"一词出自粤语，原指那些没有牌照、难以进入正规渠道的小厂家、小作坊，为参与市场竞争所生产的白牌产品。山寨产品最早出现在 MP3 行业。随着山寨在各行各业的逐渐蔓延，衍生出一种特有的文化——山寨文化，指带有明显抄袭和模仿痕迹的产物。模仿能力强并不等于学习能力强。模仿做到最好，只能作出跟别人一模一样的，而学习能力强，则可以创造出无限的可能。自主创新正是基于学习能力的发挥与个性化相结合，形成独具个性的先进文化。但如果将投机型的模仿和粗制滥造结合在一起，就扼杀了自主创新网络文化。

信息技术最大的优势就是可以将信息、图像、影像等直接转化成数据，通过传输来实现信息的流通，这一复杂的流程只需动动手指。事实证明，复制粘贴带来便利的同时，却没有因为效率的提高而提升

① 习近平：《决胜全面建成小康社会　夺取新时代中国特色社会主义伟大胜利——在中国共产党第十九次全国代表大会上的报告》，人民出版社 2017 年版，第 43 页。

网络文化品位，这说明，网络技术提供的高效率对于网络与现实文化的发展没有决定性作用。所以，网络文化自身的发展还是需要靠文化自身内涵来推动。创新是文化生产和发展的源动力。如果能让拥有高文化素养的思想家、文学家、艺术家等在网络这个新技术平台上进行原创，必然是值得期待的。

在努力保持自身文化特色的基础上进行创新，也是体现创新能力的一个重要方面。俗话说，一方水土养一方人，必然会产生迥异的文化特色。网络信息技术的应用，在一定程度上打破了时间、空间的局限性，其所产生的新的客观条件也必然是历史的产物，既一脉相承又继往开来，在新的局限中限制着人的发展。所以，发现、认识、培养和创新文化土壤，并保护和发展中华文化的个性和特色是尤其重要的。

3. 网络文化生产齐头并进

文化产品片面追求经济利益，不仅会使低俗文化泛滥，也有可能让社会失去创造崇高文化的能力。尼尔·波兹曼（Neil Postman）在《娱乐至死》中谈道："有两种办法可以让文化精神枯萎：一种是让文化成为一个监狱，另一种就是把文化变成一场滑稽戏。"① 商业性网站在很大程度上扮演了最主要的载体身份。应当引导商业性网站逐渐健全监管制度，生产健康的网络产品。在经济效益和鼓励支持的双效推动下，增强商业性网站的自主创新能力。同时要集中力量，按照合理的划分方式，建立网络基础性服务方，如网络图书馆、博物馆、文化馆等，并配合城市社区、城乡文化流动站等部门共同发挥作用。为实现全国文化信息资源共享，建设中国数字图书馆、国家知识资源数据库等网络文化工程。

网络文化的发展不仅仅停留在文化的层面，还应包括现实的网络文化产业的发展。应当加快传统文化产业与网络文化产业的融合，不断完善产业化结构，推动网络文化产业所占比例的增长，从而进一步

---

① ［美］尼尔·波兹曼：《娱乐至死》，章艳译，广西师范大学出版社 2004 年版，第 1 页。

扩大市场。根据网络文化自身特点，鼓励、支持更多产业园、基地等性质的阵地建设。形成专业化、现代化、集约化，具有核心竞争力的强大网络市场主体，支持有实力的网络文化企业跨地区、跨行业经营，开拓国际市场。

二　激发网络主体潜力

网络主体是整个网络的文化交往实践活动的主导性要素和能动性要素，是其他诸要素的决定力量，具体可分为网络个体和网络群体。网络个体即网民，在网络系统中最活跃、数量最多而稳定性较弱，易受情绪影响。网络群体指网络组织，是网络个体与网络客体（网络的软件硬件）之间的中介和桥梁，包括网站、网络监管机构、IT 产业组织、虚拟企业、虚拟社区等。因此，他们对网络的文化交往实践活动的影响不可小觑。长期以来，由于没有给予网络主体应有的重视，人们在网络的文化交往活动中极易作出失谐的行为，这将阻碍其主体性的正常发挥。因此，激发网络文化主体潜力已成为网络的文化交往和谐发展的首要任务。

（一）网络个体：网络的文化交往和谐的关键

网络个体是网络的文化交往和谐的关键。从硬件建构的意义上讲，网络的文化交往的正常运行和安全保障必须以一定的技术支撑作为不可或缺的基础性条件。但同时，对于技术这一中性的、无所谓好坏的工具手段而言，其所发挥的作用的性质主要取决于使用者的意图和使用方式。因此，从这个意义上讲，人对于自身行为的制约和技术手段的恰当使用也就成为网络的文化交往和谐运行和安全保障的重要因素。换句话说，技术手段之外，网络个体的自我认知、道德意识和行为自律等对于网络的文化交往和谐运行和安全保障而言同样不可或缺。

1. 实现网络个体的自我约束

现实社会由于交往面狭窄，在一定意义上是一个人情社会。在人情世故的作用下，配合法律、道德等他律的手段，使传统道德能够延续。而网络社会则是一个"每个人都戴着面具"的新天地，于他律对个人的牵绊就变得脆弱得多，甚至极易崩溃。网络匿名使人们摆脱了各种社会束缚，得到了充分的自由，人们可以畅所欲言、无所顾忌。同时，与这种极端自由不对称的是网络主体不承担任何责任。正是基于这样的先决条件，网络的文化交往和谐发展就更加依赖于网络主体的自我约束。"网络道德环境（'非熟人社会'）与道德监督机制的新特点（更少人干预、过问、管理和控制），也要求人们的道德行为具有较高的自律性。在那种失去了某些强制和他律因素的'自由时空''自主社会'中，或许最初人们还不太适应，然而这种社会必将是人们的主体意识，特别是权利、责任与义务意识逐步觉醒的社会，一个主体的意志与品格得到更充分锤炼的社会，一个真正的道德主体地位得以确立的社会，一个人们自主自愿进行活动和管理的社会。"① 面对多元文化交融、各种价值理念冲突，以及网上信息的无过滤性，只有培养网络个体自律意识，实现道德自律，才能从根本上解决网络不文明行为，营造健康和谐的网络的文化交往氛围。自律是软约束，靠内心的认知、信念和道德评判而起作用，这种作用一旦发挥就会持久而广泛地延伸下去、发散开来。网络的文化交往自由度的大小依赖于网民的自律程度。有自爱才有自尊，有自省才有自制，有自律才有自由。现实社会需要良好的文化交往秩序，虚拟的互联网世界同样如此。

网民自律的关键方式是遵循"我为网络、网络为我""从我做起"等意识的培养，只有不断进行反省，检查克服自己的陋习，在实践中不断身体力行，才能达到道德自律境界。网民应具备起码的网络伦理道德意识、网络责任意识和网络自律自治意识。这是营造创新、健康、和谐的网络的文化交往氛围的基本要求和前提条件。网络自律要处理好三种关系：一是个人网络自由与他人网络自由的关系。网络自由不是无条件的，当个人的网络行为对他人、对网络环境造成了干扰和破坏，产生了消极影响时，就得对自己的自由方式加以必要的控

---

① 孙伟平、贾旭东：《关于"网络社会"的道德思考》，《哲学研究》1998 年第 8 期。

制和调整。二是个人网络自由与社会规范的关系。人是群居动物，个人必须遵循社会的准则才能在人类社会中生存下来，所以人的行为无论在什么情况、地方都必须遵循社会的道德标准。那么在网络社会无论发布什么样的信息，都不能违反网络的文化交往的道德规范，否则这个社会就有权力对你进行制约、监督、管理，甚至是制裁。正如卢梭所言：“人类由于社会契约而更丧失的，乃是他的天然的自由以及对于他所企图的和所能得到的一切东西的那种无限权利；而他所获得的，乃是社会的自由以及对于他所享有的一切东西的所有权。”① 三是网络行为与道德意识之间的关系。道德自律说到底就是慎独、自律。“与传统伦理相比较，信息伦理更为注重以‘慎独’为特征的道德自律。”② 无论处在什么样的网络环境中，不该做的事，不该说的话，都不要去做、去说，这就是慎独。自律就是要约束自己不正当的欲望，只有这样，网络的文化交往实践才能和谐。

2. 提升网络个体的网络素养

“网络素养指的是正确使用和有效利用网络的知识、能力、意识和行为观念，包括相关知识技能，也包括在使用网络时所持的态度、道德取向、价值观念和行为准则等。”③ 在互联网所创造的新环境中，独立学习的能力、创新意识、批判精神、社会责任感和文明意识等都属于网络素养教育的范围。网民是网络的文化交往的主体之一，网民文化素质的高低、网民的价值取向在很大程度上影响和决定了我国网络的文化交往的状况。在我国当前庞大的网民群体中，绝大部分是年轻的网民。他们年轻，思想活跃，探索欲和求知欲都比较强，但社会阅历和社会经验不足，缺乏自控力和自律性，因而更需要培养他们，使其拥有良好的网络素养。提高网络主体信息敏锐分析能力和客观评价能力，对提高网络主体自律水平大有裨益。海量的网络信息更新频繁，网民所接触的信息往往缺乏条理和逻辑，这

---

① 卢梭：《社会契约论》，何兆武译，商务印书馆 2003 年版，第 3 页。

② 鲍宗豪编著：《网络文化概论》，上海人民出版社 2003 年版，第 174 页。

③ 曾静平、项仲平、詹成大、方明东编著：《网络文化概论》，陕西师范大学出版社 2013 年版，第 194 页。

就要求网民能够去伪存真、去粗取精，对网络信息进行客观的评价和敏捷的捕捉。

提升网民的网络素养重点要保护未成年网民。中国的传统教育以家庭教育为先，并且贯穿于个人接受教育的全过程。但是，家庭中长辈并不一定能够胜任对子女的网络素养教育。客观上存在父母不如子女懂得使用网络，加上工作上的压力，使父母无法在自身不擅长的网络领域对子女进行监护与教育。未成年人已成中国网民中占比最大的一部分群体，那么在父母缺失对未成年人网络使用的监护和教育时，谁去填补这个空缺？毫无疑问，只有社会职能才能弥补家庭教育在网络使用上的缺失。作为社会职能的主导者，各国政府都对指导未成年人安全上网，回避和抵制色情、暴力等有害信息投以格外的关切。比如，美国联邦调查局和教育部制定了关于如何安全使用网络以及如何规避网络上存在的危险等问题的说明，帮助家长教导孩子如何使用网络。还开设了专门供青少年登录的绿色网站，提供健康的社交平台，设立举报非法信息的网站及热线电话。新加坡政府于1999年成立了"互联网家长顾问组"，由政府出资，通过举办培训班等方式，帮助家长指导孩子安全上网。2009年，德国联邦议会通过了《阻碍网页登录法》，主要目的是要求互联网服务供应商保证遵守联邦刑警局每日更新的儿童色情网页禁入清单，从技术上使用户难以登录。2010年年底，俄罗斯国家杜马通过了《保护青少年免受对其健康和发展有害的信息干扰法》草案，规定在所有上网电脑中设置内容分级系统，即只有达到法定年龄才能浏览色情、暴力等内容的网页。

法律素养是网民的网络素养的应有之义，可以通过普法教育、维持司法权威等方式提高网民的法律意识，其中重要的一点就是培育网民的权利意识。无论是在现实社会中，还是在网络空间，针对侵害公民的名誉权、隐私权、姓名权、肖像权及社会组织的名誉权、名称权等的行为，侵权人都要承担相应的民事责任。网络个体在网上制作、复制、发布传播的信息和言论，对他人人格造成侵害时应承担侵权责任。

3. 建立网络的文化交往人才队伍

在传统媒体中拥有记者、编辑这样的"把关人"，保证发表言论的客观性、准确性，文化作品还要保证专业性和艺术性，他们对这些作品的质量负责。如果一个新闻记者随意编造新闻造成恶劣的后果，其要为此承担责任；一个历史学家如果信口开河，其学术声誉就会受到影响。但是在网络上，没有传统媒体中的"把关人"，人们可以自由地发表言论、上传照片和视频，而手机移动上网、5G 技术可以让人随时随地对各种新闻事件发表评论。各种言论铺天盖地，使人应接不暇。网络文化的"把关人"就是一个关键的环节。网络"把关人"要完成"疏"与"堵"的任务。一方面，要维护网络传播自由，保护网络主体发言的权利，但对于别有居心的言论，"把关人"应该将它拒之门外。而对于大多数模糊认识、错误观点、有争议的问题可以摆到台面上，让不同立场的人展开争论，让言论之间相互制约，也可以请高水平学者写评论性文章，提升讨论的水平，营造争鸣氛围，引导讨论的方向。而现在，我们更多地采用的是删除和屏蔽的方式，还远不能起到引领的作用。

网络基于科学技术，对网络文化管理和建设的人才提出了更高的要求，对人才的培养也提出了新的挑战。最理想的网络的文化交往管理者与建设者，应当是身怀网络技术知识，兼懂文化宣传手段，思想政治工作与市场营销工作并重的高级人才。要想组建这样一只最为理想的队伍，还需要很长一个阶段。在此期间，我们需要建立合理的人才培养策略。网络的文化交往管理者不是网络文化清理工，管理的职能性主要表现在技术与人力的合理运用。网络信息量是一个庞大的数字，如果只靠人力，再强的工作能力也会最终趋于懈怠。其中充斥着大量无效的信息，是可以通过技术手段去处理的，而人力则应该侧重于操作、巡查和维护。通过不同的职能分工，引导舆论宣传的主流导向，扩大社会主义核心价值观在网络多元文化中的整合力与引领作用。

中国的媒体将工作重心转入信息化新平台上才短短几十年的时间，所以从事媒体宣传的人才和技能滞后于网络工作的需要。而许多政府部门的官方网站是由现职人员兼职负责，或者对外承包的。所以，我们必须建设一支网络的文化交往的专业队伍来顺应时代要求。这支队伍应当更偏重对信息技术的掌控能力。为此，势必要求在人才教学上，提供更专业的学校教育和社会培训，并如律师、会计等专业人员的资格考核制度一样，配以相应的从业资格认证与考核。另外还应有一支负责网络发声的专业队伍作为权威声音，负责关注和评论网络热点事件。这就需要整合组建一支数量充足、专兼结合、反应灵敏，能够熟练使用网络话语的队伍，使其"埋伏"在网络的各个群体中，可被视为"网友"，亦是专业的评论者。

（二）网络群体：网络的文化交往和谐的基础

分析和讨论如何应对与走出网络的文化交往困境，以及如何维持网络社会的良好运行秩序等问题时，还有两个层面的问题必须予以考虑：一是网络个体的归位问题；二是网络管理群体的归位问题。前者涉及各类网络个体要对其网络行为承担必要的道德、法律的责任与义务问题，后者涉及各类网络管理群体要对人们的网络的文化交往活动以及整个网络社会的正常运行，肩负起监管、控制和引导职责的问题。上述两个层面的问题就其内在逻辑关系而言具有一定的关联性。这也就是说，只有首先实现了"主体的归位"，人们才能以此为基础和前提条件，进一步探讨"责任归位"问题，并使之得到较好的解决。网络的虚拟性并不等于虚幻和虚无，不能给"去责任化"留下余地，网络个体的社会人属性并未在此发生改变，理所当然地要对自己在网上的所作所为肩负起相应的责任。同样，"网络运行的各责任主体应该对自己网络行为的社会效果负责"①，参与和卷入网络的文化交往的其他各类网络群体也都应肩负起各自的职责。

1. 有的放矢地管理网络的文化交往阵地

加强网络的文化交往阵地的关键在于登录环节，所以首先要考虑

---

① 严耕：《道德建设的全新领域——网络道德建设初探》，《马克思主义与现实》1997年第6期。

的是入网的条件与上网的环境。随着互联网的迅猛发展，网民对网络的依赖程度，已经从网吧、办公室拓展到了家中沙发旁。在网络速度不断提升的同时，从有线到无线，从定点到移动，网民可以更加便捷地登录网络。这就给网络登录环节提出了新的挑战。目前，最基础而又繁杂的实名制就变得尤为重要。实名制在国外已有极高的普及程度。

其次，把握网络管理权。在论坛、群创建人等平台中，身兼版主、管理员的网民具有相当的话语权，也就等同于管理权。所以在具体行使网络管理权时，应将具有这部分管理权的网民培养成明晰自身责任感和使命感，切实履行自身权利和义务的管理者。

最后，应聚焦各大网络社区、网络论坛、网络直播、QQ群、博客、短视频、微博及微信等网络阵地和网络意见领袖。这是最为直接有效，甚至可以说是以小博大的策略。这些网络阵地及网络意见领袖是网络舆论的发源地，因此对其进行具体、实际的管理，是掌握网络的文化交往阵地的关键和标志。

2. 主流网络媒体更要"争夺眼球"

作为整个文化生态中一个重要的领域，网络的文化交往应当引导网络文化主旋律，传播先进的、科学的文化，弘扬社会正气，营造共建共享的精神家园。"以正确的舆论引导人"无疑包括网上宣传的舆论导向。重点新闻网站是网上思想文化的主要阵地，在传播主流文化和引导舆论方面发挥着重要作用。在竞争日趋激烈的今天，重点新闻网站面临着与大型商业网站同台竞争的局面，不得不发生转变去迎合网民的口味以免被吞噬。重点新闻网站该何去何从呢？解决问题的总体目标是明确的，就是要牢牢掌握网络的文化交往的主动权，以真实准确的新闻报道击退虚假歪曲的网络消息，以网络文化的精华净化不和谐的元素。所以，加强主流网站建设，特别是新闻类、政务类网站的建设势在必行。

一是改进新闻报道和时政评论方式，提高对受众的吸引力，凝聚主流文化认同感。主流网络媒体不光是一个弘扬爱国情操、民族团结的地方，更是一个解读、普及，乃至践行中国特色社会主义文化最新成果的单位。主流网络媒体可以通过与相关部门合作，引入理论和智力上的支持，在网上开辟理论研究、舆论宣传的阵地，应网民的需求解析社会热点问题，解读政府方针政策，切实落实好理论工作的重要性。

二是关注人民群众的精神需求，为网民提供全方位、多样化的文化服务，把重点新闻网站建设成集资讯、娱乐、教育于一体的综合性传媒平台。各重点新闻网站可以在坚持主流舆论导向上下功夫，打造名牌效应，使网民对重点新闻网站的需求变成一种习惯。

三是热切掌握、关注热点问题，正确解读、引导网民舆论走向。这一方面需要牢牢把握网民的信息需求。畅通信息获取的渠道，不仅是网民的需求信息，还包括对需求信息的提供量。另一方面要宏观地研究网络舆论现象，不断推出具有吸引力的网络议程，形成专题、专区的网络模块，以便于信息的进一步填充和丰富。

四是在网络的文化生产和传播的过程中重视传播学理论的应用。网络是一个交互性极强的环境，其中，参与者的职责身份是模糊不定的，再加上信息的复杂化程度高，网民对各种信息类型的需求和喜好的差异，使互联网成为思想碰撞、信息交换的聚集地。因此，就需要国内传播学界探索不同文化主体的合作机制和形式，研究网络传播的特点和规律，准确把握网络主体的接受习惯，善于利用各种流行的网络传播手段和网络语言抢占网络先机。

五是充分发挥各类重点网站和传统媒体的作用。首先是要不断拓展"国家队"的规模与实力。这并不意味着会造成不正当竞争的窘境，而是通过合法、合理的途径来实现。具体并不是通过打压其他商业网站，来增强重大新闻网站的实力，而是通过为重点新闻网站提供更为便利的条件，逐步利用整体性优势来实现的。比如：国家最新政策、方针的公布、宣传、解读的优先权；政策、财政上的支持，以收购、合并等方式扩大重点新闻网站规模等。其次是充分发挥好重点新闻网站的作用。这就要求其在时效性和亲和力上下功夫，改变形象呆板、内容贫乏的窘境。最后，还应发挥不同媒体间的联动功能，形成多渠道多重互动的关系，更加灵活地发挥正面宣传和舆论引导的功能。

事实上，网络媒体没有突破传统媒体传播的范畴，仍然需要遵循基本的传播原理。但网络技术的革新，势必会给传媒的环境带来巨大的改变。为了应对这种变革，一方面需要政策和导向上的支持；另一方面还需要传媒内部的资源优化和整合。

3. 促进政府网站的规范化建设

中国电子政务工程正式启动于1993年的"三金工程"，至今已进入全面发展时期。2018年，中国电子政务发展指数（EGDI）[①] 为0.6811，世界排名第65名，总体处于全球中上水平，但距离领先国家仍有较大差距。2007年4月24日公布的《中华人民共和国政府信息公开条例》中规定："行政机关应当将主动公开的政府信息，通过政府公报、政府网站、新闻发布会以及报刊、广播、电视等便于公众知晓的方式公开。"[②] 网站的页面风格、板块设计、内容结构等都彰显其文化品位，但是中国政府网站文化建设还存在一些不足，不能在网络的文化交往中发挥带头作用。《中国地方政府透明度年度报告（2009年）：以政府网站信息公开为视角》显示："调研发现，一些政府门户网站履行政府信息公开条例的情况不好，不少政府网站存在信息不集中、网站信息获取不方便，个别政府网站存在只重形式不重内容等问题，按照我们设计的测评指标，43个城市中半数以上不及格。"[③] 作为政府网站，在党和国家的路线方针政策方面要始终贯彻如一，张扬中华文明的同时突出地方地域和民族文化特色等主流文化的一致性。各级政府网站还要明确分工。国家级的政府网站要集中展现国家与民族的政治精神文化，展现国家的整体精神风貌，而省级和

[①] 联合国电子政务指数（EGDI）是对由国际电信联盟（ITU）提供的数据通信基础设施指数（TII）、联合国教科文组织（UNESCO）提供的人力资源指数（HCI）和基于对联合国193个成员国在线服务的全面调查的在线服务的范围和质量指数（OSI）三项标准指数进行加权平均的指数，用来反映联合国各国之间电子政务发展的相对高低水平。

[②] 科技部：《中华人民共和国政府信息公开条例》，中华人民共和国科学技术部，2007年4月24日。

[③] 李林、田禾主编：《中国法治发展报告 No.8（2010）》，社会科学文献出版社2010年版，第322—349页。

地区的政府网站应该百花齐放、百家争鸣、推陈出新，将每个地区的优势和特色尽情展示出来。少数民族地区的政府网站更加应该在网络中凸显多民族文化的风采。政府网站文化应该明确"阳光、服务、和谐、效能"的文化定位，充分发挥政府网站优势，在网络的文化交往中弘扬社会主旋律。

一是构建透明政府的阳光文化。2011 年 8 月 2 日中共中央办公厅、国务院办公厅印发了《关于深化政务公开加强政务服务的意见》，把"公开为原则、不公开为例外"写入文件，进一步明确了政务公开的方式、手段、程序和流程。信息公开对提高政府效率、增加政府透明度、减少腐败等意义重大。政府网站主动发布各类政务信息，让信息公开制度化、常态化。政府网站体现的是政府工作和服务，所以要保障所发布的信息和信息来源的权威性，不仅要公开过程性信息如计划、规划等，也要公开结果性信息如总结、公示等。

二是创新服务型政府的服务文化。政府网站的核心功能就是网上办事，代表着一种新的行政运行模式，体现了高效节能的服务型政府的创建之路。中国政府网站应以《中华人民共和国行政许可法》等法规为主线，将一站式、全天候服务作为工作目标，在网站上发布各部门行政许可项目的名称、依据、流程和要求，在网上可以受理申请、查询状态和反馈结果。2018 年 7 月，国务院印发了《关于加快推进全国一体化在线政务服务平台建设的指导意见》，就深入推进"互联网 + 政务服务"、加快建设全国一体化在线政务服务平台、全面推进政务服务"一网通办"作出重要部署。

三是畅通政民交流渠道的和谐文化。在政府网站信息传播效率低下的情况下，民众的信息需求不能得到有效满足，再加上对公务机构长期以来积累的刻板印象，民众习惯于通过各种小道消息、非正常渠道来接近所谓的事实"真相"。在这个寻求并传播信息的过程中，信息很容易发生变异，谣言、流言在网络中得以滋生并疯狂蔓延。为避免此种情况的发生，政府网站应主动捕捉网络舆情并进行有效疏导，化解网络谣言流言的负面效应。借助信箱、论坛、留言板等平台，主动地公布各种与群众利益密切相关的信息。在信息的供给过程中，设立交流平台，变单向传输为双向交流，通过市民热线、在线交流、编读往来、监督投诉等途径积极与群众互动，拉近政府与百姓的关系。

四是建立高效政府的效能文化。2016 年 9 月，国务院印发了《关于加快推进"互联网 + 政务服务"工作的指导意见》，为解决地方和部门互联网政务服务中存在的网上服务事项不全、信息共享程度低、可办理率不高、企业和群众办事不便等问题，提供了有效的依据。2017 年 1 月，《"互联网 + 政务服务"技术体系建设指南》的出台，为"互联网 + 政务服务"加强顶层设计、完善标准规范，提出了更具体的要求。中国政府网站努力的目标是借助网络力量巩固政府影响力。充分利用政府门户网站这张网络名片，政务和宣传优势互补，利用政府网站的新闻资质进行宣传报道。应适时推出政府网站手机版，从 WEB 网站向 WAP 网站平移；设计政府网站官方 App 手机应用软件；公开政府网站官方博客、微博、微信、短视频账号；联合打造新型政府网站。

五是树立权威高端的"把关人"文化。政府网站做好新闻把关，有助于信息在网络传播中增强网络信息的公信力，为公众提供实用的咨询，最大限度地降低人们对惶惑舆论的恐慌情绪，重建公众信心。这既增强了政府网站自身的高端权威性，也满足了主流新闻门户网站的信息采集需要，为网络的文化交往提供了正确的信息渠道。当下，网络主体素质参差不齐，自我把关的质量因人而异。在此情况下需要政府网站记者、编辑对消息进行核实确认，杜绝虚假信息和煽动性信息，提高网站的公信度、树立网站的权威性，以建立绿色网站为重要目标，给网民带来健康、真实可信的信息资讯。政府网站的把关是保证正确舆论导向的重要手段，是实现网络的文化交往和谐的重要堡垒。坚持正确的舆论导向并不是让世界只有一种声音，而是巧妙地让众多声音中的某种声音更响亮，政府网站要在进行科学的议程设置方面做好引导工作。

三　建立网络文化管理制度

在网络的文化交往普遍发展的现阶段,网络色情、网络侵权、网络恶搞等不法行为极为猖獗,但广大网络主体却对这种现象选择了纵容,有的甚至反对网络立法,认为这会损害网络言论自由和其他的网络使用权限。其实,这种认识是错误的。任何权利若没有制度的约束和保障,最后必定会沦为无序与空泛。管理制度不是限制网络主体权利的屏障,而是权利的保障,关键在于制度的制定是否合时与恰当。在文化全球化境遇以及社会主义市场经济的发展过程中,我国社会呈现出利益冲突、信任缺失、价值取向迷茫等多元化现象,传统价值观、西方价值观、市场化的生存方式不断冲击着人们的思想和行为。这在客观上导致了社会结构内部无法维持共同的价值观念系统,致使道德规范体系失调。现实社会伦理和法制规范对网络社会的文化交往行为约束力失效,而行之有效的网络社会伦理和法治规范又尚未建立起来。加上网络社会的开放性、匿名性、快捷性,以及网民对于难以识别的不实信息"宁信其有、不信其无"的特点,为各种良莠不齐的信息传播提供了需求市场。只有从法律规范、行政监管、行业自律、公众监督、技术保障等多个方面,构筑一个立体化的互联网管理制度体系,才能更好地维护网络的文化交往和谐发展。

(一) 开展网络道德建设,形成教育合力

网络文化是一种正在形成中的新文化,对其进行管理应注意指导性管理与制度化管理科学结合。指导性管理是一种建立在网络主体高素质和高自律能力基础上的管理,它强调网络主体的自觉性,网络主体是净化网络的文化交往的最终主力。因此,要依靠网络的文化交往的自身特点,构建出符合实际、方向明确、引导性强的网络道德规范,通过网络主体的具体践行,形成自觉抵制低俗、有害信息的新风尚。

1. 网络道德建设的基本原则

"网络道德是调节网络时空中人与人、个人与社会关系的行为规范。"① 建立健全网络社会规范，评价、规范人们的网络的文化交往活动。通过评价，可以进一步规范人们的网络的文化交往实践，使之网络道德规范中更趋和谐。

最著名的是美国计算机伦理学会（Computer Ethics Institute）所制定的 10 条戒律，这些戒律是每一个网络主体所必须遵守的最基本的规范。它们是："（1）不应用计算机去伤害他人；（2）不应干扰他人的计算机工作；（3）不应该窥视他人的文件；（4）不应用计算机进行盗窃；（5）不应用计算机作伪证；（6）不能使用、拷贝你没有支付过钱款的软件；（7）未经容许不可使用他人的计算机资源；（8）不应盗用他人的智力成果；（9）必须考虑自己所编的程序所造成的后果；（10）应该用深思熟虑的和慎重的方式来使用计算机。"② 显然，以上规范带有一定理想化的色彩。网络道德规范是一套在特定价值观念、行为规范和伦理准则的前提下的网络主体行为标准。在原则层面，应当是宽泛、抽象的，而针对不同文化背景和文明特色，精确、具体到网络主体实践行为时，既要包容文化差异带来的不同，又不能影响其可操作性。这种网络道德规范将会在更普遍和寻常的意义上，指导、引导和约束人们的网络的文化交往行为。

一是自由平等。美国政治哲学家、伦理学家约翰·罗尔斯（John Rawls）在他的《正义论》中指出，正义的社会必须无条件地确保每一个社会成员的自由平等。这同样适用于网络社会，网络主体间的文化交往行为也应当建立在相互尊重其自由、平等基本权利的基础上。当然，这种自由平等不是无限的自由，侵犯他人的利益是不被允许的。

二是自尊自律。网络主体间的交往行为，是借助信息化手段完成

---

① 曾静平、项仲平、詹成大、方明东编著：《网络文化概论》，陕西师范大学出版社 2013 年版，第 222 页。

② 《关注网络行为的规范和道德问题》，光明网，http：//news.sina.com.cn/c/2005-07-05/06346350121s.shtml，2005 年 7 月 5 日。

的，会造成数字人的假象，其实信息化交往的背后，从来都是现实的人。所以网络主体文化交往实践要建立在尊重彼此尊严的基础上，反省自身的行为是否恰当。只有这样才能避免因自我放纵而给自己、他人、网络社会和现实社会所带来的危害。

三是互惠互利。正常的网络的文化交往活动应当以增进个人、组织和社会的利益为目的。网络主体间的交往互动应当为双方带来帮助和益处，而不是相反。任何类型的网络的文化交往行为，在其出发点上，都不应当定位于侵害和损坏别人的或公共的利益，在行为展开的过程中，应当注意避免此类侵害或损害行为的发生。一旦发生，就应当追偿责任。在互惠互利中推动网络的文化交往健康、稳定、有序地进行。

四是诚实守信。信任是包括市场经济在内，众多机制运行的前提条件。自古以来，中国人一直以诚实守信为传统美德。失去诚实守信的底线，后果将是社会信任的毁灭、社会关系的断裂等。在网络社会，人们的网络的文化交往行为呈现为非具象的符号化的形态特征。在一个个匿名的行为者和虚拟符号背后，则无一例外地隐藏着一个个真实的人。符号之间的互动，最终归结为人与人之间的互动。人无信不立，网络交往若无诚信则不能自由互联。这就要求人们在网络的文化交往中，对他人抱持一种坦诚友善的态度，信守承诺、力戒欺诈，共同构筑一个运行和谐、规范有序的新的人类文化共同体。

2. 强化网络道德教育

网络主体在使用网络时应该时刻提醒自己，网络世界也有道德规范，使用网络、参与网络的文化交往要遵守基本道德要求。现实生活中的基本道德规范和行为准则也适用于网络的文化交往。由于网络的特殊性，网络道德更需要强调某些道德内涵和行为规范。其中，尊重、自律、诚信是网络道德方面的核心内容，网络主体在文化交往时应做到尊重他人、严格自律、诚实友好。开展网络道德教育是培养网络主体建立健康的道德需要和良好的道德素养的重要途径。

（1）将融入网络道德教育融入高校德育教育中。喜欢新奇事物的大学生人人都是网民，他们的网络道德教育显得至关重要。应在高校德育课上增设网络安全教育、网络伦理教育、网络法律教育等相关内容；也可开设专门的网络社会学、网络伦理学等选修课；进行有效的正面灌输是必不可少的网络道德教育途径。（2）开展宣传网络道德的社会活动。社会教育机构应进行各层次网络主体的道德教育培训，既普及网络技术知识，又引导网络主体树立正确的网络道德观，具体可以利用举办公益讲座、张贴宣传看板、发放宣传单等形式进行网络道德教育。（3）利用媒体舆论宣传网络道德。新闻媒体的舆论宣传具有很强的导向性，可以在潜移默化中起到教化和引导的作用。报刊、广播、电视等传统媒体可结合网络热点新闻，加大网络道德教育宣传力度，网络媒体对此更是有义不容辞的责任，可以在制造、传播、监控网络信息的过程中开展隐性教育。（4）由政府主导的网络法制与道德的宣传和教育，是人们网络的文化交往文明开展的根本保证；由社会自发群体组织如青年组织、妇女组织等举办的网络道德公益性活动，是提升网络活动参与者的整体素质水准的有效举措。二者均可采用网络法制建设与德育教育相结合的方式，进一步深化内涵和提升效率，形成网络道德教育合力。

网络道德建设是一项复杂而困难、长期而艰巨的社会系统工程。它既有赖于网络的文化交往中每一个人的参与，又有赖于全社会的共同努力。它要求在网络管理机构的统一领导协调下，各职能部门负责根据实际情况制定、完善相应的法政规定，互相合作形成配套管理。新闻媒体可以加强正面引导，树立网络主体的网络法律和道德意识。网络主体应自觉依照各项制度来规范自己的网络的文化交往行为。只有通过上述各方面共同努力，才能营造网络道德新局面。

（二）政府依法主导网络文化管理

时至今日，互联网已经成长为全球共建共享的基础设施，对每个国家的文化生活和国家安全具有举足轻重的影响和战略意义，国际社会对网络文化治理问题表现出前所未有的高度关注。信息社会世界高峰会议就曾明确指出，"政府必须在互联网治理中发挥作用。"包括发达国家在内的世界各国，都无一例外地对互联网内容设定法定"禁区"，禁止违法内容在互联网传播。正如美国学者劳伦斯·莱斯格（Lawrence Lessig）所说，"网络正在朝着一个特定的方向演进：从一个无法被规制的空间走向一个高度约束型的空间。网络的'本质'或许曾经是它的不可规制性，但该'本质'即将消逝。"①

1. 国外政府网络文化管理实践

西方国家关于网络文化管理的实践，主要体现在"进入口"上，包括媒体平台、通信准入技术载体与条件、专职监护制度与服务等。据有关部门的调查，关于媒体平台提供网民发表言论、信息的服务，样本涉及二十多个国家中的六十多个门户网站，调查显示，开设新闻评论的网站不足四分之一，开设网民论坛的远远不足一半。可见，媒体平台在竞争网络资源的同时，也必然要遵守与政府的协约，除间接性限制网络媒体对网民发表言论、信息服务外，还制定了严格的监管制度。关于通信准入技术载体与条件的控制，如德、英、芬、韩等多国都从技术层面对网络准入条件下足了功夫。这些国家的民众在准入网络前，必须在政府的监督下达成一种契约。只有凭借法律准许的身份认证信息，才可获得互联网准入的技术支持和许可。如韩国自2005 年起，不管是成年公民、未成年公民还是外籍人员，在注册网络邮箱、地址、博客等时，都必须填写或提供全面和完善的身份信息。而在欧洲国家，民众在购买上网卡或是进入无线网络时，均需要提供居民身份信息。关于监管制度的模式，各国根据自身的条件和情况而有所不同，但是专属的服务机构、制度、工作人员是模式化管理的总体趋势，如美国国防部下属的"黑客"部队和第 67 网络战队，其工作内容包括监管日常所有的网络舆论并进行技术处理，维护国家网络安全等。法国则设立了全国信息自由委员会，进行网络日常监督和管理。

从国外对网络文化的管理实践来看，都是根据各国不同的实际情况多管齐下。这些由政府主导的手段、措施可以体现世界发达国家对

① ［美］劳伦斯·莱斯格：《代码：塑造网络空间的法律》，李旭等译，中信出版社2004 年版，第 32 页。

于网络文化管理的重视和谨慎的程度，而能够切实有效地运行，与民众达成共识，则是一个长期探索的过程。可以确定的是，外国政府的做法对中国政府科学合理地管理互联网提供了不少有益的借鉴，这必将会为网络的文化交往的积极健康发展保驾护航。

2. 中国政府依法管理网络文化

今天的中国不管是从网民数量，还是从网络信息覆盖面来说，都是全球颇为瞩目的网络体。这就要求全速铺开的网络文化管理实践，以应对不断出现的新情况、新问题。基于我国所处的特殊情况和条件，在遵循网络文化自身发展规律的前提下，强有力的网络文化管理部门、管理制度应大展身手。据统计，目前中国参与互联网管理的部门已达 16 个。根据不同部门间的分工协作，形成了全方位网络文化管理体系，为网络的文化交往和谐提供了强有力的法律支持和制度保障：国家通信管理部门主管基础网络资源；公安机关执行网络安全监管；国务院法制办负责相关法律法规的制定；新闻、出版、教育等部门处理各领域网络信息服务。

1987 年，我国制定了《电子计算机系统安全规范（试行草案）》。1994 年，我国又颁布了《计算机信息网络国际互联网安全保护管理办法》《计算机信息网络国际互联网管理暂行规定实施方法》《计算机信息系统国际互联网保密管理规定》《计算机病毒防治管理办法》等行政法规、部门规章和规范性文件。2016 年，由全国人民代表大会常务委员会颁布了《中华人民共和国网络安全法》，更是我国第一部全面规范网络空间安全管理方面问题的基础性法律。中国的《刑法》《民法通则》《著作权法》等相关条款也适用于互联网管理。中国互联网管理法规呈纵向金字塔体系。《电子签名法》和《全国人大常委会关于维护互联网安全的决定》是处于效力最高级别的法律。处于第三效力层级的是各部门互联网内容管理的规章，如《互联网新闻信息服务管理办法》《互联网出版管理暂行规定》等。以上法律法规对互联网各行为主体的责任与义务作出了规定。内容涉及互联网资源管理、互联网信息传播、互联网信息安全等方面。法律旨在在保护网民隐私权、自由权的同时，禁止一切损害他人自由、人身安全，危害国家利益、民族利益的犯罪活动。

3. 完善网络文化管理的法律体系

国外发达国家完善的网络法律制度已经充分证明，法制是网络文化管理手段中最有效、成熟的。完善中国互联网法制体系是构建中国特色网络文化管理机制的重要组成部分，是网络的文化交往有序开展的强大后盾。网络文化管理应该有章可循、与时俱进。中国互联网立法目前正面对着许多新的问题，比如新兴的电子商务、网络隐私侵权、网络欺诈等，这些都需要有的放矢地立法，并且进行适时的调整以应对变化。

中国互联网法制管理方面仍存在一些不足。（1）法制建设速度跟不上形势发展的需要。现有互联网法律法规已经落后互联网发展状况数年。制定时是针对20世纪末21世纪初的中国互联网状况，或在原有法律基础上修改增补。立法时缺乏前瞻性，制定后又马上落后于网络发展需要。（2）立法缺乏统一规划、层次较低。现有的网络法律法规大多是各行业管理部门颁布的管理办法、管理条例和法规解释等行政规章。全国人大及常委会和国务院所颁布的层级高、较统一的比较少，这导致互联网立法与管理的力度还远远不够。因此需统一立法主体，提高互联网法制管理的层级，即由全国人大及常委会和国务院主持立法，统一各行业管理部门的法律法规，结合现有法律法规进行修改与完善。（3）开展普法教育也尤为重要。目前，网络管理法律法规在网络的文化交往中出现率较低，即便出现，也是作为网民使用某项网络服务的事先阅读内容。实际上，网民并不十分关注这些规定，甚至根本不看具体内容就会选择同意。在此情况下，有关法律规范普及难免流于形式，导致宣传效果不理想。任何法律规范，如果不被大家知晓，即使制定得再完美，也无法发挥其约束和警诫作用。

（三）行业自律与社会监督多管齐下

2010年6月8日，国务院新闻办公室发布《中国互联网状况》白皮书，指出："中国管理互联网的基本目标是：促进互联网的普遍、无障碍接入和持续健康发展，依法保障公民网上言论自由，规范互联网信息传播秩序，推动互联网积极有效应用，创造有利于公平竞争的市场环境，保障宪法和法律赋予的公民权益，保障网络信息安全和国家安全。"① 面对互联网应用的迅速扩张，技术的迅猛发展，各行各业对其工具性上的依赖程度不断加深，网络的文化交往对一国的政治、经济、文化、教育等影响越来越大。它的发展需要多措并举，具体如下。

1. 推进互联网行业自律

行业自律是维护网络的文化交往健康规范发展的重要制度形式之一。现如今，在国际范围内，已经形成并成功运作有多个以联合会的形式组成的行业自律性组织。其绝大多数都是以本土或者本国为有效规范区域，会对区域内的互联网有害信息进行监督与处理，如1996年英国网络服务供应商与政府合作，共同组建网络观察基金会并签署了《"安全网络：分级、检举、责任"协议》（"*Secure Network：Grading，Reporting，Accountability" Protocol*），旨在激励英国本土相关从业者形成行业自律。该协议经过时间与实践的检验，收获颇丰：有效数据显示，十年间，英国出自本土的网络有害信息由18%降低至0.2%。日本境内相关行业也自发地组建起多个协会性质组织，其中最具影响的是电气通信业者协会与电信服务业提供商协会。埃及的互联网协会明确规定，境内相关行业"有责任与公众的安全、健康、福利需求保持一致，要迅速揭发可能危害公众、环境以及可能影响或与埃及传统价值、道德、宗教和国家利益相冲突的一切因素"。总的来说，国际上联合会性质行业自律组织是行业配合政府职能，为保护行业自身的良性发展，进行公平、正当的竞争而形成的。由此可见，行业自律不仅有利于行业环境的净化与监管，更关乎整个行业的生命力。

加强自我管理和约束是网络的文化交往实现有序发展的内在要求。推进互联网行业自律，应努力做到传播主流文化和先进思想，抵

---

① 《互联网白皮书发布　明确中国管理互联网基本目标》，中国新闻网，http：//www.chinanew.com/it/it-itxw/news/2010/06 - 08/2329703. shtml，2010年6月8日。

制庸俗、低俗和媚俗的文化，从自身做起，维护网络诚信。我国于2001年成立了一个名为中国互联网协会的行业性组织。为了响应国家政策实现互联网行业良性发展，先后制定了若干声明和公约，如《反网络病毒自律公约》《中国互联网行业自律公约》《中国互联网行业版权自律宣言》等。互联网是开放的平台，在服务网民的同时也要接受网民的监督。为加强网民监督，设立了窗口式举报受理机构，如网络违法犯罪举报网站、12390扫黄打非新闻出版版权联合举报中心等。他们与相关执法部门合作，及时处理网民举报，为净化网络的文化交往环境贡献一分力量。

2. 整合网络管理的监管体系

目前，中国互联网管理方式以业务准入为主，重事前，轻事中和事后。这样不利于激发网络的文化交往活力。虽有多个部门按职责分工参与互联网的监管，但部门之间监管边界不清、管理范围重叠。在现行"前后置审批"中，微信、微博、博客、海淘、微淘、直播、短视频、博客视频、众筹等新兴业务很难找到对应的管理部门。此外，网络融合业务很难明晰业务的管理责任主体，造成管理重叠和混乱。各监管部门各搞一套，数据资源、监测系统互不配合，这样一来，没有整合优势，增加了管理成本，却又达不到应有的监管效果。目前，中国互联网规范多是各行业管理部门出台的规章制度，仅代表单一部门利益，使网络监管体系"重管理，少扶持"。缺乏代表社会合意和互联网各方利益，促进互联网发展的法律规范。所以，应明晰各部门互联网管理职责和权限，建立各部门之间的协调单位整合管理优势，从而有利于从全局出发制定统一的网络规章制度。

3. 改进对网络文化的行政监管

当互联网法律法规不够完善，网络道德约束乏力时，网络文化的行政监管就显得尤为重要。设立网络"报警岗亭"和"虚拟警察"接受网民监督举报。对网站、网络社区、网络论坛等进行分类分层定位管理，完善准入和退出制度。建立网络信誉等级评价体系，对各门户网站、网络论坛、网络社区等定期进行评估，评估结果向社会公开。对于违规现象进行记录，特别严重者实行行业禁入。从网络文化工作者从业资格着手，建立网络从业人员资质认证制度。继续推广实名上网登记制度，拓展到微博、微信、QQ 群等的实名注册或实名认证。不断开展网络犯罪的专项整治行动，对网络的文化交往中严重的失谐行为应予以行政处理。

（四）技术支撑构筑防洪堤坝

面对互联网良莠不齐的海量信息，通过技术手段支撑网络的文化交往内容管理，最大限度地保护广大网络主体不受不良和有害信息的影响，已成为世界各国普遍采取的有效措施。目前，构筑维护网上信息和文化安全的技术手段主要有以下三种：一是鼓励安装过滤软件。美国已将鼓励家庭安装互联网过滤软件载入美国法典。2000 年，《儿童互联网保护法》（*Child Online Protection*）中明确规定，公立图书馆必须安装互联网过滤软件。不仅美国，德国、新加坡、澳大利亚等国均鼓励安装过滤软件。二是利用技术对互联网内容进行分级。英国研发了"互联网内容选择平台"，分类标注互联网内容。网民可根据自己的需要选择浏览级别。澳大利亚、法国、德国也采取此措施管理本国网络内容。三是为了国家安全，互联网路由节点实施技术检测和封堵。新加坡利用代理服务器技术阻止网民进入政府禁止的网站。这是各个国家普遍采取的措施。网络的文化交往本身就是由高技术、高智能的互联网技术支撑的，只有在技术层面对网络不道德行为特别是网络犯罪加以预防和制止，并对已经实施的有害行为进行有效打击，才有可能保障网络的文化交往的正常秩序，维护网络社会的安全与宁静。

1. 以先进的技术手段支撑互联网内容管理

目前我国与美、英等发达国家的信息网络技术差距是相当大的。我国除了加快信息化步伐、迎接信息技术的挑战，已别无选择。中国必须制定具有中国特色的国家和区域信息化、网络化发展战略，调动一切力量尽量消除网络技术、网络文化上的摩擦。只有掌握先进的文化交往工具，缩小与发达国家在信息技术发展上的差距，才能赢得网络的文化交往的主动权。加速中国信息高度公路建设，争取早日与国际接轨。实现信息化是一个长期性的战略任务。目前，中国为统一组织和加速推动国民经济信息化建设，已确定从"三金工程"（金桥、金卡、金关工程）起步，并形成"十金工程"（金桥、金卡、金关、金税、金卫、金农、金通、金企、金图、金智）的金字系列工程实施战略，已取得重大进展。火炬信息网络工程是中国建设信息高速公路的组成部分，它以全国各高新技术产业开发区为基地，利用现代化公用电信网的网络资源和社会数据库群的信息资源，附加先进的综合平台设施，通过电话机、传真机、计算机等用户终端设备，实现包括语音、资料、文本、图像等多种信息的采集处理，并以智能信息交流方式向广大用户提供丰富多彩的增值服务。该网络工程目前拟提供的增值业务包括电话信息服务、计算机信息服务、电子信箱服务等，应用范围可延伸到政府部门、企事业单位、家庭、个人等多个领域。2005年，我国已经出台了"十一五"至2020年信息化目标与战略。我国"十一五"至2020年信息化战略大体将实现三大阶段跨越式发展：第一阶段（2005—2020年）为信息化夯实基础，第二阶段（2020—2035年）为信息化全面推进，第三阶段（2035—2050年）为信息化高度发展。

当前，人们所探索的三网融合——电信、电视、互联网的融合是中国网络的文化交往发展的一种趋势，即三网在技术、业务、管理、服务、市场等诸多方面的融合。要积极支持互联网内容管理技术研究，不断提高运用和驾驭网络的能力，维护网络安全，构建和谐的网络的文化交往环境。网络本身是技术性的，而技术本身是中性的。它既不是网络的文化交往的万恶之源，也不是普世救渡的良药，然而，在此技术支持的基础上出现的失谐现象，也理所应当止于技术本身。所以，直接运用技术手段，对信息进行处理，对信息传播进行监管是最为行之有效的方式。在网络应用技术不断进步的同时，防范的功能性也要得到相应的增强，应依照法律法规的规定，查处违法信息，维护国家安全、社会公共利益和未成年人的心理健康。

2. 扩大网络资源管理的自主权

互联网核心技术和应用技术刻有研发者的文化烙印。技术领先的国家就能借用技术优势让本民族文化形态独领风骚。目前，以美国为首的西方发达国家掌握着互联网的核心技术。中国信息技术处于落后地位。网络文化安全、信息安全、技术安全等都存在一定的隐患。因此，中国网络文化软实力必须有坚实的网络技术硬基础来支撑，中国网络的文化交往和谐发展必须建立在自己掌控的技术平台之上。

1998 年以前，互联网是由南加利福尼亚大学计算机科学教授 J. 波斯特尔一人管理的，他为资助互联网最初发展的国防部高级研究计划局管理互联网达 30 年之久。1998 年 10 月，美国根据加利福尼亚州法律成立了非营利性的"互联网域名与地址管理机构"（The Internet Corporation for Assigned Names and Numbers，简称 ICANN），ICANN 所管理的资源都是互联网运行所必需的基本资源，即 DNS、IP 地址、TCP/IP 协议和根服务器，尤其是 13 台根服务器记录着全球 IP 地址和域名的对应关系，对于互联网的稳定运行至关重要。这 13 台根服务器中有 10 台在美国，另外 3 台分别在阿姆斯特丹、斯德哥尔摩和东京。可以说，ICANN 掌握着一个国家或地区能否在互联网上存在的生杀大权。ICANN 尽管名义上是一个非政府组织，但我们从它的日常运作以及一系列基本法律文件中可以发现，ICANN 与美国政府的关系非同寻常。ICANN 不仅向美国政府报告日常运行情况，而且根服务器的最终决定权由美国政府掌控。鉴于此，2016 年由我国主导、16 个国家参与的"雪人计划"，完成了 25 台 IPv6 根服务器与原来 13 台 IPv4 根服务器的架构，至此中国拥有了 1 台主根服务器和 3 台辅根服务器，打破了多年来我国没有根服务器的困扰。事实上，世界各国应享有本国互联网的主权和管理权。

不光是根域名服务器，从互联网的硬件 CPU、软件操作系统、搜索引擎、网络语言，到规则设置，处处都打上了美国化思维方式和价值取向的烙印。技术上的绝对优势和霸主地位为西方发达国家进行文化冲击和意识形态渗透提供了先决条件。互联网是英文的天下，中文信息占有率极低。中国缺乏网络语言优势，实际上被部分剥夺了网络的文化交往话语权。首先，要积极研发中文信息处理软件。简化互联网中文信息加载、修改的程序，提高中文网络信息加工和处理的技术。完善中外文互译技术，是信息化、网络化时代的必然要求。其次，应提高汉字文化的"知名度"。汉字文化作为中华民族优秀的文化资源，恰巧就是打破语言限制的利器。通过网络的文化交往，使一国的语言成为世界人类共同的文化财产。汉语作为中华悠久文化底蕴的名牌，应与世界各种语言互通有无。最后，统一汉字输入法。目前内地常用的输入法有全拼、双拼、智能 ABC、五笔等，在港台常用的有仓颉、拼音等。这不利于信息交流与传播。汉字输入法的状况与英文 26 个字母的输入法全世界通用，形成了鲜明的对比。应尽快做到汉字输入法全国基本统一、稳定，内地港台力争统一到 2—3 种，音码、形码、音形码各 1 种，以便形成发展和弘扬中国文化的合力。

3. 倡导使用国家顶级域名

现有顶级域名分为两种。一种是".cn"".us"和".de"等国家与地区顶级域名，共计 245 个，大多由本国自行管理。另一种是".com"".net"等的国际社会通用的顶级域名，由美国借 ICANN 之手掌控。美国若对某个国家使用国际通用域名网站的访问情况进行数据分析，就可神不知鬼不觉地掌握该国热门网站分布情况和网民的访问喜好等，使我国在网络的文化交往中处于不利地位。国内很多知名商业网站，如淘宝网（www.taobao.com）、优酷网（www.youku.com）、百度网（www.baidu.com）；一些政府网站，如四川政府采购网（www.sczfcg.com）、广东东莞石排镇人民政府官方网站（http：//sp.sun0769.com）、湖南常德市人民政府政务服务中心（www.cdzw.com）等都使用美国管理的顶级域名。所有以".com"".net"等为后缀的顶级域名都处于美国的掌控中，而所有以".cn"为顶级域名注册的网站就处在中国的监控和保护之内。近年来，顶级域名使用问题引起中国政府一定的重视。为了维护中国网络的文化交往安全，2007 年，中国国家域名".cn"的注册管理机构启动了"国家域名腾飞计划"，积极开展中国国家顶级域名管理工作。中国互联网络信息中心（CNNIC）下调中国国家顶级域名".cn"的使用费用，更为重要单位提供网络安全服务，积极推广中国国家顶级域名。

4. 密切跟踪网络的文化交往技术前沿动向

如今，社交网络、电子商务与移动通信使人类迈入以 PB（Petabyte，一种信息存储容量单位）为单位的结构与非结构数据信息社会，标志着名副其实的"信息社会"的形成，开启了一个大规模生产数据、分析数据和应用数据的时代——大数据时代。云计算的出现，让大量、高速和多变的数据便宜而有效的存储、分析和计算成为可能。人们的生理情况、行为习惯、交友状况、兴趣爱好等都以数据的形式在不知不觉中被记录与分析出来。大数据将会成为资本主义发达国家在新一轮全球竞争中的有效工具，广大的发展中国家仍然处于依附地位。"整个世界可能被割裂为大数据时代、小数据时代和无数据时代。"① 因此，数据的开放和流通将成为时代的趋势。身为发展中国家的中国，面对世界数据化的未来该何去何从，这是一个重大的抉择关口。纵观现代科技革命史，中国一直处于被动学习的尴尬地位。而这次云计算和大数据的科技变革是中国与世界差距最小的一次，在很多领域存在创新与超越的可能。我们应抓住大数据时代的发展机遇，保持 5G 技术的领先势头，勇于开放创新。

美国学者维克托（Victor）和肯尼斯（Kenneth）在《大数据时代》一书中认为："我们需要改变我们的操作方式，使用我们能收集到的所有数据，而不仅仅是使用样本。我们不能再把精确性当成中心，我们需要接受混乱和错误的存在。另外，我们应该侧重于分析相关关系，而不再寻求每个预测背后的原因。"② 大数据将使人们从对因果关系转向相关关系的追求——弄清楚"是什么"比寻找"为什么"更重要，这改变了人类探索世界的思维和方法；分析数据的能力和门槛也从学术界延伸到一般机构、企业和政府部门等，直接导致成本的降低和容错率的提升。大数据同时给隐私安全带来了极大的威胁。现有的法律手段和信息技术在它面前都失去了效果，只要收集足

① ［美］维克托·迈尔－舍恩伯格、肯尼斯·库克耶：《大数据时代》，周涛等译，浙江人民出版社 2013 年版，第Ⅵ页。

② ［美］维克托·迈尔－舍恩伯格、肯尼斯·库克耶：《大数据时代》，周涛等译，浙江人民出版社 2013 年版，第 92 页。

够多的数据信息，网络主体的匿名身份将会彻底暴露，也就是说，网络的文化交往的匿名性特征将不复存在。网络的文化交往和谐发展还应建立在数据拥有者和使用者的自律上，他们应以负责任的态度分析和使用数据。另外，随着预测准确性的提高，大数据可以根据我们的过去预知我们下一步的行为，人类的未来将受困于自己的过去，这种被预言而无法逃避的未来，将会扭曲人类最本质的理性思维和自由选择。总之，探究当代中国网络的文化交往的理论与实践，旨在坚持主流意识形态导向，壮大主流思想文化阵地，推动我国网络的文化交往和谐发展，为坚定中国特色社会主义文化自信，建设社会主义文化强国贡献一分力量。

参考文献

一　中文著作类

1. 经典著作

《马克思恩格斯文集》（1—10 卷），人民出版社 2009 年版。

《列宁选集》（1—4 卷），人民出版社 2009 年版。

《毛泽东选集》（1—4 卷），人民出版社 1991 年版。

《邓小平文选》（1—3 卷），人民出版社 1993 年版。

《江泽民文选》（1—3 卷），人民出版社 2006 年版。

《习近平谈治国理政》（第 1—2 卷），外文出版社 2017、2018 年版。

《十八大以来重要文献选编》（上），中央文献出版社 2014 年版。

习近平：《决胜全面建成小康社会　夺取新时代中国特色社会主义伟大胜利——在中国共产党第十九次全国代表大会上的报告》，人民出版社 2017 年版。

《中国共产党第十九次全国代表大会文件汇编》，人民出版社 2017 年版。

中共中央宣传部：《习近平新时代中国特色社会主义思想学习纲要》，学习出版社、人民出版社 2019 年版。

中共中央宣传部、中央广播电视总台：《平语近人：习近平总书记用典》，人民出版社 2019 年版。

2. 中文著作

郗正：《马克思主义文化哲学》，吉林人民出版社 2007 年版。

陈建宪主编：《文化学教程》，华中师范大学出版社 2004 年版。

陈峻俊：《符号的魅惑：网络消费文化研究》，中国社会科学出版社

2013 年版。

陈力丹：《精神交往论：马克思恩格斯的传播观》，中国人民大学出版社 2008 年版。

陈秋珠：《赛博空间的人际交往——大学生网络交往与心理健康关系的研究》，吉林大学出版社 2012 年版。

陈少华：《文化学概论》，上海文艺出版社 2001 年版。

董适、赵宇薇：《流行语折射的网络文化》，旅游教育出版社 2012 年版。

段伟文：《网络空间的伦理反思》，江苏人民出版社 2002 年版。

范宝舟：《论马克思交往理论及其当代意义》，社会科学文献出版社 2005 年版。

龚群：《道德乌托邦的重构——哈贝马斯交往伦理思想研究》，商务印书馆 2005 年版。

桂翔：《文化交往论》，人民出版社 2011 年版。

郭建庆：《中国文化概述》，上海交通大学出版社 2009 年版。

韩红：《交往的合理化与现代性的重建——哈贝马斯交往行动理论的深层解读》，人民出版社 2005 年版。

韩美群：《和谐文化论》，中国社会科学出版社 2010 年版。

何精华：《网络空间的政府治理：电子治理前沿问题研究》，上海社会科学院出版社 2006 年版。

红旗大参考编写组：《深化文化体制改革、推动社会主义文化大发展大繁荣大参考》，红旗出版社 2011 年版。

胡长栓：《走向文化哲学》，黑龙江教育出版社 2008 年版。

黄力之：《历史实践与当代问题：马克思主义文化理论研究》，上海人民出版社 2004 年版。

贾英健：《虚拟生存论》，人民出版社 2011 年版。

姜爱华：《马克思交往理论研究》，知识产权出版社 2009 年版。

金克木：《文化的解说》，中国人民大学出版社 2007 年版。

金民卿等：《矛盾与出路：网络时代的文化价值观》，经济科学出版社 2013 年版。

李伦：《鼠标下的德性》，江西人民大学出版社 2002 年版。

李鹏程：《当代文化哲学沉思》，人民出版社 2008 年版。

李素霞：《交往手段革命与交往方式变迁》，人民出版社 2005 年版。

李文明、吕福玉：《网络文化通论》，学习出版社 2012 年版。

李文明、季爱娟主编：《网络文化教程》，北京大学出版社 2016 年版。

李一：《网络行为失范》，社会科学文献出版社 2007 年版。

刘明合：《交往与人的发展——基于马克思主义的视角》，中央编译出
版社 2008 年版。

刘文富等：《全球化背景下的网络社会》，贵州人民出版社 2001 年版。

刘贤明、李征坤、王国荣编著：《网络文化载体识别与交融》，北京
理工大学出版社 2012 年版。

鲁兴虎：《网络信任——虚拟与现实之间的挑战》，东南大学出版社
2003 年版。

陆地、陈学会主编：《中国网络文化产业发展报告》，新华出版社
2010 年版。

陆俊：《重建巴比塔——文化视野中的网络》，北京出版社 1999 年版。

孟建、祁林：《网络文化论纲》，新华出版社 2002 年版。

莫茜：《大众文化与网络文化》，北京邮电大学出版社 2009 年版。

皮海兵：《内爆与重塑——网络文化主体性研究》，广西师范大学出版
社 2012 年版。

任平：《交往实践的哲学——全球化语境中的哲学视域》，云南人民出
版社 2003 年版。

任平：《走向交往实践的唯物主义——马克思交往实践观的历史视域
与当代意义》，人民出版社 2003 年版。

宋元林：《网络思想政治教育》，人民出版社 2012 年版。

宋元林：《网络文化与人的发展》，人民出版社 2009 年版。

苏振芳主编：《网络文化研究——互联网与青年社会化》，社会科学文
献出版社 2007 年版。

孙卫华：《网络与网络公民文化——基于批判与建构的视角》，中国社
会科学出版社 2013 年版。

谭培文、陈新夏、吕世荣主编：《马克思主义经典著作选编与导读》，人民出版社 2006 年版。

唐亚阳等：《中国网络文化发展二十年（1994—2014）》，湖南大学出版社 2014 年版。

陶侃：《我们都是网中人——网络文化与人的发展》，北京交通大学出版社 2013 年版。

王仕勇：《理解网络文化——媒介与社会的视角》，重庆出版社 2011 年版。

王四新：《网络空间的表达自由》，社会科学文献出版社 2007 年版。

王武召：《社会交往论》，北京大学出版社 2002 年版。

王晓东：《日常交往与非日常交往》，人民出版社 2005 年版。

王晓霞主编：《现实与虚拟社会人际关系的文化探究》，中国社会科学出版社 2010 年版。

吴伯凡：《孤独的狂欢——数字时代的交往》，中国人民大学出版社 2005 年版。

徐云峰编著：《网络伦理》，武汉大学出版社 2007 年版。

杨立英、曾盛聪：《全球化、网络化境遇：与社会主义意识形态建设研究》，人民出版社 2007 年版。

姚纪纲：《交往的世界——当代交往理论探索》，人民出版社 2002 年版。

叶郎主编：《中国文化产业年度发展报告（2010）》，北京大学出版社 2010 年版。

衣俊卿：《文化哲学——理论理性和实践理性交汇处的文化批评》，云南人民出版社 2005 年版。

衣俊卿：《文化哲学十五讲》，北京大学出版社 2004 年版。

于文秀等：《当下文化景观研究》，人民出版社 2007 年版。

俞思念：《社会主义现代化与文化创新》，人民出版社 2006 年版。

岳广鹏：《冲击·适应·重塑——网络与少数民族文化》，中央民族大学出版社 2010 年版。

曾国屏等：《赛博空间的哲学探索》，清华大学出版社 2002 年版。

曾静平：《网络文化学》，人民出版社 2018 年版。

曾静平、项仲平、詹成大、方明东编著：《网络文化概论》，陕西师
　　范大学出版社 2013 年版。

曾令辉：《虚拟社会人的发展研究》，人民出版社 2009 年版。

曾一果：《西方媒介文化理论研究》，学习出版社 2017 年版。

张岱年：《文化与哲学》，北京师范大学出版社 2001 年版。

张明仓：《虚拟实践论》，云南人民出版社 2005 年版。

张怡、郦全民、陈敬全：《虚拟认识论》，学林出版社 2003 年版。

张云辉：《网络语言语法与语用研究》，学林出版社 2010 年版。

张再兴等：《网络思想政治教育研究》，经济科学出版社 2009 年版。

郑元景：《虚拟生存研究》，社会科学文献出版社 2012 年版。

郑元景：《中国网络文化软实力研究》，人民出版社 2015 年版。

郑召利：《哈贝马斯的交往行为理论——兼论与马克思学说的相互关
　　联》，复旦大学出版社 2002 年版。

中共中央宣传部、中共中央文献研究室：《论文化建设——重要论述
　　摘编》，学习出版社、中央文献出版社 2012 年版。

重庆邮电大学编著：《网络文化问题研究》，中国社会科学出版社
　　2019 年版。

朱希祥：《当代文化的哲学阐释》，华东师范大学出版社 2006 年版。

　　3. 中文译著

〔澳〕约翰·哈特利：《数字时代的文化》，李士林、黄晓波译，浙江
　　大学出版社 2014 年版。

〔德〕马克斯·霍克海默、西奥多·阿道尔诺：《启蒙辩证法：哲学
　　断片》，渠敬东、曹卫东译，上海人民出版社 2006 年版。

〔德〕马克斯·韦伯：《新教伦理与资本主义精神》，彭强、黄晓京
　　译，陕西师范出版社 2002 年版。

〔德〕尤尔根·哈贝马斯：《交往行动理论》第二卷（论功能主义理
　　性批判），洪佩郁、蔺青译，重庆出版社 1994 年版。

〔德〕尤尔根·哈贝马斯：《交往行为理论》第一卷（行为合理性与
　　社会合理性），曹卫东译，上海人民出版社 2004 年版。

［德］尤尔根·哈贝马斯：《交往与社会进化》，张博树译，重庆出版社1989年版。

［法］古斯塔夫·勒庞：《乌合之众》，陶辉译，哈尔滨出版社2018年版。

［加］迈克·加什尔、戴维·斯金纳、罗兰·洛里默：《加拿大传媒研究：网络、文化与技术》，杨小红译，中国书籍出版社2019年版。

［美］C. 恩伯、M. 恩伯：《文化的变异——现代文化人类学通论》，杜彬彬译，辽宁人民出版社1988年版。

［美］阿尔文·托夫勒：《第三次浪潮》，黄明坚译，中信出版社2010年版。

［美］丹尼尔·M. 格施泰因：《保卫大国未来：信息时代国家安全战略（美国）》，中治研（北京）国际信息研究院译，五洲传播出版社2016年版。

［美］赫伯特·马尔库塞：《单向度的人：发达工业社会意识形态研究》，刘继译，上海译文出版社2006年版。

［美］赫伯特·马尔库塞：《现代文明与人的困境》，李小兵等译，上海三联书店1989年版。

［美］亨利·詹金斯、［日］伊藤瑞子、［美］丹娜·博伊德：《参与的胜利：网络时代的参与文化》，高芳芳译，浙江大学出版社2017年版。

［美］塞缪尔·亨廷顿：《文明的冲突与世界秩序的重建》，新华出版社2010年版。

［美］克利福德·格尔茨：《文化的解释》，韩莉译，译林出版社2008年版。

［美］迈克尔·海姆：《从界面到网络空间——虚拟实在的形而上学》，金吾伦、刘钢译，上海科技教育出版社2000年版。

［美］曼纽尔·卡斯特主编：《网络社会——跨文化的视角》，周凯译，社会科学文献出版社2008年版。

［美］曼纽尔·卡斯特：《网络社会的崛起》，夏铸九、王志弘等译，社会科学文献出版社2006年版。

［美］曼纽尔·卡斯特：《网络星河——对互联网、商业和社会的反思》，郑波、武炜译，社会科学文献出版社 2007 年版。

［美］尼古拉·尼葛洛庞帝：《数字化生存》，胡泳、范海燕译，海南出版社 1997 年版。

［美］尼古拉·尼葛洛庞帝著，张国治编著：《数字化世界——21 世纪的社会生活定律》，电子工业出版社 1999 年版。

［美］欧文·拉兹洛：《多种文化的星球——联合国教科文组织国际专家小组的报告》，戴侃、辛未译，社会科学文献出版社 2001 年版。

［匈］卢卡奇：《历史与阶级意识：关于马克思主义辩证法的研究》，杜章智、任立、燕宏远译，商务印书馆 1999 年版。

［英］约翰·汤姆林森：《全球化与文化》，郭英剑译，南京大学出版社 2002 年版。

二 中文期刊类

鲍宏礼：《论全球化时代的网络文化特质》，《学术论坛》2003 年第 6 期。

邴正：《当代文化发展的十大趋势》，《天津社会科学》1994 年第 1 期。

邴正：《当代文化矛盾与哲学话语系统的转变》，《中国社会科学》2011 年第 2 期。

邴正：《马克思主义哲学视域中的全球化与本土化矛盾及文化抉择》，《中国社会科学》2008 年第 2 期。

桂翔：《文化交往的实质和意义》，《江淮论坛》2004 年第 3 期。

桂翔：《文化交往与文化观念》，《淮北煤炭师范学院学报》（哲学社会科学版）2006 年第 6 期。

何俊：《经济全球化进程中的文化冲突与哲学走向》，《学术月刊》2001 年第 3 期。

黄一玲、焦连志、程世勇：《网络文化"泛娱乐化"背景下的社会主义核心价值观认同培育》，《湖北社会科学》2016 年第 11 期。

贾毅：《网络秀场直播的"兴"与"哀"——人际交互·狂欢盛宴·文化陷阱》，《编辑之友》2016 年第 11 期。

李德建、李天翼：《从文化对话看和谐社会建构》，《黑龙江民族丛刊》2010 年第 4 期。

李钢、程远先：《走向新世纪的网络文化》，《中州学刊》2003 年第 3 期。

李佩环：《论文化交往的实质与意义》，《教学与研究》2009 年第 4 期。

李佩环：《文化交往的生成发展及其现实确证》，《广西社会科学》2009 年第 11 期。

李群山、张朝举：《"文化哲学"与"哲学文化"》，《理论探索》2005 年第 5 期。

李勇：《新媒体环境下社会主义核心价值观传播体系的建构研究》，《电化教育研究》2015 年第 2 期。

林剑：《论人的社会交往与人的本质和人的发展之间的关系》，《华中师范大学学报》（哲学社会科学版）1996 年第 4 期。

刘奔：《交往与文化》，《中国社会科学》1996 年第 2 期。

刘奔：《经济全球化时代的文化安全问题》，《思想战线》2006 年第 1 期。

刘奔：《文化研究中的哲学历史观问题》，《思想战线》2007 年第 2 期。

刘同舫：《网络文化：技术与文化的联姻》，《自然辩证法研究》2004 年第 7 期。

龙鸣：《网络文化与精神文明》，《齐鲁学刊》2004 年第 2 期。

骆郁廷、史姗姗：《论意识形态安全视域下的文化话语权》，《思想理论教育导刊》2014 年第 4 期。

欧阳康：《全球化时代的文化悖论与文化心态——21 世纪中华文化的战略选择》，《学术月刊》2009 年第 9 期。

潘理娟：《作为文化的传播：全球化时代的网络视频》，《当代文坛》2020 年第 3 期。

任平：《哈贝马斯交往行动理论及其哲学基础》，《马克思主义研究》1999 年第 4 期。

任平：《交往的困境：模式演变及其趋向》，《开放时代》1996 年第 5 期。

任平：《交往实践辩证法：对立向度与范畴体系》，《哲学动态》1999 年第 5 期。

任平：《交往实践观：全球正义论的哲学视域》，《思想战线》2007 年第 4 期。

任平：《论认识交往关系的科学认识论功能》，《江苏社会科学》1993 年第 1 期。

任平：《文化矛盾：现状与出路》，《理论视野》2009 年第 9 期。

任平：《主题、交往与交汇点：生存哲学转向的三重意义》，《哲学研究》2001 年第 12 期。

睢海霞、孙清：《大数据时代下的网络文化传播分析》，《成都理工大学学报》（社会科学版）2017 年第 1 期。

谭建平、李琳：《网络文化的民族特色和时代精神》，《求索》2004 年第 5 期。

唐登芸、李瑶：《网络微文化初探》，《重庆邮电大学学报》（社会科学版）2015 年第 2 期。

王凤贤：《充实社会主义和谐社会的文化内涵》，《黑龙江社会科学》2008 年第 6 期。

王栾生：《我国学界对网络文化及其影响研究综述》，《河南师范大学学报》（哲学社会科学版）2003 年第 3 期。

王南湜：《20 世纪末中国哲学研究重大问题检讨之二——交往理论（笔谈） 交往概念与哲学思维范式的转换》，《求是学刊》2000 年第 3 期。

王涛、姚崇：《网络虚拟空间社会主义意识形态传播及其建设研究》，《北京师范大学学报》（社会科学版）2017 年第 2 期。

王晓东：《交往理论中研究的若干问题》，《求是学刊》2000 年第 3 期。

王艳霞、王梅：《"网络文化帝国主义"浅议》，《自然辩证法研究》
　2000 年第 11 期。

王正平：《西方计算机伦理学研究概述》，《自然辩证法研究》2000 年
　第 10 期。

卫金桂：《中国早期马克思主义者的文化观》，《甘肃理论学刊》2004
　年第 6 期。

邬焜：《网络文化中的价值冲突》，《深圳大学学报》（人文社会科学
　版）2001 年第 5 期。

吴青熹：《习近平网络社会治理思想的三个维度》，《东南大学学报》
　（哲学社会科学版）2017 年第 6 期。

肖茂盛、杨明：《论网络文化与文化范式的转化》，《自然辩证法研
　究》2004 年第 7 期。

衣俊卿：《论文化危机和文化批判》，《求实》2002 年第 6 期。

衣俊卿：《论文化转型的机制和途径》，《云南社会科学》2002 年第
　5 期。

郁建兴：《马克思主义文化理论与现时代》，《中国社会科学》2001 年
　第 6 期。

张静、马振清：《全球合理交往的根基：文化理解与价值共识》，《学
　习与探索》2002 年第 4 期。

张俊：《跨文化交往：多元化模式与普世性价值观》，《南京师大学
　报》（社会科学版）2005 年第 5 期。

张晓芒：《文化交往中的传统资源》，《湖南科技学院学报》2008 年第
　10 期。

张瑜：《网络思想政治教育研究：发展历程、问题与方法》，《思想理
　论教育导刊》2016 年第 10 期。

郑祥福：《从马克思主义文化观审视大众文化》，《浙江社会科学》
　2008 年第 2 期。

郑越、何源：《跨文化视域下网络直播的文化转译与调试》，《福建师
　范大学学报》（哲学社会科学版）2020 年第 3 期。

郑召利：《90 年代以来我国交往理论研究概述》，《哲学动态》1999

年第 4 期。

周宏：《雅斯贝尔斯交往理论探析》，《现代哲学》2000 年第 1 期。

常晋芳：《网络哲学引论——网络时代人类存在方式的变革》，博士学位论文，中共中央党校，2002 年。

关桂芹：《通向解放的乌托邦之路——哈贝马斯交往思想研究》，博士学位论文，吉林大学，2009 年。

桂翔：《文化交往规律论》，博士学位论文，中共中央党校，2002 年。

侯志水：《马克思社会交往理论的当代阐释》，博士学位论文，吉林大学，2006 年。

胡晓：《马克思市民社会理论视阈下网络公共领域治理》，博士学位论文，中南大学，2013 年。

刘晓丽：《社会主义主流政治价值网络传播研究》，博士学位论文，中共中央党校，2018 年。

刘玉拴：《网络文化安全治理体系研究》，博士学位论文，中共中央党校，2019 年。

孙秀成：《文化观照与理性建构：文化哲学视阈下的虚拟社会研究》，博士学位论文，华中师范大学，2018 年。

田贵平：《中国特色社会主义文化中的网络文化研究》，博士学位论文，天津师范大学，2006 年。

王井：《我国网民对网络文化价值体系的态度适应研究》，博士学位论文，华中科技大学，2010 年。

吴广庆：《思想政治教育的文化融入研究》，博士学位论文，中共中央党校，2013 年。

夏巍：《劳动与交往——哈贝马斯的历史唯物主义重建论研究》，博士学位论文，复旦大学，2008 年。

杨玲：《文化交往论》，博士学位论文，华中科技大学，2010 年。

易鹏：《社会主义核心价值观网络传播困境与对策研究》，博士学位论文，西南大学，2018 年。

于林龙：《回归生活世界交往范式的意义理论——哈贝马斯形式语用学意义理论研究》，博士学位论文，吉林大学，2009 年。

赵淑辉：《当代中国交往理性研究》，博士学位论文，东北师范大学，2010 年。

三 外文文献

Benney J. , "Rights Defence and the Virtual China", *Asian Studies Review*, 2007.

Charles Molesworthr, "Thinking about Computer Culture Author", *Salmagundi*, No. 118/119 (Spring-Summer 1998).

Chris Tonlouse and Timothy Luke, *The Politics of Cyberspace: A New Politics Science Reade*, Routledge, New York and London, 1998.

Thomas J. Christensen, *The China Challenge: Shaping the Choices of a Rising Power*, W. W. Norton & Company, 2015.

Fred Dallmary, *Essays on Cross-Cultural Encounter*, SUNY Press, 1996.

Elizabeth Gill, *Runaway World: How Globalization is Reshaping Our Lives*, Great Plains Sociologist, 2001.

Meira van der Spa, "Cyber-Communities: Idle Talk or Inspirational Interaction?", *Educational Technology Research and Development*, Vol. 52, No. 2 (2004).

Michel Rosenfeld and Andrew Arato, *Habermas on Law and Democracy: Critical Exchanges*, University of California Press, 1998.

Nina Hachigian, "China's Cyber-Strategy", *Foreign Affairs*, Vol. 80, No. 2 (Mar. -Apr. , 2001).

Joseph S. Jr Nye, *Soft Power: The Means to Success in World Politics*, Perseus Books Group, 2004.

Rosemary Sage, *Intercultural Communication*, Foreign Language Teaching and Research Press, 2017.

Tom Rockmore, *Habermas on Historical Materialism*, Indiana University Press, 1989.

后　　记

本书是在我博士论文基础上进一步修改丰富扩展而成的。自 2011 年撰写硕士毕业论文《大学生网络交往异化现状与对策研究》以来，本人一直关注"网络文化""网络交往""网络意识形态"等相关领域。围绕这一研究主题，我先后得到了中国博士后科学基金、省社会科学基金、中国社会科学院博士后创新项目等课题项目的资助，并且在《科学社会主义》《中国高教研究》《北京社会科学》等理论刊物上发表了一系列的研究论文。博士论文则是这些研究成果的前期基础。本书是 2021 年中央高校基本科研业务费项目《网络话语权与党的执政能力建设》（2021RC56）的阶段性成果。

中国电信通信技术已经从学习跟随欧美标准体系发展到与之并驾齐驱，直至 5G 时代全面来临时跃升到世界前列。网络的文化交往问题是当代中国文化建设中必须直面的新课题。无论是国际间文化交往，还是国内的文化交往都将趋向网络化、信息化、数字化、智能化。《当代中国网络的文化交往研究》将文化交往置于网络空间予以审视，使"网络的文化交往"这一提法既成为研究对象，又作为分析手段。本书首先对核心概念进行梳理和厘定，在此基础上对网络的文化交往的本质、结构进行了阐释，并揭示了网络的文化交往的基本原则和价值。从现实观照的角度，对当代中国网络的文化交往的现状、困境和原因进行了分析，并对实现我国网络文化交往的和谐发展进行了理性思考。力求对当代中国网络的文化交往诸方面问题进行较为系统的研究，望能对社会主义文化强国建设贡献微薄力量。山遥水阔，前路迢迢；真理如炬，使命在肩。

这部著作能够出版，首先感谢我的硕士和博士导师谭培文教授。六年的求学经历，他将我从一个本专业的门外汉，带入了学术的殿堂。我的博士论文从选题的敲定到框架的建构，从论文的写作到最后的定稿都离不开谭老师的悉心指导和耐心点拨。一日为师，终身为父。谭老师的学识、品行和作风值得我用一生去敬仰、去学习。在我毕业之后，谭老师仍一直鼓励我、关心我、支持我不断进取不断学习，在更大的舞台实现自我的人生价值和目标追求。

特别感谢博士后合作导师金民卿研究员，他提出了诸多宝贵的意见与建议，直接推动了我修改完善此书。金老师广袤渊博的学识、宽广恢弘的视野、低调谦和的作风、严谨冷静的治学态度无时无刻不在感染着我，让我终身受益。感谢郝立新教授、辛向阳研究员、樊建新研究员、郝清杰研究员、陈志刚研究员、戴立兴研究员、贺新元研究员、李建国研究员等老师专家给予我的悉心引导。老师们的丰富学识和真知灼见，让我无论从视野还是知识层面上都得到进一步升华。感谢北京邮电大学马克思主义学院周晔书记、院长，王冰副书记、副院长，陈伟副院长，赵琪主任，陈琦主任，齐英艳教授，裴晓军博士和其他同事对我工作给予的帮助和支持。同时也要感谢中国社会科学出版社田文编辑，没有她的鼓励和支持，就没有这本书的顺利出版。

父母一直是我人生前进路上的最大动力，正是有了他们的无私支持和加油鼓劲我才能没有后顾之忧地乘风破浪。遗憾博后期间痛失我父，每每回想，仍泪眼婆娑。树欲静而风不止，子欲养而亲不待。感叹人生之无常，唯有砥砺前行，才能告慰老人在天之灵。

由于本人的知识水平与学术能力有限，本书难免存在各种不足和欠缺，恳请诸位同行和广大读者批评指正、不吝赐教。再次向所有关心、爱护、帮助我的师友致以最诚挚的敬意！

张文雅

2021 年 7 月于北京邮电大学